Abenteuer Au-pair
- USA & Europa

Corinna Nitsche

interconnections
Georg Beckmann

Für Hinweise, Erfahrungsberichte und Fotos, die wir in weiteren Auflagen
verwenden, bedanken wir uns mit einem Buch aus unserem Programm

Der Verlag sucht weitere zum Programm passende Manuskripte

Impressum

Reihe »Jobs und Praktika« Band 13, **Abenteuer Au-pair - USA und Europa**

1. Auflage, gedruckt auf **chlorfreiem Papier**

Autorin: Corinna Nitsche
Herausgeber: Georg Beckmann
Umschlag & Layout: Anja Semling
Umschlagfoto mit freundl. Genehmigung v. AIFS/GIJK
Fotos in den einzelnen Kapiteln von den jeweiligen Au-pairs.

Verlag interconnections,
Schillerstr. 44, 79102 Freiburg,
T. 0761-700.650, F. 700.688
internet: http://www.medienhandel.de/interconnections/
E-Mail: interconnections@t-online.de

2000, 1999, 1998, 1997
es gilt letztgenannte Jahreszahl

ISBN 3-86040-025-8

Inhalt

(Quelle: interconnections-Reiseführer, »USA - Der Westen«, bzw. »Nordosten«, »Südosten«)

interconnections

● Reihe »Jobs & Praktika«
- Jobben Weltweit — 29,80
- Das Au-pair Handbuch — 29,80
- Ferienjobs und Praktika – USA — 44,80
- Ferienjobs und Praktika – Großbritannien — 29,80
- Ferienjobs und Praktika – Europa & Übersee — 29,80
- Ferienjobs und Praktika – Frankreich — 29,80
- Ferienjobs, Praktika und Studium – Italien — 29,80
- Jobben Unterwegs — 26,80
- Studieren mit Stipendien – Weltweit — 22,80
- Jobben für Natur und Umwelt — 29,80
- Kibbuz, Moschaw u. Freiwilligendienste — 29,80
- Abenteuer Au-Pair – Europa u. USA — 26,80
- Abenteuer Kreuzfahrt – Jobs u. feste Stellen auf See — 26,80
- Ein Schuljahr in den USA — 26,80

● Reihe »Preiswert«
- Paris Preiswert — 34,80
- London Preiswert — 34,80
- Rom Preiswert — 29,80
- Madrid Preiswert — 29,80
- Barcelona Preiswert — 29,80
- Amsterdam Preiswert — 34,80
- San Francisco Preiswert — 34,80
- Dublin Preiswert — 29,80
- Preiswert durch Südafrika — 34,80
- Preiswert durch Venezuela — 34,80
- Preiswert durch Neuseeland — 34,80
- Preiswert durch die Mongolei — 34,80
- Griechenland – Festland u. Inseln — 36,80
- Abenteuer USA – Neu Mexico, West-Texas, Colorado — 29,80
- Abenteuer USA – Arizona u. Südutah — 34,80
- USA – Der Nordwesten – Zwischen Rockies u. Pazifik — 34,80

● Preiswert durch Europa
- Mitte, Nordwesten und Norden — 29,80
- Mitte, Südwesten und Marokko — 29,80
- Mitte, Südosten und Türkei — 29,80

Gesamtprogramm

● interconnections-Reiseführer

● Brasilien	29,80
● Bretagne – Der Westen; Finistère, Côte d'Armor	29,80
● Bretagne – Der Osten, Morbihan, Ile et Vilaine	29,80
● Bretagne Loire Atlantique, Gesamtband	29,80
● Côte d'Azur und Hinterland	29,80
● England – Norden, London & Schottland	29,80
● England – Süden, Mitte & Wales	29,80
● Frankreich – Der Südwesten	34,80
● Griechenland – Die Inseln & Athen	29,80
● Guadeloupe, Martinique, u.a. Antilleninseln	29,80
● Irland & Nordirland	34,80
● Italien – Der Norden	34,80
● Italien – Süden & Mitte	29,80
● Kanada – Der Osten	34,80
● Kanada – Der Westen	29,80
● Korsika	29,80
● Languedoc-Roussillon	29,80
● Loire	29,80
● Paris und Umgebung	29,80
● Portugal	29,80
● Provence	29,80
● Sizilien	29,80
● Skandinavien	29,80
● Spanien – Mitte, Süden und Balearen	29,80
● Spanien – Norden und Mitte	29,80
● Thailand, Hongkong & Macao	29,80
● Tunesien	29,80
● Türkei	29,80
● USA – Der Südosten & New York	29,80
● USA – Westküste & Rocky Mountains	36,80
● USA – Der Nordosten	29,80

interconnections · Schillerstr. 44 · D-79102 Freiburg
☎ 0761/700 650 · Fax 700 688

internet: http: // www.medienhandel.de / interconnections /
E-Mail: interconnections@t-online.de

Ein paar Worte vorab ...

»Ich will nach Amerika!« sagte ich mir vor ein paar Jahren und saß wenige Monate später im Flieger über den großen Teich. Auch Helga zog es in das Land der unbegrenzten Möglichkeiten, während Marion ihre Koffer packte, um nach Schweden zu gehen. Tania wiederum war in Spanien, Cornelia in Norwegen, Martina und Corinna entschieden sich für Irland, Esther und Judith für England, Meike und Sylwia für Frankreich. Wir alle lebten für mehrere Monate in verschiedenen Ländern, aber eines hatten wir gemeinsam: Wir alle waren als Au-pair im Ausland und haben dadurch nicht nur die Menschen, Sprache und Kultur unseres »Traumlandes« kennengelernt, sondern auch ein Stück mehr uns selbst.

Über unsere Au-pair-Erfahrungen, ergänzt durch Tips und allgemeine Angaben, berichten wir in diesem Buch. Es soll jungen Menschen nicht nur bei der Entscheidungsfindung helfen, ob ein Au-pair-Aufenthalt das Richtige für sie ist, sondern auch Au-pairs, die vor der Ausreise stehen, auf den Aufenthalt vorbereiten. »Eure Au-pair-Erfahrungen sind doch nur Einzelbeispiele«, könnte man kritisieren. Stimmt, es sind tatsächlich nur ein paar Beispiele von mehreren Tausend anderen pro Jahr. Aber die Unterschiede liegen lediglich im Detail. Bereits in unseren Berichten wird der gemeinsame rote Faden erkennbar, der sich durch jeden Au-pair-Aufenthalt zieht. Das anfängliche Sprachproblem, das Heimweh oder die neue Herausforderung, plötzlich »Mutter« zu sein, sind nicht nur unabhängig von dem Land, für das man sich entscheidet, sondern auch bei jedem zu finden, der das erste Mal über mehrere Monate als Au-pair im Ausland lebt.

Der Au-pair-Aufenthalt ist eine preiswerte und faszinierende Möglichkeit, die Länder dieser Erde kennenzulernen. Es ist kein Urlaub und sicher nicht immer einfach, aber mit der richtigen Einstellung und Vorstellung von dem, was es heißt Au-pair zu sein, kann bei dem Abenteuer fast nichts mehr schiefgehen.

Bedanken möchte ich mich nicht nur bei allen, die zur Erstellung dieses Buches beigetragen haben, sondern auch ganz herzlich bei meinen beiden Familien: der in den USA und der in Deutschland. Ihnen möchte ich dieses Buch gerne widmen.

Allen, die als Au-pairs ins Ausland gehen, wünsche ich, daß auch sie nach dem Aufenthalt sagen können: »Dies war eine der wichtigsten Erfahrungen in meinem Leben.«

Corinna Nitsche

PS: Da über 90 Prozent aller Au-pairs junge Frauen sind, ist in diesem Buch auch überwiegend nur die Rede von »Interessentinnen« oder »Bewerberinnen«. Trotzdem sind natürlich auch junge Männer herzlich eingeladen, das Buch zu lesen.

Für Hinweise, die wir in der nächsten Auflage verwerten, bedanken wir uns mit einem Buch aus unserem Programm.

Einleitung

Was heißt eigentlich Au-pair?

Die Bezeichnung »Au-pair« stammt aus dem Französischen und heißt übersetzt *auf Gegenseitigkeit*. Im übertragenen Sinn bedeutet es, daß ein Au-pair als gleichgestelltes Mitglied und nicht als Hausangestellte in eine Gastfamilie aufgenommen wird und als Ausgleich für freie Unterkunft und Verpflegung die Betreuung der Kinder und Haushaltspflichten übernimmt.

Die Au-pair-Geschichte beginnt in Europa

Man geht davon aus, daß die Au-pair-Geschichte Mitte des 19. Jahrhunderts beginnt. Damals wurden junge Frauen aus Deutschland zu Familien in die *Schweiz* geschickt, um als Haustöchter nicht nur die französische Sprache, sondern auch die »feinen« Umgangsformen und Kochkünste zu erlernen.

Im Laufe der folgenden Jahrzehnte zog es junge Frauen dann auch aus eigener Motivation heraus in andere europäische Länder. Bevorzugte Ziele waren die Hauptstädte und Weltmetropolen. Paris und London zählen bis heute innerhalb Europas zu den beliebtesten Zielen für einen Au-pair-Aufenthalt. Neben einer Portion Abenteuerlust, spielte auch schon damals der Wunsch, mehr über Sprache, Kultur und Lebensart des jeweiligen Landes kennenzulernen, eine große Rolle. In den Zeiten der Wirtschaftskrise beeinflußte auch die Hoffnung auf bessere Verdienstmöglichkeiten die Entscheidung, als Au-pair ins Ausland zu gehen.

Da die jungen Frauen im Ausland keine Absicherung hatten und damit der Gunst und Ungunst der Familien ausgeliefert waren, gründeten sich bereits Ende des 19. Jahrhunderts die ersten Vereinigungen zum Schutz und zur Vermittlung von Au-pair-Mädchen. Dabei handelte es sich in erster Linie um kirchliche Vereine oder internationale Initiativen, die sich aus der bürgerlichen Frauenbewegung heraus gründeten. Dazu gehörten beispielsweise auch die Vorläufer der heutigen **Bahnhofsmission** und des »**Vereins für Internationale Jugendarbeit**« (VIJ).

Doch auch auf politischer Ebene nahmen einige europäische Staaten, wie zum Beispiel England und die Schweiz, bereits in den zwanziger Jahren dieses Jahrhunderts Verhandlungen auf, um Vereinbarungen für die Vermittlung von Au-pair-Mädchen festzulegen. Konkrete Regelungen über die Rechte und Pflichten von Au-pairs und der Gastfamilien wurden allerdings erst 1969 zwischen den Mitgliedstaaten des **Europarates** vereinbart. Das sogenannte *Europäische Abkommen über die Au-pair-Beschäftigung* enthält Rahmenvorschriften über Lebens- und Altersbedingungen, den Sprachunterricht, die soziale Sicherung sowie Rechte und Pflichten des Au-pairs und der Gastfamilie. Das Abkommen wurde bis heute jedoch nur von wenigen Staaten, darunter Frankreich, Italien, Norwegen und Spanien, ratifiziert. Auch wenn in den meisten Ländern des Europarats, zum Beispiel in Deutschland, Großbritannien, Schweden und der Schweiz, das Au-pair-Abkommen durch die fehlende Ratifikation keinen Rechtscharakter angenommen hat, wird jedoch in der Praxis im allgemeinen nach ihm verfahren. So basieren die meisten Au-pair-Programme auch in diesen Ländern auf den Regelungen von 1969, oder es bestehen, wie beispielsweise in Großbritannien, klare nationale Richtlinien für eine Au-pair-Beschäftigung. Zusätzlich zum Abkommen von 1969 wurde am 18. Januar 1972 ein »Mustervertrag« für eine Au-pair-Beschäftigung gebilligt. Das Abkommen von 1968 ist, ebenso wie der »Mustervertrag«, beim Europarat in Straßburg (Council of Europe, Presse- und Informationsabteilung, F-67075 Strasbourg Cedex) kostenlos erhältlich.

Unterbrochen durch den Ersten und Zweiten Weltkrieg, entwickelte sich der Au-pair-Aufenthalt im Laufe der letzten 150 Jahre zu einer der beliebtesten Möglichkeiten, um mit geringem finanziellen Aufwand Sprache, Menschen, Kultur, Lebensgewohnheiten sowie Natur und Städte eines anderen Landes kennenzulernen.

1986 - Die Wende für Au-pair-Aufenthalte in den USA

Bis 1986 war es für einen Großteil junger Frauen aus Europa kaum möglich, legal als Au-pairs in den USA zu arbeiten. Die einzige Möglichkeit, offiziell bei einer amerikanischen Familie die Kinder betreuen und im Haushalt helfen zu dürfen, bestand darin, eine US-Familie zu kennen, die im diplomatischen Dienst beschäftigt war oder bei der NATO arbeitete.

Der Grund für diese drastische Beschränkung lag darin, daß die Au-pair-Tätigkeit offiziell als eine Arbeit eingestuft wurde, die auch von Amerikanern ausgeübt werden konnte. Unter diesem

Gesichtspunkt nahm praktisch jedes ausländische Au-pair einer Amerikanerin oder einem Amerikaner einen Job weg. Aus der Befürchtung heraus, daß bei einer Legalisierung der Au-pair-Beschäftigung zu viele junge Frauen aus Europa und den südamerikanischen Staaten den Arbeitsmarkt zusätzlich belasten würden, hat die US-Regierung dem legalen Au-pair-Aufenthalt jahrelang einen Riegel vorgeschoben.

Amerikanische Familien und junge Frauen aus Europa hat das jedoch kaum davon abgehalten, ein Au-pair-Verhältnis miteinander einzugehen. Offiziell reiste das Au-pair mit dem Touristenvisum ein. Gesucht und gefunden hatte man sich entweder über Anzeigen in Tageszeitungen, Freunde oder Verwandte. Auch wenn keine konkreten Zahlen vorliegen, wird davon ausgegangen, daß jährlich Tausende junger Frauen als illegale Au-pairs und damit auch ohne amtlich geregelte Rechte und Pflichten bei amerikanischen Familien arbeiteten. Doch Schwierigkeiten gab es häufig. Sobald amerikanische Zollbeamte bei der Einreise vermuteten, daß eine junge Frau nicht als Touristin, sondern als Au-pair in die USA wollte, wurde sie ganz genau überprüft. Häufig waren es nicht nur langwierige, sondern auch nervenaufreibende Kontrollen. Nicht wenige haben durch Kochbücher im Gepäck oder Gastgeschenke den wahren Grund ihres USA-Besuches verraten. Aber nicht nur bei der Einreise, sondern auch während des Aufenthaltes konnte es Probleme geben. Wurde zum Beispiel aufgedeckt, daß eine Familie ein illegales Au-pair beschäftigte, mußte sie mit hohen Geldstrafen rechnen und das Au-pair mit der

Ausweisung und einem mehrjährigen Einreiseverbot. Zudem gab es für Au-pairs keinerlei Absicherung. Wurden sie von der Familie ausgenutzt oder gab es sogar schwerwiegendere Probleme, hatten sie kaum Möglichkeiten, sich an offizielle Stellen zu wenden, denn eigentlich durften sie ja nicht arbeiten. Da jedoch Strafandrohungen und fehlende Absicherung amerikanische Familien und junge Frauen aus Europa nicht abschrecken konnten, entschloß sich die US-Regierung, ein legales Au-pair-Programm aufzulegen. 1986 war es dann soweit.

Die Rahmenbedingungen des Au-pair-Programmes legte die US-Regierung fest, so wie viele Stunden ein Au-pair arbeiten darf, wie viele Stunden Unterricht es in der Woche besuchen muß sowie die Rechte, Pflichten und Voraussetzungen von Au-pair und Gastfamilie. Anschließend erteilte sie zunächst zwei amerikanischen Stellen die Genehmigung, unter diesen Vorgaben Au-pairs aus Europa anwerben und vermitteln zu dürfen. Diese Organisationen sind das **American Institute for Foreign Study (AIFS)** in Greenwich, Connecticut und **The Experiment in International Living** in Washington D.C.

Möglich geworden war die Durchsetzung eines legalen Au-pair-Programmes dadurch, daß es sich unter den festgelegten Rahmenbedingungen nicht mehr um einen Arbeitsaufenthalt handelte, sondern um ein Kulturaustauschprogramm. Die für das Au-pair-Programm zuständige amerikanische Aufsichtsbehörde ist somit auch nicht das *Department of Labor*, sondern die **United States Information Agency (USIA)** in Washington D.C. Die

USIA vergibt an die beauftragten amerikanischen Vermittlungsagenturen jährlich ein bestimmtes Kontingent an J-1-Visa (»non immigrant«), mit denen sich junge Frauen aus Europa ganz legal als Au-pairs bei US-Familien aufhalten dürfen.

Da die amerikanischen Stellen schlecht von den USA aus Au-pairs in Europa suchen und informieren konnten, haben sie sich Partner in den europäischen Ländern gesucht. So arbeitet jede Agentur, die Au-pairs in die USA vermittelt, mit einem amerikanischen Vermittler zusammen.

Im Laufe der Jahre nahm die US-Regierung einige Verbesserungen des Au-pair-Programms vor. So gilt beispielsweise seit Frühjahr 1995 für Au-pairs nicht nur ein höheres Taschengeld, sondern auch ein höherer Zuschuß für den Besuch einer Schule. Doch trotz offizieller Au-pair-Programme für die USA gehen immer noch zahlreiche junge Frauen den illegalen Weg, lassen sich nicht durch eine Agentur vermitteln, sondern reisen mit dem Touristenvisum als Au-pairs in die USA. Dabei setzten sie sich den Problemen aus, die junge Frauen vor der Legalisierung gezwungenermaßen in Kauf nehmen mußten. Nötig ist es nicht, denn viele Vermittler, haben mehr Au-pair-Stellen zu vergeben als Interessentinnen vorhanden sind.

Was spricht für einen Au-pair-Aufenthalt?

● 1. Neben der Verbesserung der **Sprachkenntnisse** und dem Kennenlernen einer anderen **Kultur** fördert ein mehrmonatiger Au-pair-Aufenthalt die **Persönlichkeitsentwicklung**. Man wird selbständi-

	USA	**Europa**
Dauer	12 Monate	3-, 6-, 10-, oder 12 Monate
Aufgaben-schwerpunkte	Kinderbetreuung und »leichte« Hausarbeit wie Tischdecken und Spülmaschine ein- bzw. ausräumen. Häufig haben die Familien Putzhilfen, die das Haus in Schuß halten. Zu der Kinderbetreuung gehört auch, daß man sich um das Zimmer und die Wäsche der Kinder kümmert.	Unterschiedlich: Kinderbetreuung und Hausarbeit zu gleichen Teilen oder schwerpunktmäßig Kinderbetreuung bzw. Haushaltsführung. Die Hausarbeit kann mehrere Stunden pro Tag einnehmen; dazu kann z.B.: Bügeln, Staubsaugen und -putzen, Putzen des Bades und Aufräumen von Küche und Kinderzimmer gehören.
Arbeitszeit	45 Stunden pro Woche 8,5 Stunden pro Tag 5,5 Tage in der Woche	30 Stunden pro Woche 5-6 Stunden am Tag 5-6 Tage in der Woche
Freizeit/Urlaub	14 Tage bezahlter Urlaub einmal im Monat ein langes Wochenende frei; 1-1,5 Tage in der Woche frei; nach Absprache, frei für den Besuch eines Sprachkurses	je nach Aufenthaltsdauer und Absprache 1 bis 2 Wochen Urlaub; 1,5 Tage in der Woche frei; 3 Stunden pro Woche frei für Kurse

	USA	**Europa**
Voraussetzungen		
Altersbegrenzung	18-26 Jahre	18-28/30 Jahre je nach Land
Sprachkenntnisse	gute Englischkenntnisse	gute Englischkenntnisse z.B. für GB/IRL, gute Französischkenntnisse, z.B. für F/CH. In allen anderen Ländern sind Anfangskenntnisse der jeweiligen Landessprache empfehlenswert; ansonsten sind auch dort gute Englischkenntnisse ausreichend.
Referenzen	drei Referenzen von nicht verwandten Personen; mind. eine über Kinderbetreuung	zwei Referenzen; mind. eine über Kinderbetreuung. Eine Referenz von Verwandten kann auch akzeptiert werden, ist aber nicht empfehlenswert.
Internationaler Führerschein	Klasse 3 ist Voraussetzung	von Vorteil; nicht unbedingt erforderlich
Vorstellungsgespräch/Interview	ja	nein
RaucherInnen	Werden nicht vermittelt	Schwerer zu vermitteln bzw. sehr schwer
Leistungen		
Unterkunft	Freie Unterkunft (eigenes Zimmer) und Verpflegung sind frei	Freie Unterkunft (eigenes Zimmer) und Verpflegung sind frei
Taschengeld	115 US$ bis 135 US$ Taschengeld pro Woche	350 bis 400 Mark Taschengeld pro Monat
Studiengeld	einmalig 500 US$	Gebühren für den Sprachkurs sind selbst zu zahlen, gelegentlich übernehmen aber auch die Gastfamilien die Kursgebühren oder geben einen Zuschuß
Anreisekosten	Hin- und Rückfahrt zur Familie sind frei, evtl. ist ein Flugzuschlag zu zahlen	müssen selbst getragen werden. Manche Gastfamilien geben aber auch freiwillig einen Zuschuß.

ger, selbstbewußter, lernt sich und seine Stärken und Schwächen besser kennen.

● 2. Häufig wird vergessen: Durch die Distanz zur leiblichen Familie, den Freunden und dem Heimatland, lernt man viel **Gewohntes neu zu schätzen.** Es ist faszinierend zu erleben, wie Freundschaften, Beziehungen oder einfache Dinge, die sonst als selbstverständlich hingenommen wurden, plötzlich in ein anderes Licht rücken und an neuem Wert gewinnen. Manchmal ist es etwas ganz Banales, wie zum Beispiel richtig deftiges Vollkornbrot. Nach einem Au-pair-Aufenthalt in England, Holland oder den USA weiß jeder wieder, was er daran hat.

● 3. Wer nach dem Abitur noch nicht weiß, wie der Traumberuf aussehen soll, kann die Zeit des Au-pair-Aufenthaltes bestens zur **Orientierung** nutzen. Ebenso lassen sich Wartezeiten für einen Ausbildungs- oder Studienplatz sinnvoll überbrücken.

● 4. Vorteil eines Au-pair-Aufenthalt ist, daß er einerseits viel Freiheit, andererseits aber auch **Sicherheit** gewährt. Die Gastfamilie bildet ein neues Zuhause, das Rückhalt und Hilfe gewährt. So kann das Au-pair auf eigene Faust, aber nicht allein gelassen das fremde Land kennenlernen.

● 5. Während des Au-pair-Aufenthaltes können **Erfahrungen** in der Kindererziehung und Haushaltsführung, wertvolle **Kontakte** und internationale **Freundschaften** geknüpft werden.

● 6. Zu guter Letzt: Der Aufenthalt ist auch für junge Menschen mit wenig Geld **finanzierbar.**

Wie ist der Au-pair-Aufenthalt anerkannt?

Eine **Fremdsprache** zu beherrschen und Auslanderfahrung nachweisen zu können, ist für alle späteren Berufseinsteiger ein Pluspunkt.

Je nachdem, was jemand im Anschluß an den Auslandaufenthalt gerne machen möchte, ist es zu empfehlen, sich eine Referenz von der Familie ausstellen zu lassen oder sich mindestens eine Teilnahmebescheinigung von der Vermittlungsagentur zu besorgen. Ferner ist es mit Sicherheit von Vorteil, ein Zeugnis der Sprachschule, die während des Aufenthaltes besucht wurde, mitzubringen.

Kleiner Tip: In den USA empfiehlt es sich, den **TOEFL-Test** (Test of English as a Foreign Language) zu absolvieren. Normalerweise ist er für die Zulassung und Einstufung ausländischer Studenten an amerikanischen Universitäten notwendig. Das TOEFL-Test-Ergebnis zeigt aber auch künftigen Arbeitgebern, wie gut jemand die englische Sprache beherrscht.

Au-pair-USA und Europa im Vergleich

Zwischen Au-pair-Aufenthalten in Europa und den USA bestehen in Bezug auf die Voraussetzungen, Leistungen und Aufgaben zahlreiche Unterschiede. Da diesbezüglich häufig Unklarheit besteht, soll die folgende Übersicht etwas Licht ins Dunkel bringen.

Wer vermittelt Au-pairs?

Mittlerweile tummeln sich zahlreiche Agenturen auf dem »Au-Pair-Markt«, die Stellen in die USA oder ins europäische

Ausland vermitteln. Da Bewerbungsvoraussetzungen sowie Rechte und Pflichten der Au-pairs meist offiziell geregelt sind, bestehen kaum Unterschiede zwischen den Au-pair-Programmen der einzelnen Vermittler. Die wichtigsten Unterschiede liegen vielmehr in einzelnen **Serviceleistungen, Zusatzkosten** oder der Intensität der **Betreuung.**

Grundsätzlich sollte bei der Auswahl eines Vermittlers darauf geachtet werden, daß nicht nur im Ausland eine Betreuung vor Ort gewährleistet ist, sondern auch bereits vor der Ausreise kompetente **Unterstützung** bei der Vorbereitung auf den Au-pair-Aufenthalt geboten wird. Zudem sollte ein **Mitspracherecht** bei der Auswahl der Familie bestehen.

Die Agenturen-Übersicht im Anhang kann dabei helfen, den geeigneten Au-pair-Vermittler zu finden. Eins sollte jedoch nicht vergessen werden: Nicht nur Vermittlungsagenturen und Gastfamilien haben Einfluß auf den Erfolg des Aufenthaltes, sondern auch jeder selbst.

Woher bekomme ich allgemeine Länderinformationen?

Wenn nicht über die Vermittlungsagentur dann zum Beispiel über die **Verkehrsämter** der einzelnen Länder. Sie versenden nicht nur Werbe-, sondern oftmals auch gezielte Informationsbroschüren über ihr Land, die Menschen und ihre Lebensweise. So veröffentlicht beispielsweise die **Britische Zentrale für Fremdenverkehr** in Frankfurt einen *Reiseführer für junge Leute* und ein Heft mit dem Titel *Learning English* mit Adressen und Beschreibungen von Sprachschulen in England. Beide Bro-

schüren sind auch nützlich für Au-pairs, die in England eine Stelle suchen. Die Telefonnummern der Verkehrsämter sind normalerweise über die Botschaften und Konsulate erhältlich. Botschaften und Konsulate sind auch wichtige Anlaufstellen, wenn es um Fragen zu Einreise- und Aufenthaltsbestimmungen geht.

Ein zentrales Fremdenverkehrsamt der USA existiert übrigens nicht mehr. Manche US-Staaten haben die Fremdenverkehrswerbung einzelnen Werbeagenturen übertragen.

Zudem unterhalten manche Länder auch häufig Kulturinstitute, die nicht nur gerne informieren, sondern oftmals auch über länderspezifische Bibliotheken verfügen. So gibt es beispielsweise in Deutschland für England den British Council und für die USA die Amerika-Häuser und Deutsch Amerikanischen Institute. Telefonnummern dieser Einrichtungen ebenfalls über die Botschaften und Konsulate.

Abgesehen davon sind auch verschiedene Reiseführer für die Vorbereitung auf das Land zu empfehlen. Es werden mittlerweile viele angeboten, die neben reinen touristischen Angaben und Reiserouten auch wissenswerte Angaben über Eßgewohnheiten, Feiertage und sonstige landestypische Gepflogenheiten enthalten. Die besten sind natürlich die in bei interconnections erschienenen – ist ja klar – siehe auch Gesamtanzeige. Empfehlenswert sind ansonsten die Reihe »Land und Leute«, Polyglott, über diverse Länder und die kleinen Lexika in der Reihe »Aktuelle Länderkunde«, C.H. Beck.

Als Au-Pair in die USA

Einleitung

Folgendes Kapitel beschäftigt sich mit dem Au-pair-Aufenthalt in den USA.

Es beginnt mit Tagebuchaufzeichnungen, die es ermöglichen, mal ein Jahr als Au-pair »live« mitzuerleben. Auch wenn nur ein Beispiel von tausend anderen, kann es dennoch künftigen Au-pairs dabei helfen, sich ein Bild von dem machen zu können, was es bedeutet, bei und mit einer Familie in einem fremden Land zu leben, die Kinder zu betreuen und im Haushalt zu helfen. Bereits zwischen den Zeilen können Interessentinnen nützliche Hinweise für die Planung und Vorbereitung auf den eigenen Aufenthalt herauslesen.

Im Anschluß folgen zahlreiche Hinweise über den Bewerbungsablauf, Antworten auf wichtige, für Au-pair relevante Fragen und mehrere Erfahrungsberichte. Alle Angaben beziehen sich auf den legalen Au-pair-Aufenthalt in den USA, also einen über eine Vermittlungsagentur gelaufenen.

Auch wenn dieses Kapitel »Als Au-pair in die USA« überschrieben ist, können auch Interessentinnen, die einen Aufenthalt in Europa planen, auf den folgenden Seiten viele nützliche Angaben finden.

Erster Erfahrungsbericht: Und so fing alles an ...

Abi und was dann?

»Ich will nach Amerika!« Vor Schreck ließ er beinahe seine Pizza fallen und guckte mich fragend und verständnislos an. Zweieinhalb Jahre waren wir befreundet und plötzlich wollte ich ihn von heute auf morgen verlassen?

Ich wußte selbst nicht woher es kam, denn es war einfach da, dieses Gefühl nach dreizehn Jahren Schule alles stehen und liegen lassen zu wollen, um für ein Jahr ins Land der unbegrenzten Möglichkeiten zu reisen.

Angefangen hatte alles ein halbes Jahr vor dem Abitur, als der große Aktivismus ausbrach, weil jeder die Antwort auf die große Frage suchte: »Abi und was dann?« Die einen bemühten sich um einen Studienplatz, andere um eine Ausbildungsstelle und die meisten »Männer« unter uns konnten durch Zivildienst oder Bundeswehr ihre Entscheidung noch etwas aufschieben.

Ich wußte ziemlich schnell, daß ich nach dreizehn Jahren Schule nicht studieren wollte. Wieder jahrelang Theorie pauken? Nein Danke! Die einzige Lösung, die mir zu dem Zeitpunkt jedoch in den Sinn kam, war, eine Ausbildung zu beginnen. So beschäftigte ich mich neben den Abiturvorbereitungen damit, meinen Traumberuf zu suchen. Nach Besuch zahlreicher Informationsveranstaltungen des Arbeitsamtes wußte ich dann letztlich auch, was ich werden wollte: Werbekauffrau mit dem Endziel des Kontakters. Voller Optimismus und der Blauäugigkeit einer Schülerin unterbreitete ich den zuständigen Personen des Arbeitsamtes mein Vorhaben: keine Aussicht! Es gab nur wenige Ausbildungsplätze in Werbeagenturen, und die werden hauptsächlich unter der Hand weitergeleitet. Diese Tatsache bestätigte sich dann auch bei einer Bewerbungsaktion bei zahlreichen Agenturen. Damit stand ich wieder am Anfang.

Des Rätsels Lösung

Noch hatte ich genügend Zeit für Bewerbungen um andere Ausbildungsstellen. Das nahm ich dann auch in Angriff, tatsächlich aber eher zur Beruhigung meiner Eltern, denn was zu dem Zeitpunkt noch keiner wußte, war die Tatsache, daß mein Geist und meine Seele mittlerweile in einer ganz anderen Dimension schwebten: Ich wollte auf ein Jahr nach Amerika. Der Anstoß kam von einer guten Bekannten, und in dem Moment, als sie es ausgesprochen hatte, wußte ich: Das ist erst mal die Lösung für mich! Ein Jahr mal etwas ganz anderes machen und sich einer neuen Situation stellen, einer, die ich selbst meistern muß und die unabhängig ist von den Bewertungsmaßstäben anderer, so wie man sie in von Schule und Beruf kennt.

Als in der elften Klasse einige meiner Mitschülerinnen und Mitschüler für einen High School-Aufenthalt in das Land der unbegrenzten Möglichkeiten zogen, bewunderte ich ihren Mut. Damals war ich noch nicht so weit, um mein trautes Heim für ein Jahr zu verlassen. Jetzt aber hatte ich das Gefühl, daß die richtige Zeit gekommen sei, selbst einmal den Sprung ins kalte Wasser zu wagen. Nichts konnte meinen Entschluß mehr ändern.

Nach Amerika, aber wie?

Als ich von meinem Vorhaben, in die USA zu gehen, Freunden und Bekannten erzählte, waren die Reaktionen recht unterschiedlich. Von »super« über »klasse« bis hin zur Verständnislosigkeit hörte ich zahlreiche Meinungen. Auch verriet mir die »warten-wir-es-erst-einmal-ab-Miene« meiner Mutter, daß sie im tiefsten Inneren noch an der Durchführung meines Projektes zweifelte. Nachdem ich anstandshalber noch an den letzten Vorstellungsgesprächen teilgenommen hatte, erkundigte ich mich über die Möglichkeiten, in den USA zu jobben. Und so sah meine Lage aus: Ich war 19 Jahre alt, Abiturientin, hatte kein Geld und wollte für ein Jahr nach Amerika.

Leider stellte ich ziemlich schnell fest, daß es unter diesen Umständen nicht einfach war, an Jobs in den USA zu gelangen. Als ich ein paar Adressen von Vermittlungsagenturen herausgefunden hatte, die Jobprogramme anboten, stand ich plötzlich vor anderen unüberwindlichen Schwierigkeiten: Entweder war ich zu jung oder keine Studentin im soundsovielten Semester oder ich hatte bereits die Bewerbungsfrist verpaßt. Aber noch wollte ich mich nicht geschlagen geben und geriet zufällig an die Adresse eines Unternehmers in Kalifornien. Also setzte ich eine Bewerbung auf in der Hoffnung, daß er mir weiterhelfen könne. Ich wartete – wartete, und – wartete. Es waren noch drei Monate bis zum Abitur. Dann war sie endlich da, die Antwort aus Amerika. Leider abschlägig, so daß meine Enttäuschung groß war. Während die meisten meiner Mitschülerinnen und Mitschüler bereits eine feste Zusage für eine Stelle hat-

ten, hatte ich noch keine Ahnung, wie es in Zukunft weitergehen sollte. Ich hing in der Luft. Was, wenn ich keine Möglichkeit finden würde, in die USA zu kommen? Einfach die Koffer packen und ins Blaue fahren? So weit würde meine Abenteuerlust sicher nicht gehen. Eine äußerst unbefriedigende Situation.

Ich hab's – Au-pair, aber legal!

Ein Bekannter, der während eines High School-Aufenthaltes zehn Monate in Alaska gelebt hatte, brachte mich auf eine Idee. Ich sollte am Wochenende einfach mal in die überregionalen Zeitungen schauen, denn da seien Kleinanzeigen von amerikanischen Familien, die Au-pairs suchten. Au-pair? Was war das doch gleich? Kinderbetreuung und Hausarbeit gegen Taschengeld, Kost und Logis. Warum war ich nicht früher daraufgekommen?

Schon bald hatte ich die Adresse einer Familie in Kalifornien gefunden und einen Brief geschrieben. Doch bevor ich die Bewerbung abschickte, hörte ich durch Zufall von einem Informationsabend zum Thema »Arbeiten, Lernen und Studieren in den USA und Kanada«. Dort erfuhr ich dann etwas, was ich zunächst nicht glauben wollte: Ein Au-pair- oder Jobaufenthalt, so wie geplant, war ungesetzlich! Da ich nur ein Touristenvisum für die Einreise bekommen hätte, wäre ich damit nicht berechtigt gewesen, in den USA zu arbeiten oder Kinder zu betreuen. Doch noch am gleichen Abend hörte ich von einem Programm, das den legalen Au-pair-Aufenthalt in den USA ermöglichte. Es hörte sich alles ganz prima an: Die US-Familie zahlt den Flug, Taschengeld, das

Visum wird bereitgestellt und bei Problemfällen ist eine Betreuung vor Ort gegeben. Endlich ein Lichtblick am Horizont.

Bewerbung

Voller Euphorie setzte ich mich an die Bewerbung für das Au-pair Programm, schlug die erste Seite der Informations- und Bewerbungsbroschüre auf und schluckte dreimal. Alles war auf englisch beschrieben und war natürlich dementsprechend auszufüllen und anzufertigen. Ziemlich schnell stellte ich fest, daß die erste Hürde trotz des Wörterbuches nicht so einfach war. Insgeheim mußte ich mir eingestehen, daß meine Englischlehrerin vielleicht bei Vergabe ihrer letzten Zeugnisnote an mich doch nicht gewürfelt hatte. Doch allmählich nahm die Bewerbung Gestalt an: Neben dem doppelseitigen Bewerbungsbogen, mit persönlichen Angaben über Adresse, Geburtsdatum, Hobbys etc., benötigte ich die Kopie meines internationalen Führerscheins, einen ausführlichen Lebenslauf mit einer kleinen Fotostory und das wichtigste, eine Charakterreferenz und zwei Nachweise über Babysitting bzw. darüber, daß ich schon mal Kleinkinder oder Jugendliche betreut hatte.

Die charakterliche Beurteilung besorgte ich mir von meiner Englischlehrerin und die Nachweise über Kinderbetreuung von der Gemeinde, wo ich nicht nur mehrere Gruppenleiterseminare besucht, sondern auch Jugendgruppen betreut hatte. Zudem gab ich auch an, daß ich gelegentlich auf meinen jüngeren Halbbruder aufzupassen hatte. Alles in allem dauerte es ungefähr vierzehn Tage bis die Bewerbung

endgültig zusammengestellt war und ich sie abschickte. Dann hieß es warten. Doch ehe ich mich versah, genauer gesagt sechs Tage später, erhielt ich einen Anruf von der Vermittlungsagentur und damit die Einladung zum Vorstellungsgespräch in Bonn. Keine Frage, die erste Hürde war genommen und der erste Schritt in Richtung USA geschafft.

Das Vorstellungsgespräch

Auf der Fahrt zum Vorstellungsgespräch studierte ich in weiser Voraussicht einige englische Vokabeln:

»Windel – diaper«, »Spielzeug – toy«, »Schnuller – pacifier«
Es waren Vokabeln, die mir während meiner dreizehnjährigen Schullaufbahn nie zu Ohren gekommen waren, die aber sicher bald von Bedeutung sein würden.

Das Gespräch fand in angenehmer, familiärer Atmosphäre statt, und Gott sei Dank war ich nicht alleine, sondern mit zwei weiteren Bewerberinnen eingeladen worden. Nun galt es, die zweite Hürde zu bewältigen. Nachdem sich jeder vorgestellt hatte, folgten zahlreiche Situationsfragen. Alles in Englisch: »Was würdest Du tun, wenn die Familie dies oder das von Dir verlangt?«, »Was machst Du, wenn das Kind dieses oder jenes tut?«. Und dann war sie da, die Frage, vor der ich mich die ganze Zeit gefürchtet hatte. Die Frage, die ich nicht verstand: »Your host family has a party and wants you to wear a skirt. What would you do?«

Was hieß doch gleich »skirt«? In dem Moment, in dem ich sagte, daß ich die Frage nicht verstanden habe und daher nicht antworten könnte, war der Zug für mich abgefahren. Ich war sicher, die

Chance versiebt zu haben. Nach fast zwei Stunden war dann das Gespräch endlich vorbei.

Amerika ich komme! - Vorbereitung, Visum, meine Familie

Rund vierzehn Tage nach dem Vorstellungsgespräch sollten wir aus London, von der europäischen Hauptzentrale des Au pair-Programms, unsere Zu- oder Absage erhalten. Also hieß es wieder warten. Nach der Schule ging's immer erst zum Briefkasten – nichts. Doch dann war er endlich da, ein großer dicker Umschlag aus London. Briefe dieser Art hatte ich in der letzten Zeit häufiger in den Händen gehalten. Es waren die Absagen der Werbeagenturen und meine Bewerbungsunterlagen, so daß ich – mit dem Umschlag in der Hand – auch fest mit einer Absage rechnete. Doch wie heißt es so schön? Erstens kommt es anders und zweitens als man denkt. Jedenfalls flatterte mir beim Auspacken ein rosaroter Umschlag mit vielen Informationen und ein »congratulation sheet« entgegen. Ich hatte es tatsächlich geschafft. Amerika ich komme!

Die Aufregung steigerte sich von dem Moment an ins Unendliche, denn die Aufnahmebestätigung bedeutete, daß meine Bewerbung jetzt in die USA geschickt, vervielfältigt und an amerikanische Familien weitergeleitet würde, die sich bei der US-Partnerverband als Au-pair-Familien beworben hatten. Ist eine Familie daran interessiert, mich als Au-pair aufzunehmen, ruft sie mich an, damit wir uns näher kennenlernen können. Mein Informationspaket enthielt eine Checkliste, mit der

ich mich auf das Telefonat mit den USA vorbereiten konnte, ein vom Hausarzt auszufüllenden »medical report« und noch ein paar allgemeine Hinweise über den weiteren Programmablauf. So sollte ich bei erfolgreicher Vermittlung eine Kaution von 500 Dollar stellen, unter anderem eine Garantie dafür, daß das Au-pair nach den zwölf Monaten auch wieder die USA verläßt und nicht einfach dort bleibt. Ferner würden davon bei einem beabsichtigten, willkürlichen Abbruch des Programms die Flugkosten für ein neues Au-pair und sonstige Aufwendungen beglichen. Wer aber nach dem erfolgreichen Abschluß des Jahres aus den USA in sein Heimatland zurückkehrt, erhält auch die Kaution zurück.

Ich nutzte die Zeit zwischen schriftlichem und mündlichem Abitur, um mir durch einen Bürojob die zusätzlichen 500 Dollar zu verdienen. Und dann, gut drei Wochen nach der Bestätigung aus London, erhielt ich eines Abends gegen elf Uhr einen Anruf aus Amerika. Mein erster Kontakt mit den USA. Das Gespräch mit meiner potentiellen Familie war eine Katastrophe. Kein Wort, außer »yes« und »no«, brachte ich heraus – und das ist, wie man sich leicht denken kann, einem Gespräch wenig förderlich. Die Frau rief aus Washington D.C. an und hatte zwei Kinder: einen Jungen, fünf Jahre, und ein Mädchen, neun Jahre. Ich sollte mich überwiegend um den Jungen kümmern und mehr hatte ich nicht verstanden. Die Fragen, die sie mir stellte, konnte ich nur dürftig beantworten. Trotz des Spickzettels mit Fragen und Vorbereitung fielen mir keine Vokabeln mehr ein. Totaler Blackout! Das Gespräch dauerte ganze

Angekommen

zehn Minuten, und als ich auflegte, wußte ich sofort, daß ich von dieser Familie nichts mehr hören würde, denn sie entscheidet zuerst, ob sie die Bewerberin haben möchten oder nicht. Ich hatte recht und erhielt nicht, wie es bei einer Zusage üblich wäre, eine Vermittlungsbestätigung. Ich konnte es der US-Familie auch nicht verübeln. Jetzt hieß es wieder warten. Meine Bewerbung würde ja noch durch andere Hände gehen.

Und wie sollte auch anders sein? Als der zweite Anruf kam, war ich nicht zu Hause, sondern im Theater. Noch vor Beginn der Vorstellung stand plötzlich und unerwartet meine Mutter neben mir und berichtete aufgeregt, daß eine Familie aus den USA angerufen habe. Ich solle unbedingt um 23 Uhr wieder zu Hause sein, denn dann würde nochmals angerufen werden. Nach der Vorstellung fuhr ich sofort nach Hause. Im Wohnzimmer lag schon der Atlas mit der USA-Karte aufgeschlagenen auf dem Tisch. Mittlerweile unterstützte mich meine Mutter in meinem Vorhaben. Doch leider war die Nachricht, die sie mir beim Eintreten überbrachte, weniger schön. »Sei nicht enttäuscht, aber die Familie hat vorhin angerufen, um zu sagen, daß sie sich für ein anderes Au-pair entschieden haben.« Sch...ße! In zwei Wochen war die Schule vorbei, und was dann?

Doch aller guten Dinge sind drei, und für mich schien es schon fast wie ein Wunder, als ich einen Abend vor der Abiturfeier einen weiteren Anruf aus den USA erhielt. Es dauerte eine halbe Stunde, bis ich begriffen hatte, daß es dieselbe Familie war, die bereits angerufen hatte, als ich im Theater saß. Das englische Au-pair Mädchen, für das sie sich zuerst entschieden hatten, hatte kurzfristig abgesagt. Mein Glück. Im Laufe des Telefonats erfuhr ich dann ein paar Details: Die Familie wohnte in der Nähe von Washington D.C., beide Eltern waren berufstätig und ich sollte mich um den dreijährigen Joel kümmern. Das Gespräch kam mir vor wie eine Ewigkeit. Zudem wurde ich das erste Mal mit einer Konferenzschaltung konfrontiert. Während ich mit Sally, meiner künftigen Gastmutter redete, kam auch plötzlich David, der Gastvater dazu. Wir unterhielten uns also zu dritt am Telefon, das heißt mehr oder weniger, denn so toll war mein Englisch immer noch nicht. Gott sei Dank konnte Sally Deutsch, und wenn es mal ganz brenzlig wurde, griffen wir darauf zurück. Alles hörte sich prima an, doch dann kam der Haken bei der Sache: »Will you be able to depart next week?« Wie bitte, hatte ich richtig verstanden? Ob ich nächste Woche ausreisen könne? Was tun?

Ich wollte in die USA und die Familie gefiel mir auch: »Ja«, ich meine natürlich »Yes«! Damit war die Sache klar. Doch als ich auflegte, war mir plötzlich ganz komisch. Das erste Mal fühlte ich Zweifel. Der Traum von einem Jahr USA war keine Fiktion mehr, sondern Wirklichkeit und greifbar nah. Teilweise fühlte ich mich selbst noch als Kind und sollte bald »fulltime mom« spielen. Ob ich das wirklich kann?

Letzte Vorbereitungen

Von da an hieß es, die verbliebene Zeit zu nutzen und tatkräftig alles noch Anstehende in die Hand zu nehmen. Abgesehen von der ärztlichen Bescheinigung und einem gültigen Reisepaß, fehlten mir noch das Visum, zwei große überseetaugliche Koffer, Gastgeschenke und ein Fahrschein nach Frankfurt, wo ich abfliegen sollte. Mir verblieben insgesamt fünf Tage Zeit, und nur durch die tatkräftige Unterstützung meiner Familie schaffte ich es, alles zu regeln.

Nachdem ich London in Kenntnis gesetzt hatte, daß ich mich für die amerikanische Familie entschieden und die US-Familie dort die Annahme meiner Bewerbung bestätigt hatte, erhielt ich per Kurier den Antrag für das Visum, die Aufforderung zur Überweisung der 500 $, Fluginformationen und ferner Namen und Anschrift der Familie. Da alles so schnell gehen mußte, lagen leider nicht, wie sonst üblich, Fotos und ein Lebenslauf der Familie dabei. In einer Blitzaktion besorgte ich mir mein Visum in Bonn; als Gastgeschenk kaufte ich eine »Spielesammlung für Kinder ab drei Jahren« und einen Bildband »Impressionen aus dem Ruhrgebiet« für die Eltern. Dann hieß es Koffer kaufen und packen. Was nimmt man bloß mit für ein Jahr? Zumindest Wintersachen waren mitzunehmen, denn die Ostküste hat schließlich vier Jahreszeiten. Die Hektik ließ mir keine Zeit, ins Grübeln zu kommen. Bis zum letzten Abend, als es hieß, Abschied zu nehmen.

»Bye, bye, good old Germany«

An meinem letzten Abend zu Hause waren ein paar Freundinnen und Freunde vorbeigekommen, um sich zu verabschieden. Leider war keine Zeit mehr geblieben, um noch eine richtige Abschiedsparty auf die Beine zu stellen. Es war ein lauer Juniabend. Gemeinsam saßen wir draußen und redeten darüber, wie wohl alles weitergehen würde. Wann die ersten Ärzte unter uns ihr Unwesen treiben würden, wann die ersten Juristen über Recht und Unrecht entscheiden dürften, und wann wir unsere Konten bei einem ehemaligen Klassenkameraden eröffnen würden. Obwohl ich mit meiner Entscheidung, ein Jahr mal »nichts« zu tun, Außenseiter war, hatte ich ein erhebendes Gefühl: Seit einer Woche das Abiturzeugnis in der Tasche und in drei Tagen in Amerika! Nicht schon wieder aus Büchern lernen, sondern mit beiden Beinen im Leben stehen. Schon zu dem Zeitpunkt wußte ich, daß es niemals ein vergeudetes Jahr werden würde. Sicher hatte ich auch gemischte Gefühle.

Es war ein schöner Abend – bis es auf einmal klingelte. Da nur noch mein Freund fehlte, wußte ich sofort, daß nur er es sein konnte. Da der Moment, vor dem ich mich die ganze Zeit gefürchtet hatte,

gekommen war, stürzte meine Stimmung Hundert auf Null.

»Hallo!«

»Hallo!«

Ein flüchtiger Kuß.

Auf einmal merkte ich, daß in der Aufregung der letzten Tage viele Gefühle unbeachtet geblieben waren. Leider hatten sie dadurch genügend Zeit, um sich zu sammeln und dann auszubrechen, als es mir am wenigsten paßte. Meine Freunde merkten, daß eine Zeit der Zweisamkeit gekommen war und verabschiedeten sich von mir:

»Bis in einem Jahr!«

Oh, no! Mußte das jetzt so direkt sein?

Der Abschied von Martin war schrecklich. Aber in dem gleichem Atemzug, in dem ich Trauer fühlte und mich für ungerecht hielt, ihn jetzt einfach so für ein Jahr zu verlassen, wußte ich, daß es für mich eine richtige und wichtige Entscheidung war, zu gehen. Wenn ich seinetwegen zu Hause bliebe, hätte sich wahrscheinlich immer das Gefühl eingestellt, etwas versäumt zu haben. Wir tauschten Abschiedsgeschenke aus und wußten nicht richtig, was wir sagen sollten. Wir gaben uns die Freiheit, hofften aber, daß unsere Beziehung die Trennung überdauern würde.

Dortmund, Frankfurt, New York

Am nächsten Morgen fuhr mich meine Mutter zum Bahnhof. Zu meiner Überraschung warteten einige meiner Freundinnen und Freunde auf mich. Als ich einen Sitzplatz gefunden hatte, warfen sie Konfetti, Luftschlangen und Luftballons in mein Abteil. Der Zug fuhr ab, und ich winkte ihnen lange, mit einem lachenden und einem weinenden Auge, hinterher.

In Frankfurt traf ich auf einen bunt gemischten Haufen von »Leidensgenossinnen«, insgesamt vierzig, die an dem Tag in die USA fliegen sollten. Schnell hatten wir Gesprächsstoff für die nächsten Stunden. Die meiste Zeit verbrachten wir damit herauszufinden, wer wo, mit wie vielen Kindern plaziert wurde. Wie jede andere, war auch ich mit meiner Plazierung sehr zufrieden. Leider konnte ich nicht, wie alle anderen, Fotos von meiner künftigen Familie zeigen. Die paar Tage würde ich mich noch gedulden müssen.

Gemeinsam flogen wir nach New York City, wo wir in einem viertägigem Seminar auf das Leben als Au-pair in den USA vorbereitet werden sollten. Flug, Unterkunft, Verpflegung, Stadtrundfahrt, Essen in China Town, alles war von der Familie beglichen worden.

Bei der Landung in New York überkam mich ein überwältigendes Gefühl. Fühlte mich wie neugeboren und war wahnsinnig aufgeregt. Wir wurden in einem Hotel im Herzen von New York untergebracht und teilten uns jeweils ein Zimmer mit einem Au-pair, das später in der gleichen Stadt leben würde. So konnten wir gleich Kontakte knüpfen.

In den vier Tagen wurden wir ausreichend auf Amerika eingestimmt und informiert: Neben Erster Hilfe, Rechte und Pflichten eines Au-Pairs, der typisch amerikanischen Familie, dem US-Geld, Banken, Telefonieren usw., wurden uns auch ein Barbecue und das Lebensmittel, mit dem Amerika aufwächst, nicht vorenthalten: Erdnußbutter. Was den Deutschen ihre »Nutella« ist den Amerikanern ihre »peanutbutter«. Nutella besteht übrigens laut Aufkleber zu 74 % aus Zucker (Kohlehydrate) und zu 20 % aus Fett, nach Adam Riese 94 %. Die erste üble Erfahrung für mich, während sich die zweite auch schon näherte: mitten im Sommer bekam ich einen Schnupfen. Und woher wohl? Natürlich von den Klimaanlagen. Raus aus der schwülen Hitze – rein in die Kälte. Auch das ist halt Amerika! Neben den Vorträgen – gnadenlos auf englisch gehalten – kam aber auch das Vergnügen nicht zu kurz: Besichtigungprogramm und Essen in Chinatown. New York ist eine überwältigende, faszinierende Stadt, aber auch erschreckend anonym.

Die Zeit verging wie im Fluge, und ehe wir uns versahen und näher kennengelernt hatten, hieß es schon wieder Abschiednehmen. Jetzt ging es richtig los: Die einen, die in New York plaziert waren, wurden direkt mit dem Auto abgeholt, die anderen fuhren mit der Bahn, aber die meisten flogen in Gruppen zu ihren Familien. Nur bei mir war mal wieder alles anders: sicher nahm auch ich das Flugzeug, doch konnte ich nicht mit der Gruppe nach Washington fliegen, da meine Familie mich erst später abholen konnte. Also wartete ich am Flughafen, schnupperte die Atmosphäre und landete dann erst spätnachmittags in Washington. Der Weg von der Gepäckausgabe zum Ausgang kam mir vor wie eine Ewigkeit. Die beiden riesigen Koffer zerrte ich wie zwei sture Esel hinter mir her, und es war, wie bereits in New York, erdrückend schwül. Langsam ging ich auf die wartende Menschentraube zu. Hunderte von Augen guckten mich an, und wo war *sie?*

Auf den zweiten Blick

Klägliches Schicksal des Butterbrots ...

Am Flughafen von Dallas in Texas, einem der größten der Welt, haben zwei niedliche Beagles, offizielle Spürhunde des Landwirtschaftsministeriums, derzeit mächtig zu tun. Ihre Aufgabe: ihre feinen Nasen sollen unerlaubte Mitbringsel im Gepäck der aus dem Ausland einreisenden Besucher aufspüren.

»Täglich treffen hier 45 Auslandsflüge ein, so daß wir rund um die Uhr beschäftigt sind«, sagt Leroy Belkman, Chef der Agrarkontrolleure auf dem Flughafen. »Viele Reisende wissen immer noch nicht, was sie in die USA bringen dürfen, und was verboten ist.« Obst und Gemüse beispielsweise seien strengstens verboten, besonders aber Fleischerzeugnisse.

Die USA fürchten ein Einschleppen der gefährlichen Maul- und Klauenseuche, die in Amerika seit 1929 nicht mehr auftrat. Auch Cholera ist durch Fleisch übertragbar. Daher sind selbst Konserven untersagt, wenn sie nicht die Aufschrift tragen: »Benötigt keine Kühlung«. Das Verbot betrifft selbst Brot und Kuchen, während Kekse, Pralinen und andere industriell verpackte Süßigkeiten eingeführt werden dürfen.

Über tausend Kilo unerlaubter Waren stellen die Kontrolleure am Flughafen pro Monat sicher. Jedem Ertappten kann eine Buße bis zu 250 $ aufgebrummt werden. Tatsächlich wird der Normaltourist nur ermahnt, während echte Schmuggler, welche die Waren versteckt hatten, keine Schonung erwarten dürfen.

Alle sichergestellten Lebensmittel landen in einem der vier großen Müllverbrennungsöfen am Flughafen, wo neben den Resten der Bordverpflegung so manche Wurst, so mancher Apfel und so manches, noch liebevoll von der Mutter daheim belegtes Brot ein unverdientes Ende bei einer Hitze von 650 Grad Celsius findet.

Für Hinweise, die wir in der nächsten Auflage verwerten, bedanken wir uns mit einem Buch aus unserem Programm.

Kaum hatte ich es gedacht, stürzte aus der Menge eine rothaarige Frau mit vielen Sommersprossen und einem riesigen Lächeln auf mich zu, in der Hand einen bunten Blumenstrauß, den sie wie eine Galionsfigur voraus hielt. »Welcome to America« verstand ich noch, bevor sie mich in ihre Arme nahm.

Sally, David und »little« Joel

Sally, meine Gastmutter, war direkt nach der Arbeit gekommen, um mich vom Flughafen abzuholen. Während David und Joel zu Hause warteten, zwängten wir uns in rund einer Stunde durch den täglichen Feierabendverkehr. Auf dem Weg erzählte mir Sally bereits ein paar Dinge über sich und den Rest der Familie. Sie arbeitete in leitender Position in einem großen Unternehmen in Washington D.C., das heißt, ungefähr von sieben Uhr morgens bis sechs Uhr abends würde sie außer Haus sein. David, ehemaliger Berufsmusiker, arbeitete nach einem Psychologiestudium in einem Institut, ebenfalls in D.C. Gelegentlich würde er aber auch zu Hause arbeiten. Joel war bisher ganztägig bei einer Tagesmutter, die in ihrem Haus bis zu acht Kinder von morgens bis abends beaufsichtigt und betreut. Und warum war ich dann da?

Ein Kinderarzt hatte behauptet, es sei das beste für die Entwicklung eines Kindes, wenn es eine Hälfte des Tages außer Haus mit anderen Kindern verbringen und die andere Hälfte in der eigenen Umgebung und zu Hause sein würde. Daher war es meine Aufgabe, Joel gegen Mittag von der Tagesmutter abzuholen und ihn dann bis zur Rückkehr von Sally und David abends zu versorgen, zu beauf-

sichtigen und etwas mit ihm zu unternehmen. Das war's? »Kinderspiel«, dachte ich mir.

Noch eine Seitenstraße, dann lag es vor mir, mein neues Zuhause. Es war genau so, wie man es sich einen typisch amerikanischen Vorort vorstellt. Ein gepflegtes Haus, angenehm groß mit etwas Rasen, ein paar Blumen davor und mit Gärten nach hinten heraus. Es gefiel mir auf Anhieb. Die Haustür hinter dem Fliegengitter war nach amerikanischer Manier unverschlossen, so daß Sally, ohne nach dem Schlüssel kramen zu müssen, eintreten konnte. Sie ging voraus, und während ich den leichten Schlag der zurückfallenden Fliegengittertür im Rücken spürte, guckte ich geradewegs in Joels Augen. In seinem Gesicht lag ein stechender Ausdruck, so, als wollte er mir zu verstehen geben, daß ich alles andere als erwünscht sei. Abrupt und geradezu demonstrativ wandte er sich ab und fiel seinem Daddy um den Hals. Tolles Gefühl!

Aber ich wollte mich nicht gleich am ersten Abend erschüttern lassen, zumal ich von den bisherigen Ereignissen und der unsäglichen Schwüle ziemlich erschlagen war. Etwas später am Abend fuhren wir dann noch kurz mit dem Auto zum Supermarkt, zur Bank, zur Bücherei, zum Spielplatz und zum Schwimmbad. Kurz gesagt, lernte ich mein Revier kennen, das für mich als frischgebackenes Au-pair in den nächsten zwölf Monaten von großer Wichtigkeit sein würde.

Tagebuch

Vier Monate zwischen »honeymoon« und »culture shock«.

27. Juni

Nun bin ich seit zwei Tagen bei meiner neuen Familie und fühle, mich ehrlich gesagt, reichlich deprimiert – einfach leer und öde. Die größte Sorge bereitet mir im Augenblick die Frage, ob ich jemals einen Draht zu Joel aufbauen könnte. Ich glaube, er wollte gar kein Au-pair. Bis zum Wochenende ist er zwar noch ganztägig bei seiner Tagesmutter, so daß wir uns nur abends sehen, aber selbst für kurze Zeit will er nichts mit mir zu tun haben. Immer wenn ich was mit ihm spielen will, rennt er zu seinen Eltern. Ein blödes Gefühl, denn es ist ja eigentlich meine Aufgabe, mich um ihn zu kümmern. Ich will helfen, kann aber nicht und komme mir vor wie das fünfte Rad am Wagen.

Zu dem Akzeptanzproblem kommen leider auch noch sprachliche Schwierigkeiten. Joel stellt tausend Fragen, und zwar für sein Alter wirklich intelligent und sprachlich bereits ziemlich kompetent. Bei seiner Lieblingsfrage »why?« stehe ich dann meist da und kann ihm nichts erklären. Vielleicht könnte ich ihm ein Gedicht von Shakespeare analysieren, aber einfaches Umgangsenglisch fehlt mir mehr, als mir bewußt war. Neun Jahre Schulenglisch und kein bißchen weise. Letztens bat mich Sally, ihr ein »pillow case« aus dem Schrank zu bringen. Den Schrank hatte ich gefunden, aber was in aller Welt war ein »pillow case«?

Dann kommt noch etwas hinzu, über den ich mir vorher nie Gedanken gemacht hatte: der unterschiedliche Erziehungsstil. In jedem Haus weht selbstverständlich ein anderer Wind, und die Art wie sie mit Joel umgehen, ist ganz anders, als ich Erziehung bisher kennengelernt hatte. Mit höchstem Engagement spielen und kümmern sie sich um Joel. Er ist praktisch der Kleinste und doch der Größte unter uns. Der Erziehungsstil ist wesentlich lockerer und antiautoritärer als bei uns.

Ich freue mich schon aufs Wochenende, dann haben wir alle mal rund um die Uhr Zeit füreinander. Ich glaube, es wird doch etwas dauern, bis wir uns aneinander gewöhnt haben.

Übrigens war ich gestern das erste Mal in Washington D.C. und habe ein wenig die Atmosphäre geschnuppert: einfach überwältigend. Um mir alles ganz genau anzusehen, habe ich ja noch die nächsten fünfzig Wochen Zeit.

29. Juni

Das erste Wochenende mit meiner Familie liegt hinter mir, und ich muß sagen: »it was really great«. Am Freitagabend war ich mit Sally, David und einigen Freunden von ihnen in einem Mozart-Konzert im Kennedy Center. Nach dem Konzert wurde auf der Terrasse des Centers noch getanzt, und es herrschte eine unbeschreiblich schöne Atmosphäre. Die laue Luft, Springbrunnen, Blick auf den mondscheinerleuchteten Potomac, die sanfte Musik. Ich fühlte mich richtig gut – that's America. Alles kam mir vor wie in einem amerikanischen Film, und ich glaube, daß selbst, wenn Cary Grant plötzlich aufgetaucht wäre, ich ihm lässig und ohne rot zu werden ein »Hi« hätte zurufen können.

Willkommen in Amerika!

Nachdem wir Samstagvormittag gemeinsam das Haus auf Vordermann gebracht, gründlich gesaugt, gewischt und aufgeräumt hatten, bin ich mit Sally und Joel zum Raquetball gefahren. Während Sally mit einer Kollegin spielte, haben Joel und ich uns einen Court geteilt. Ich hatte das Gefühl, daß wir uns mal ein bißchen näher gekommen sind – meine Güte, das hört sich ja an. Jedenfalls haben wir viel Spaß gehabt.

Auch am Sonntag habe ich viel erlebt: Wir waren in Washington, sind am Jefferson-Memorial Tretboot gefahren und später im Kino gewesen. Ich habe natürlich fast nichts verstanden. Zudem hatte ich auch meine erste Fahrstunde. Bevor Sally und David mir ein Auto anvertrauen, wollten sie ganz gerne wissen, wie ich fahre. Die Prüfung habe ich gut bestanden.

Sally und ich haben dann auch begonnen, Ausschau nach anderen Au-pairs zu halten. Ich habe einige Mädchen von der Liste, die ich von meiner Betreuerin bekommen hatte, angerufen und mich mit ihnen verabredet. Zudem veranstaltet unsere Betreuerin bald ein Barbecue.

Rundum war es ein gelungenes Wochenende. Ich denke, daß es auch sehr wichtig für uns alle war, da wir die Möglichkeit hatten, uns rund um die Uhr zu »beschnuppern«. Dadurch, daß Sally und David arbeiten, bleibt in der Woche doch etwas wenig Zeit dafür.

Am Sonntagabend wollte ich mich dann eigentlich zufrieden und glücklich ins Bett legen, als plötzlich das Telefon klingelte und ich intuitiv wußte, wer das war: natürlich Martin. Es war ein kurzes Gespräch und Gott sei Dank war ich an dem Telefon in der Nähe meines Zimmers, so daß ich mich sofort verkriechen und ausheulen konnte. Ich vermisse ihn sehr. Aber ich wollte es so und werde es jetzt auch durchstehen.

30. Juni

Um noch ein bißchen mehr über amerikanische Kinder mitzubekommen, bin ich gestern den ganzen Tag mit Joel bei seiner Tagesmutter gewesen. Eine anstrengende Sache, den ganzen Tag acht Kinder um sich herum zu haben ...

Tja, und heute hatten Joel und ich Premiere, das heißt wir haben das erste mal einen Tag miteinander verbracht, was auch gut klappte. Gegen Mittag habe ich ihn von seiner Tagesmutter abgeholt und anschließend Lunch, also Mittagessen, zubereitet. Das ist jedoch ziemlich einfach, da es in der Regel aus Sandwiches, Instantsuppen, Hot Dogs, Pizza (wobei Pizza »pieza« ausgesprochen wird) und das bekannte »PB & J« (peanutbutter and jelly sandwich) besteht.

Nach dem Lunch sind wir mit seinem Tretauto, einem Snack – ein paar Keksen und etwas Apfelsaft – und ein paar Büchern im Rucksack, in einen nahegelegenen Park marschiert, wo wir den ganzen Nachmittag verbrachten: wir haben gepicknickt, Bücher gelesen, Eicheln gesammelt und auf dem Spielplatz herumgetobt. Gegen fünf Uhr ging es dann wieder gen Heimat. Bis David nach Hause kam und mich ablöste, habe ich Joel wieder etwas vorgelesen. Auch wenn ich viele Worte aus den Kinderbüchern nicht kenne, klappt es ganz gut. Manchmal erklärt mir sogar Joel, wie sie ausgesprochen werden und was sie bedeuten. Die Zubereitung des Abendessens

Politisch korrektes Essen
Pierre Chambrin, französischer Chefkoch im Weißen Haus, gab vor Kurzem im wörtlichen Sinne den Löffel ab, weil seine Künste seit dem Einzug des Ehepaars Clinton nicht mehr erwünscht waren. Er sei ein Fachmann der französischen Küche. Das sei seine Berufung, aber nicht das, was im Weißen Haus serviert werde, erklärte Präsidentensprecherin Myers. Die Clintons hatten bald nach ihrem Einzug ins Weiße Haus erkennen lassen, daß Chambrin vermehrt die aufstre-bende amerikanische Küche auftischen möge, die auf die kulinarischen Genüsse diverser Einwanderergruppen (womit die amerikanische Gesellschaft sich wiederspiegeln solle) und auf frische Zutaten setze. »Sein Schreibtisch liegt voller Kochbücher«, hatte ein Hillary-Mitarbeiter entdeckt, und fügte angeekelt hinzu: »Alle auf Französisch und alle von toten Leuten.« Besänftigend äußerte sich der Sprecher von Hillary, *Neel Lattimore.* Er rief dem scheidenden Chefkoch ein Lob hinterher, das allerdings für jeden Franzosen einer Beleidigung gleichkommt: »Er ist ein fantastischer Koch; seine Pizzen sind unvergleichlich«, urteilte Lattimore.

haben wir drei dann gemeinsam übernommen. Abends gibt es normalerweise ein warmes Essen, das aus Zeitmangel zumindest innerhalb der Woche auch nicht so große Kochkünste verlangt. Das heißt jedoch nicht, daß wir Fast Food futtern. Im Gegenteil. Ich habe das große Glück, daß sie auf eine ausgewogene Ernährung mit viel Reis, Gemüse, Hähnchen, Fisch und Salaten Wert legen. Gott sei Dank kein Junk-Food! Ich müßte eigentlich nicht kochen, aber da ich es ganz gerne mache, habe ich mich bereit erklärt, künftig den Job zu übernehmen.

Auch wenn der Tag gelungen war, glaube ich dennoch, daß es einige Zeit braucht, bis Joel und ich so richtig warm werden. Vor allen Dingen muß ich noch besser sprechen lernen. Ich verstehe zwar ziemlich viel, aber das Sprechen fällt mir schwer. Meine Hemmschwelle, etwas Falsches zu sagen, ist sehr niedrig. Ich lege mir die Sätze im Kopf erst richtig zurecht, bevor ich spreche. Eigentlich blödsinnig. Na ja – das wird sich mit der Zeit schon legen.

Heute abend hat meine Mutter dann auch noch angerufen. Ich konnte aber nicht so richtig sprechen, da ich mit den anderen in der Küche war. Das einzige, was ich verschwiegen habe, war auch nur, daß ich etwas Heimweh habe und sie vermisse.

7. Juli

Die letzten Tage waren spitze. Am 4. Juli sind wir nach New York City gefahren und haben den hundersten Geburtstag der Freiheitsstatue gefeiert. Es war unbeschreiblich schön. So viele Menschen habe ich noch nie gesehen. Nachmittags fand auf dem Hudson River eine Parade mit Großsegelbooten statt, und abends stieg ein riesiges Feuerwerk gen Himmel. Am nächsten Tag folgten Parties, Kleinkunstveranstaltungen und Kunstmärkte in den Straßen. Übernachtet haben wir bei Freunden von David und Sally.

Samstags sind wir dann von New York nach Pennsylvania gefahren, um Sallys Eltern und ihre Schwester zu besuchen. Der Gegensatz war riesig und ungefähr so wie der Wechsel vom Berliner Ku'damm aufs platte Land.

Sallys Familie ist wirklich nett und sehr freundlich zu mir gewesen. Wegen des schönen Wetters verbrachten wir die meiste Zeit am Pool und draußen im Garten. Sonntags ging's dann wieder zurück nach Washington. Ich hatte mich schon richtig darauf gefreut, nach dem aufregenden Wochenende am nächsten Morgen ausschlafen zu können. Pustekuchen! Montagsmorgens gegen acht Uhr riß mich David plötzlich aus meinen Träumen, da völlig vergessen worden war, daß Joels Tagesmutter eine Woche Ferien hatte. Also durfte ich mich ganztägig um Joel kümmern.

Allen Befürchtungen zum Trotz, verlebten wir mit viel gemeinsamen Unternehmungen eine prima Woche: wir besuchten seine Freunde, luden sie zu uns ein oder trafen uns mit ihnen und ihren Mamis in Parks, auf Spielplätzen oder im Schwimmbad. Wir haben gebastelt, gemalt, Bücher gelesen oder Kekse gebacken. Es war großer Fortschritt für uns beide. Wir haben uns so ein großes Stück mehr angefreundet. Problematisch wurde und wird es nur, wenn Sally und David zu Hause sind. Dann will Joel nichts mehr mit mir

zu tun haben – verständlich, aber irgendwie auch unbefriedigend. Wenn Sally und David am Wochenende mal kurz ausspannen wollen oder David zu Hause arbeiten will, ist das fast unmöglich. Meine Aufgabe ist es dann, Joel, wenn auch nur kurz, von ihnen fernzuhalten. Das ist für alle sehr nervenaufreibend, aber wir arbeiten daran.

Vorhin hat mich übrigens ein Au-pair-Mädchen besucht. Sie kommt aus Wales, ist seit Mitte Juni in den USA und kümmert sich um einen zweieinhalbjährigen Jungen. Wir haben uns ganz prima unterhalten und Erfahrungen ausgetauscht. Es war gut zu hören, daß sie ähnliche Akzeptanzprobleme mit ihrem Kleinen hat.

8. Juli

Schlechte Nachrichten! Heute Mittag gegen drei Uhr habe ich ein Strafmandat bekommen! Mein allererstes und das auch noch in den USA.

Als ich Joel von einem Freund abholte, um mit ihm zum Zahnarzt zu fahren, wo Sally auf uns wartete, bin ich entsprechend der Beschreibung die erste Straße links eingebogen. Gemeint war aber die erste *mögliche* Straße links! Wie sich herausstellen sollte, ein Unterschied wie Tag und Nacht. Als ich nichtsahnend weiterfuhr, verriet mir auf einmal Joels niedliche Kinderstimme vom Rücksitz:

»Oh, there is a policeman on a motorcycle behind us!«

»How exciting«, dachte ich, bis der Polizist auf einmal vor mir fuhr und anhielt. Oh Gott, was flatterte mein Herz. Fenster heruntergedreht, den Tränen nahe, erfuhr ich

Auf den zweiten Blick

Erfrischende Cola ...

Immer mehr Kinder müssen wegen Knochenschwund (Osteoporose) behandelt werden. Ursache seien gravierende Ernährungsmängel. Die bei Kindern beliebten Softdrinks wie Cola-Getränke und Limonade seien reine Kalziumräuber zu Lasten des Knochengewebes. Aufsehen erregte der Fall eines Elfjährigen, der sich überwiegend von Cola und Gebäck ernährte. Die Folge waren Knochenbrüche. Die Zusatzstoffe der Getränke enthalten viel Phosphor, der in Verbindung mit Kalziummangel zu brüchigen Knochen führt.

Weitere schädliche Nebenwirkung: Cola ist ein Vitaminblocker. Die irrsinnige Menge Zucker im Gegenwert von rund 36 (!) Stück Würfelzucker in einem Liter verhindert die Aufnahme mancher Vitamine.

The Popcorn Ball

dann, daß ich in eine Einbahnstraße eingebogen war und deshalb nun 40 $ an den US-Staat zahlen sollte.

Ich versuchte alles, um den Polizisten weich zu kriegen. Erzählte ihm in meinem schlechtesten Englisch etwas von wegen ausländisches Au-pair, erst seit kurzem in den USA und so. Nichts zu machen. Der Typ war ein zäher Bursche und wollte sich auf nichts einlassen. Er notierte meine Personalien und überreichte mir mein Strafmandat.

Ich fuhr weiter zum Zahnarzt und als ich Sally sah und ihr meine Geschichte erzählte, heulte ich sofort los. War das peinlich! Aber sie reagierte ganz toll und sagte, daß es nicht so schlimm sei. Zu Hause erklärte mir David dann, daß wir Widerspruch einlegen und zu Gericht gehen werden. Also setzten wir ein kurzes Schreiben auf, daß wir das Strafmandat so nicht akzeptieren wollen und schickten es weg. Jetzt heißt es warten, bis wir eine Ladung vom Gericht erhalten.

Es ist aber auch noch etwas Positives passiert: Ich habe ein Basketballteam gefunden und bereits das erste Mal mittrainiert. Die Frauen sind sehr nett, zwar etwas älter als ich, aber sie spielen auf dem gleichen Niveau – für mich ist eine schöne Abwechslung zu meinem Au-pair-Dasein. Das Barbecue, daß unsere Betreuerin für alle Au-pairs veranstaltet hat, war leider nicht so toll. Es wurde viel gegessen, und dann haben sich Ländergrüppchen gebildet: die schwedischen Au-pairs, die englischen, die Schweizer, die deutschen alle unter sich. Aber wenn ich ehrlich sein soll, war unter den Au-pairs auch keine, die mir so richtig zugesagt hätte. Ich meine als Freundin, mit der ich gerne etwas unternehmen würde. Das Bemerkens-

werteste am Barbecue war eigentlich, daß wir uns auf dem Rückweg so verfahren haben, daß wir zufällig Nancy und Ronald Reagan gesehen haben, die in einer Limousine an uns vorbeigerauscht sind.

15. Juli

Ich sitze gerade auf der Veranda, Joel ist noch bei seiner Tagesmutter. Die Sonne scheint, und es weht ein angenehmer Wind. Schon die ganzen letzten Tage hatten wir herrliches Wetter, so daß Joel und ich die Nachmittage meist im Schwimmbad verbrachten. Einmal ist auch ein anderes Au-pair-Mädchen aus Frankreich mit ihrem zweijährigen Jungen mitgekommen. Es war ganz witzig, zumal sich die Kleinen gut verstanden. Ich kann es kaum glauben, aber jetzt sind es bereits vier Wochen, daß ich in den Zug gen Frankfurt gestiegen und in meine neue »Heimat« aufgebrochen bin. So nach und nach gewöhne ich mich immer mehr ein. Im Augenblick fühle ich mich sogar sauwohl. Eigentlich besteht kein besonderer Grund dafür. Ich habe einige Briefe von zu Hause bekommen, mit Hilfe von Sally und David ein Bankkonto eröffnet und überhaupt viel mit meiner Familie unternommen. Unter anderem sind wir zu IKEA gefahren, wo ich mir ein paar Sachen für mein Zimmer besorgt habe. Vielleicht ist es das gewesen – jedenfalls fühle ich mich noch wohler in meinen vier Wänden. Ich hatte aber auch viel Glück mit meinem Zimmer: es ist ungefähr achtzehn Quadratmeter groß und schön hell. Das Bett ist auch prima. Komisch, ich hätte nie daran gedacht, so etwas mal in mein Tagebuch zu schreiben, aber die kleinen Dinge tragen auch dazu bei, daß ich mich immer heimischer fühle. Kontakte zu jungen Amerikanerinnen oder Amerikanern zu knüpfen, ist allerdings nicht so einfach, wie ich dachte. Es erfordert schon einiges an Eigeninitiative. In der Nachbarschaft wohnt ein gleichaltriges, amerikanisches Mädchen, mit dem ich demnächst etwas unternehmen werde. Außerdem habe ich mich dazu entschlossen, ein Semester das College zu besuchen, wo ich hoffe, ein paar nette Leute zu treffen.

Tja, und mit meinem Schatz habe ich auch wieder telefoniert, und die ersten Briefe sind auch angekommen. Am Telefon hat er mir drei wunderschöne Worte gesagt. Solche Momente verpassen mir immer wieder einen Stich und ich bekomme Heimweh.

Mit dem Heimweh ist es überhaupt ganz komisch. Es ist keine depressive Phase, die über viele Tage oder Wochen geht, sondern vielmehr ein Moment oder ein Tag, an dem ich mir wünschte, daß eine vertraute Person – sei es meine Mutter, meine Schwester, Martin oder eine gute Freundin – bei mir wäre. Na, ja, da muß ich wohl durch, aber ich glaube, daß das Heimweh einfach dazu gehört. Ich bin ja schließlich im Guten von zu Hause weggefahren, und dieser Aufenthalt ist ja keine Flucht von irgend etwas oder vor irgendwem. Es ist also ganz normal, auch Dinge von zu Hause zu vermissen. Soweit, daß ich die Koffer packen wollte, war ich allerdings noch nie.

22. Juli

Das Leben ist doch irgendwie ulkig, oder besser gesagt, der Mensch oder vielleicht auch nur ich? Jedenfalls fühle ich mich gerade ziemlich mies. Am meisten bedrückt mich, daß ich abends nicht rauskomme. So sitze ich hier und denke an zu Hause und Martin. Aber es ist so schizophren, weil ich genau weiß, daß ich, wenn ich jetzt einmal zu Hause wäre, bestimmt wieder zurück in die USA wollte.

Was mir eigentlich nur fehlt, sind ein paar nette Freunde. Je mehr ich darüber nachdenke, desto eher glaube ich aber auch, daß ich etwas falsch mache. Das ist wahrscheinlich der springende Punkt: Ich muß die Leute ansprechen und darf nicht so wählerisch sein. Aber von den Au-pairs aus meiner Umgebung finde ich keine so sympathisch. Da fehlt irgendwie der Draht zueinander. Also muß ich wohl selbst die Initiative ergreifen und neue Leute kennenlernen, denn von nichts kommt nichts und so exotisch, daß die Menschen auf einen zuströmen, ist ein Au-pair nun auch wieder nicht.

Die Krönung dieser frustigen Phase war dann noch der Anruf von Martin. Das hat mich natürlich noch mehr zurückgeworfen. Hätte nicht gedacht, daß ich ihn so vermissen würde.

23. Juli

Ein kleiner Nachtrag zu gestern. Weil ich mich nach dem Telefonat mit Martin ziemlich elend fühlte, habe ich kurzerhand all meinen Mut zusammengenommen und mit David gesprochen, der noch etwas länger vor dem Fernseher saß. Na ja, mehr oder weniger gesprochen. Eigentlich habe ich einfach geheult, und er hat mich ganz lieb in die Arme genommen und mich getröstet. Es tat verdammt gut. Heute sehe ich zwar aus wie das heulende Elend, aber insgesamt fühle ich mich doch sehr erleichtert.

31. Juli

Vielleicht bin ich einfach zu ungeduldig und erwarte für den Anfang zuviel. In den letzten Tagen habe ich mich mit Ronni und dem großen Joel getroffen, zwei gleichaltrigen Jugendlichen aus der Nachbarschaft. Zudem habe ich Paul kennengelernt, der für Greenpeace bei uns an der Tür gesammelt hat. Wir sind ins Gespräch gekommen und wollen uns demnächst ein Tennisturnier in Washington ansehen.

Ansonsten war ich mittlerweile auch an der University of Maryland und dem Montgomery College. Ich habe etwas die Atmosphäre geschnuppert und mich als Gasthörerin in Seminare gesetzt. Da die Uni größer und irgendwie unübersichtlicher ist, habe ich mich dazu entschlossen, das College zu besuchen und dort Kunstgeschichte und Werbegrafik zu studieren. Anfang August muß ich eine kurze Eingangsprüfung ablegen; ansonsten reicht mein Abiturzeugnis für die Aufnahme ans College, da ich eh keine Vollstudentin bin.

Letztens habe ich mein erstes Baseballspiel gesehen. Mit Sally, Joel, ein paar Freunden von Joel und deren Eltern sind wir nach Baltimore gefahren und haben uns das Spiel der Oriols gegen die Chicago White Socks angeguckt. Das Spiel war eigentlich ziemlich langweilig, unbeschreiblich war dafür das ganze Drumherum. Genau wie tausend andere Amerikaner haben wir vier Stunden in der sengenden Sonne gesessen, Hot Dogs vertilgt, Coca Cola getrunken, Eis gelutscht und sind ab und zu mal aufgestanden, um Teil der »Welle« zu sein oder um Nachschub zu holen. Es war verrückt. Sally hat mir

gesagt, daß ich nicht eher nach Hause zurückfahren dürfte, bis ich auch noch ein Footballspiel gesehen hätte, denn dabei würde ich mehr von Amerika kennenlernen als sonstwo.

10. August

Mit meiner Stimmung geht es zu wie auf einer Achterbahn. Mal rauf mal runter, aber bei steigender Tendenz.

Joel und ich kommen mittlerweile ganz gut klar. Manchmal tanzt er mir zwar ganz schön auf dem Kopf herum, was mich natürlich schon wurmt, aber es ist auch okay. Der Erziehungsstil gibt ihm nunmal viel mehr Möglichkeiten, selbst zu bestimmen und zu entscheiden und dabei einen eigenen Kopf zu entwickeln.

Wirklich schlimm ist es nur, ihn zum Mittagsschlaf zu bewegen. Einfach unglaublich. Sally und David haben anfangs bestimmt, daß Joel mittags ein paar Stunden schlafen solle, damit er abends nicht völlig übermüdet sei und quengelig würde. Logisch. Aber wie bitte, bekommt man ein Kind, daß nicht schlafen will, dazu zu schlafen? Kurz gesagt: überhaupt nicht! Ich habe es mit Vorlesen probiert. Die Stimme gesenkt, langsam und ruhig, Zeile für Zeile vorgelesen. Und, was passiert? Eine hellwache niedliche Kinderstimme fragt Dich, warum Du so leise liest. Also beim nächsten Mal habe ich mich neben ihn in sein Bett gelegt und ganz normal gelesen. Fünfzehn Minuten vergingen, dreißig Minuten, fünfundvierzig Minuten – ich war selbst kurz vorm Einschlafen, als er die Decke wegriß und auf dem Bett herumhüpfte. Toll! Auch Kassetten eigenen sich nicht, da sie nach einer halben Stunde, vielleicht kurz bevor die Kleinen einschlafen, gewechselt werden müssen. Herauszufinden, wie ich Joel zum Mittagsschlaf bewegen kann, hat viele, viele Nerven gekostet. Letztlich habe ich kapituliert und mit Sally und David gesprochen. Daher haben wir uns eine Lösung überlegt: nach dem Mittagessen soll Joel eine Stunde »time out« haben. Das heißt, er muß nicht schlafen, darf aber auch nicht herumtoben. Er sollte sich ins Bett oder aufs Sofa legen und sich ein Buch angucken oder etwas tun, daß ihn eher entspannt als aufdreht. Und, wer hätte es gedacht: es klappt ganz gut.

Eine liebe Nachbarin, die täglich ihren dreijährigen Enkel versorgt, hat mir letztens übrigens ein tolles Rezept anvertraut: »Take it easy and do everything with a smile«.

13. August

Ein französisches Au-pair-Mädchen, das ich letztens gesprochen habe, ist nicht so glücklich mit ihrer Familie. Wenn ich das richtig einschätze, hat sie aber auch falsche Vorstellungen von dem, was es heißt »Au-pair« zu sein. Sie will immer nur ausgehen und gar nichts mit der Familie unternehmen. Außerdem spricht sie mit ihnen nicht über ihre Pläne und Wünsche. Jetzt herrscht natürlich eine Spannung im Haus. Ich denke, sie sollten einfach mal offen miteinander reden.

Im Gegensatz zu ihr verstehe ich mich mit meinen Gasteltern prima. Wenn ich darüber nachdenke, haben wir aber auch an diesem guten Verhältnis gearbeitet. Was geholfen hat und immer noch hilft, ist, daß wir über alles sprechen. Beide sind zwar sehr beschäftigt, aber wenn ich Fragen hatte, beispielsweise ob ich die

Wäsche erledigen soll oder ob Joel fernsehen darf, habe ich die Initiative ergriffen und sie darauf angesprochen. Manchmal kostete das zwar ganz schöne Überwindung von mir, aber das ist immer noch einfacher, als unwissend und dadurch unsicher zu sein.

Ich denke, es ist auch falsch davon zu sprechen, daß der eine »Glück« mit der Familie gehabt hat und der andere nicht. Sind Au-pair und Familie offen und ehrlich zueinander und auch daran interessiert, voneinander zu lernen, wie es ja beim Kulturaustausch der Fall sein sollte, klappt es auch ohne Glück, also nur mit gesundem Menschenverstand. Manchmal stimmt schon nicht die Chemie zwischen den Leuten, doch dann ist auch selten noch etwas durch Gespräche zu retten. Ich glaube, daß ich so einer Situation dann die Familie gewechselt hätte. Was hätte ich davon, in einem Haus zu wohnen, in dem ich mich unwohl fühle? Jetzt aber mal zu etwas anderem.

Die Eingangsprüfung am College war doch schwerer als gedacht, aber ich hab sie trotzdem bestanden. Also werde ich dort ab September anfangen. Ich freue mich darauf, unter gleichaltrigen amerikanischen Jugendlichen zu sein, obwohl ich auch schon eine nette Freundin gefunden habe: Ronni, die in derselben Straße, nur ein paar Häuser von uns entfernt wohnt. Am letzten Wochenende habe ich sie sogar schon in ihrem College in Frostburg besucht, rund drei Stunden nordwestlich von uns. Wir haben richtig viel unternommen: ihre Freundinnen besucht, die Gegend unsicher gemacht oder auch einfach ausgespannt. Es war eine schöne Abwechslung. Mittlerweile habe ich mich auch zweimal mit Paul, dem Greenpeace-

Mitarbeiter getroffen. Wir haben uns ein Tennismatch bei den Washington Open angeguckt, da er selbst früher aktiver Spieler war und daher günstig an Karten gekommen ist. Wir hatten viel Spaß – ich meine natürlich rein platonisch, obwohl er wirklich ein netter und auch attraktiver Typ ist. Aber im Augenblick möchte ich keine Beziehung. Zum einen wegen Martin, zum anderen steht mir der Kopf überhaupt nicht danach. Es gibt so viel zu entdecken, so viel zu erleben, daß mich eine feste Freundschaft im Augenblick nur einschränken würde.

17. August

Heute ist der Geburtstag meiner Mutter, und zu Hause wird bestimmt heftig gefeiert. Na, im nächsten Jahr bin ich dann auch wieder dabei. Das hört sich ziemlich komisch an, im nächsten Jahr...

Es ist schon irgendwie seltsam. Seitdem ich hier bin, sehe ich mein Zuhause, meine Familie, mit ganz anderen Augen. Irgendwie lerne ich viele, sonst alltägliche Dinge, neu zu schätzen. Zum Beispiel deftiges Vollkornbrot, ungesalzene Butter oder süßes Popcorn. Vielleicht muß man wirklich erst ein Jahr von zu Hause weg sein, um festzustellen, was man vorher alles hatte.

Leider fühle ich mich gerade nicht so auf der Höhe, allerdings nicht psychisch, sondern physisch: ich bin stark erkältet und habe Kopfschmerzen. Abgesehen davon geht es mir aber gut. Ich fühle mich von Tag zu Tag heimischer in meiner neuen Familie und Umgebung. Mein Englisch ist auch schon viel besser geworden, und was die Freizeitaktivitäten betrifft, gibt es

ebenfalls Fortschritte. Anscheinend braucht es seine Zeit, bis man sich eingelebt hat – bei dem einen halt etwas länger als beim anderen. Ich scheine da eher ein Spätzünder zu sein.

In zwei Wochen fahren wir vierzehn Tage in die Ferien. Es geht nach Cape Cod, an der Ostküste im Staat Massachusetts. Ein typisches Urlaubsziel, aber den Beschreibungen nach noch sehr natürlich und urig. Ich muß für die Reise nichts berappen. Von den vierzehn Tagen Urlaub, die mir laut Au-pair-Vertrag zustehen, haben wir vereinbart, sieben Tage abzuziehen. Das heißt, daß ich wirklich Urlaub habe, mich aber zwischendurch auch mal um Joel kümmern muß.

20. August

So ein Mist – und ärgern, ärgern, ärgern ... Ich bin heute am College gewesen und habe mich ziemlich darüber aufgeregt, wie teuer der ganze Spaß wird. Als »non resident«, also Nicht-Einwohnerin des Staates Maryland, muß ich tatsächlich das Dreifache einer Einwohnerin blechen, also anstatt 100 $ ganze 300 $ für denselben Kurs. Bei zwei Kursen macht das ganze 600 $, plus Bücher und Materialien von bestimmt 200 $, so daß auf diese Weise rasch 800 $ futsch sind. Kaum zu glauben. Ich werde aber in den sauren Apfel beißen und hoffen, daß sich die Investition lohnt. Außerdem übernehmen ja auch Sally und David 500 $, die mir laut Au-pair-Vertrag für Weiterbildungsmaßnahmen zustehen. In der College-Basketballmannschaft kann ich leider nicht mittrainieren, da das Training genau in der Zeit liegt, in der ich auf Joel aufpassen muß. Das war es auch schon wieder für heute. Ich wollte nur mal ein bißchen Dampf ablassen und Papier war das Geduldigste, was ich gerade finden konnte.

1. September

Ich sitze gerade am Strand, genieße die letzten Sonnenstrahlen, den Geruch von Sommer und Meer und das Rauschen der Wellen. Einfach herrlich erholsam.

Seit ein paar Tagen sind wir nun in Wellfleet, unserem Urlaubsdomizil. Das Haus, das Sally und David gemietet haben und das wir mit Bekannten teilen, liegt am Strand. Nachdem wir in den ersten Tagen bei durchwachsenem Wetter die umliegenden Dörfchen erkundschaftet haben, fläzen wir uns nun bei herrlichem Sommerwetter täglich in der Sonne. That's life! Party und Ramba-Zamba so wie in Kalifornien ist hier unbekannt, doch dafür ist die Landschaft wunderschön. Sie lädt geradezu dazu ein, die Seele baumeln zu lassen und der aufgehenden Sonne, bei einem leckeren Kaffee, duftenden, saftigen Blueberry Muffins guten Morgen zu wünschen. Einfach traumhaft.

Eine Woche vor unserer Abreise von Washington war es aber auch noch ganz schön stressig. Es gab viel vorzubereiten: Wäsche waschen, ein paar Besorgungen erledigen, Auto packen usw. Aber es hat Spaß gemacht und auch ganz gut geklappt. Auf unserer Fahrt hierhin haben wir bei Freunden eine Übernachtung in New York City eingelegt. Sie ist immer wieder faszinierend, diese riesige, überwältigende Stadt. Im Dunkeln wirkt sie wie ein Sternenhimmel, aber ich bin mir nie ganz sicher: ist sie Freund oder Feind. Jedenfalls sind wir dann am nächsten Tag von New York noch rund fünf Autostunden gen Norden gefahren bis wir endlich unseren Urlaubsort erreichten.

11. September

Nun bin ich schon zurück in Washington D.C. Der Urlaub auf Cape Cod war großartig und sehr harmonisch verlaufen. Gemeinsam haben wir Spaziergänge am Strand, Streifzüge durch die kleinen umliegenden Orte gemacht oder auch einfach faul in der Sonne gelegen. Mit Joel gab es kaum Probleme, und nur wenn Sally und David mal abends ausgehen wollten, habe ich mich alleine um ihn gekümmert. Auf der Rückfahrt sind wir über Long Island zurückgefahren, so daß ich wieder eine ganz andere, aber ebenfalls wunderschöne Landschaft kennenlernen konnte.

Ja, und seitdem ich aus dem Urlaub zurück bin, hatte ich auch schon meine erste Stunde am College. Also: Werbegrafik ist spitze. Ich muß mich zwar noch einarbeiten, da wir viel praktisch arbeiten werden, aber ich denke, daß es sich lohnt. Zudem habe ich in dem Kurs bereits ein nettes amerikanisches Mädchen getroffen: Helene. Wir wollen demnächst mal etwas unternehmen und auch zusammen arbeiten. Unser erstes Projekt ist ein Logo. Ich mache eins für eine Basketballfirma. Was mich jedoch etwas stört, ist, daß erst mal einiges an Geld für die ganze Ausstattung zu investieren ist: Zeichengeräte, Pinsel, Farben etc.

Kunstgeschichte ist leider ein Schuß in den Ofen gewesen. Ich habe den Kurs bereits sausen lassen. Erstens war die Klasse zu groß und zweitens – bei aller Liebe zur Kunstgeschichte – bei der Höhlenmalerei

Cape God, Joel u. Corinna

anzufangen, ist mir doch ein bißchen zu früh. Das Dumme ist nur, daß ich jetzt ganze hundert Dollar für nichts aus dem Fenster geworfen habe, denn erstattet werden nur 75% des gesamten Betrages. Aber besser so, als die Zeit bei einer Sache abzusitzen, die mich langweilt.

Mit Joel habe ich im Augenblick ein volles Programm. Da seine Tagesmutter im Urlaub ist, kümmere ich mich ganztägig um ihn. Heute war auch noch Jeffrey, sein gleichaltriger Freund, acht Stunden da. Es war zwar ziemlich anstrengend, aber irgendwie auch spannend. Ich mußte mir ordentlich was einfallen lassen, um sie auf Trab zu halten. Heute haben wir Ferngläser aus zwei zusammengeklebten, bemalten Innenpappen von Toilettenpapierrollen gebastelt – ein Riesenerfolg.

24. September
Nach rund zwölf Stunden Arbeit habe ich endlich mein Logo für den Werbegrafikkurs fertiggestellt. Es hat zwar Spaß gemacht, war allerdings auch ganz schön aufwendig.

Mittlerweile war ich auch auf meiner ersten amerikanischen Party. Helene vom College hatte mich eingeladen. Es war toll und ich habe mich gut unterhalten. Dadurch, daß ich aus Europa komme, bin ich sehr schnell mit anderen ins Gespräch gekommen. Witzig, aber mir scheint, daß fast jeder Amerikaner mindestens zwei deutsche Worte kennt: »Autobahn« und »Oktoberfest«. Immer wieder werde ich ganz fasziniert gefragt, wie das denn sei, so schnell fahren zu dürfen, und wie das Oktoberfest gefeiert werde. Dann muß ich

---

Verkehrte Vorstellungen ...
Die *Deutsche Zentrale für Tourismus*
in New York erlebte folgendes: ein
Mann aus Colorado wollte von der
deutschen Regierung oder der DZT
ein Schloß kaufen. Ein anderer Tier-
liebhaber wollte zur Zweihundertjahr-
feier der Gebrüder Grimm Details zum
Märchen »Der Froschkönig« und
gleich auch Material, um ein Frosch-
museum einzurichten. Enttäuscht zeigte sich ein FKK-Fan, dem die DZT
nicht sagen konnte, »wo die Eingebo-
renen am Baltikum in Ost-deutschland
nacktbaden« oder die Familie, die leider keine »Ferienwohnung in Österreich, möglichst nahe der holländi-
schen Grenze« vermittelt bekommen
konnte. Glücklich dagegen der Mann,
dessen Anfrage »Ist es nötig, die Eintrittskarten für den Piccadilly Circus
im voraus zu buchen?«, prompt beantwortet werden konnte.

---

erst einmal erklären, daß Bayern nicht
Deutschland und das Oktoberfest daher
keine bundesweite Veranstaltung sei.

Die Party stieg in der Wohnung von
Helenes Freund ganz in der Nähe von
Washington D.C. Da er älter ist, gab es
natürlich auch Bier. Ich konnte dort schlafen und deshalb auch etwas trinken. Es
wurde zwar nicht getanzt, aber dennoch
hatten wir ein Menge Spaß. Für mich gibt
es sowieso immer wieder so viel Neues zu
entdecken, und seien es nur neue Gerichte. Gut und neu fand ich es beispielsweise, daß auf der Party in Knabbergröße
geschnittene Gemüse-stückchen auf den
Tisch gestellt und dazu verschiedenen
Dips gereicht wurden. Eine gute Alter-

native zu Chips und sonstigem Knabber-
zeug, daß hier so vielfältig ist, wie ich es
noch nie gesehen hatte, und dabei ganz gefährlich für die Figur. Einige Au-pairs, die
ich auf dem letzten Treffen bei unserer
Betreuerin gesprochen hatte, sind auch
schon sichtlich den ganzen Verlockungen,
die hier dem Gaumen geboten werden,
erlegen: dem Peanutbutter, dem Popcorn,
den tausenderlei Eisorten, der Fast-Food
usw. Kein Zweifel, die Versuchung, alles
zu probieren, ist groß. Man muß sich halt
Grenzen setzen.

Daß es keine Alternativen gibt, kann ich
nicht sagen. Meine Familie und ich
ernähren uns durchaus bewußt und kaufen viel im Health-Food-Laden ein, der
nicht teurer als der Supermarkt ist. Zudem
hält mich Joel so sehr auf Trab, daß ich
keine Möglichkeit habe, etwas anzusetzen
– bis jetzt jedenfalls nicht. Zudem besuche
ich seit kurzem mit Joel an einem
Nachmittag in der Woche einen
Schwimmkurs. Neben Helene habe ich
übrigens am College noch nette Au-pairs
getroffen, die sich illegal mit Touristenvisum hier aufhalten und nur ein halbes
Jahr bleiben. Wir wollen uns demnächst
auch mal treffen.

3. Oktober

Langsam, aber sicher, nimmt das Leben
einen alltäglichen, »normal«, vorsehba-
ren Gang, was nicht heißen soll, daß es
langweilig wird. Ich glaube, das passiert
nie. An jedem Tag gibt es immer noch so
viel Neues zu sehen und zu erleben. Mit
normal ist gemeint, daß ich mich mit Sally
und David prima verstehe, Freunde gefunden und gelernt habe, mit Joel klarzukommen, wobei mir auch David sehr

geholfen hat. Letztens haben Joel und ich einen netten Nachmittag verbracht. Wir hatten viel Spaß und haben und sehr gut verstanden. Jedoch kurz bevor Sally und David zurückkehrten, hatte ich ihm verboten, mit einem spitzen Stock die Treppe herunterzurutschen, da er sich hätte verletzen können. Er guckte mich an, kniff die Augen zusammen und fauchte:»Ich hasse Dich« und rutschte die Treppe herunter – mit dem Stock natürlich. Es war nicht das erste Mal, daß er das zu mir sagte und es war nicht das erste Mal, daß es mir weh tat. Da ich abends nicht schlafen konnte, saß ich noch etwas länger vor dem Fernseher, als plötzlich David um die Ecke guckte und fragte:»Kannst Du auch nicht schlafen? Möchtest Du ein Bier?« Natürlich wollte ich, und als wir mal wieder unseren Kulturaustausch zelebrierten – David trank ein echtes Dortmunder Bier aus meiner Heimatstadt, während ich das amerikanische »Bud light« nahm – nutzte ich die Gelegenheit, um mit ihm über Joel zu sprechen. Das»Ich hasse Dich« war mir sehr auf die Leber geschlagen.

Bei dem Gespräch stellte ich fest, daß David ein guter Psychologe ist. Er meinte, daß Joel mit dem »Ich hasse Dich« nur zum Ausdruck bringen wolle, daß ich etwas gegen seinen Willen getan oder gesagt hätte. Daher solle ich das nicht so persönlich nehmen. Wenn Joel das demnächst nochmals sagen würde, sollte ich ihn einfach darauf hinweisen, daß er mich nicht hasse, sondern nur etwas nicht leiden konnte, was ich falsch gemacht habe. Zudem meinte David, daß ich mal darauf achten solle, zu wem er »Ich hasse Dich« sagt. David gab die Antwort selbst: »Er sagt es nur zu Dir, Sally und mir und ich

wette, daß dies die Menschen sind, die er am meisten liebt!«

An den Wochenenden, wenn Ronni, meine Nachbarin, vom College nach Hause kommt, unternehmen wir häufig etwas zusammen, gehen ins Kino oder auch mal tanzen oder schlendern durch Geschäfte. Zudem war ich jetzt schon ein paar Mal mit Helene und ihren Freunden unterwegs oder habe mich mit den »illegalen« Au-pairs getroffen, die alle sehr nett sind. Ansonsten bin ich auch viel mit Sally, David und Joel unterwegs. Manche Au-pairs fänden das sicher nicht so toll, aber mir macht es Spaß. Nächstes Wochenende fahren wir nach West-Virginia, um uns dort ein Footballspiel anzusehen. Gegenüber Martin, meiner Familie und den Freunden daheim habe ich schon ein richtig schlechtes Gewissen, weil ich so schreibfaul geworden bin. Peinlich!

20. Oktober

Ich kann es kaum fassen. Joel hat mir heute eine echtes Geheimnis anvertraut. Er sagte tatsächlich »I love you« zu mir!

24. Oktober

Ich war heute vor Gericht! Meine Güte, war ich nervös. Dadurch, daß David in der Angelegenheit mit meinem Strafmandat schriftlich Widerspruch eingelegt hatte, mußte ich heute vor den Richter. David ist selbstverständlich mitgekommen.

Es lief alles ab wie in einem Film, nur etwas weniger spektakulär. In einem Raum mit Bänken saßen rund zwanzig Personen. Vorne, etwas erhöht, der Richter. Dann wurde ein Fall nach dem anderen behandelt. Ich glaube, es handelte sich bei allen um Verkehrsdelikte. Da der

Richter so schnell und nuschelig sprach, war kaum etwas zu verstehen. Auch dann nicht, als er meinen Namen aufrief. Aber David reagierte und antwortete. Zunächst bat er den Richter darum, etwas langsamer zu sprechen, da ich Ausländerin sei. Darauf antwortete der Richter genauso schnell wie vorher, aber etwas deutlicher: »I don't think that I have to speak louder because she will understand me anyway«. Dann guckte er mich an und sagte: »Not guilty!«

Als ich lächelte, ergänzte er noch an David gewandt: »You see, she understood!«

Tja, und so habe ich ein paar Dollar gespart. Wenn ich David richtig verstanden habe, ist es eigentlich absurd, wie ich zu meinem Freispruch kam. Dadurch, daß zu dem Gerichtstermin nicht der Polizist erschienen war, der mir das Strafmandat verpaßt hatte, konnte er nicht seine Entscheidung vertreten und mündlich begründen. Es war also nicht möglich, unsere beiden Aussagen gegenüberzustellen. Und damit hatte ich gewonnen. Bingo!

1. November

Gestern habe ich Halloween gefeiert. Eine Vorstellung von dem Ramba-Zamba hatte ich zwar bereits aus einigen »Peanuts«-Comics, aber in Wirklichkeit ist es noch viel verrückter.

Begonnen hat alles damit, daß Joel, ein paar seiner Freunde, ihre Mamis und ich außerhalb von Washington auf einem Feld Riesenkürbisse ausgesucht und gekauft haben. Zu Hause höhlten wir die orangenen Früchte aus, schnitzen eine Grimasse hinein, stellten eine Kerze in den Kürbis, was dem Ganzen ein unheimliches Leuch-

ten verlieh, und plazierten ihn auf der Fensterbank. Aus dem Innenleben des Kürbisses haben wir noch ein Kürbisbrot, eine Art Kuchen gebacken. Spätnachmittags sind dann Kinder durch die Straßen gezogen, haben an Haustüren geschellt und ihren Spruch aufgesagt: »trick or treat«, was soviel heißt wie: entweder gibst Du uns etwas Süßes oder wir ärgern Dich. Sally berichtete mir, daß sie früher tatsächlich Türen und Klinken mit Zahnpasta oder Sonstigem beschmiert hatten, wenn sie bei einem Nachbarn leer ausgegangen waren.

Abends bin ich dann noch auf einer richtigen Halloween-Party gewesen. Ohne Verkleidung kam da keiner rein. Ich war ein Teufel, und um mich herum tanzten Zauberer, Zombies, Draculas, Hexen, Geister und sonstige Wesen aus dem Reich der Schatten. Nette Leute, viel Spaß und eine Menge Bier.

Das mit dem vielen Bier sollte ich Sally und David besser nicht so direkt erzählen, denn was Alkohol betrifft, muß man wirklich vorsichtig sein, auch auf privaten Parties. Da ich noch unter 21 Jahren bin, bekomme ich in Kneipen überhaupt kein Bier, und auch bei vielen Discos bleiben mir die Türen verschlossen. Fast alle Aupairs haben sich einen Ausweis gefälscht, um das Problem zu überwinden; ich trau mich aber nicht. Grundsätzlich ist das auch nicht so schlimm, denn es gibt reichlich Angebote, die man auch als unter 21-Jährige wahrnehmen kann. Jedenfalls ging die Halloween-Party ziemlich lange und war feuchtfröhlich. Da ich dort geschlafen habe, konnte ich auch richtig mitfeiern. Es waren übrigens nicht nur Amerikaner da, sondern auch ein paar

Halloween

Das Leben pendelt sich ein

5. Dezember

Jetzt bin ich schon ein halbes Jahr bei meiner neuen Familie. Kaum zu fassen. Ich habe mich nun richtig eingelebt und darf gar nicht daran denken, daß alles in sechs Monaten schon wieder vorbei sein soll. Einige der illegalen Au-pairs machen sich bereits startklar. Ich muß gestehen: Ich bedauere sie aus tiefsten Herzen!

Eigentlich hatte ich ja, bevor ich mich für das legale Au-pair-Programm entschied, auch nur ein halbes Jahr Aufenthalt ins Auge gefaßt. Jetzt aber sehe ich, daß dies ein schwerer Fehler gewesen wäre. Es braucht ein paar Monate, bis man sich in einem fremdem Land zurechtgefunden und eingelebt hat, und kaum nachdem das gerade geschafft ist, fährt man im Falle eines halbjährigen Aufenthalts ja schon wieder nach Hause. Dabei fängt es dann doch erst so richtig an, schön zu werden. Ich jedenfalls bin froh, noch bleiben zu können.

Die Krönung des ganzen ist, daß Martin am 26. Dezember vier Wochen zu uns kommt! Ich freue mich sehr darauf, ihn wiederzusehen. Sally und David hatten mir vor ein paar Wochen gesagt, daß sie nichts dagegen hätten, wenn ich Martin einladen würde, und das tat ich dann auch. Wirklich nett von den beiden.

Ansonsten habe ich in letzter Zeit wieder viel unternommen. An einem Wochenende war ich mit einigen Au-pairs in Pennsylvania. Wir haben uns das Leben der deutschstammigen Amischen (Amish People), die Schokoladenfabrik Hershey, wo es zuging wie in Disneyland, und natürlich Philadelphia mit der »Liberty Bell« angeguckt.

illegale Au-pairs, die ich auf dem College kennengelernt hatte. Rundum eine gute Sache.

Ach, bevor ich es vergesse: Für mein erstes und zweites Projekt im College habe ich jeweils ein »A« bekommen; die beste Note!

Auf den zweiten Blick

Heidenangst der Frömmler vor dem Höllenspektakel
Das Fest der Kürbisfratzen und der grusligen Verkleidungen ist zu einem Politikum geworden. Millionen feiern am Vorabend von Allerheiligen Halloween. Doch der Widerstand gegen dieses »politisch nicht korrekte« nächtliche Geistertreiben nimmt immer aggressivere Züge an: weil das angloamerikanische Brauchtumsfest seinen Ursprung in dem Ritus der keltischen Priesterkaste der keltischen Druiden hat, laufen besonders konservative Christen Sturm dagegen. Dabei ist Halloween einer der beliebtesten US-Feiertage.

Im kalifornischen *Los Altos* untersagte die Bezirksschulbehörde zunächst die üblichen Halloween-Paraden und -symbole, nachdem »christlich-fundamentalistische« Erwachsene gegen das »Fest des Bösen« Front gemacht hatten. Da die »politische Korrektheit« es im multikulturellen Los Altos nahelegt, keiner der vielen Religionen Grund zu Beschwerden zu geben, werden an den Schulen seit Jahren keine religiösen Feiertage mehr begangen. Erst als Eltern massiven Gegenprotest übten, um ihren Kindern den Spaß zu retten, nahm die Schulverwaltung zähneknirschend das Halloweenverbot zurück.

Die starke konservative Grundströmung Mitte der neunziger Jahre zwang die Buchhandelskette *Barnes & Nobel* in Denver, Colorado, aufgrund von Kundenprotesten zunächst ein Halloween-Seminar über Hexen abzublasen. Als Hexenfachleute meinten, dieser Kniefall vor zensurwütigen Kritikern sei beunruhigender als das Seminar selbst, setzte Barnes es wieder an.

Eine Zeremonie von Anhängerinnen der wirklichen »Hexen«-Sekte, der anglosächsischen Wicca-Witches, am Halloween-Abend lief in Asheville im Staat North Carolina unter verstärkter Polizeipräsenz ab, um so Konfrontationen mit Mitgliedern der starken Gruppe *Bible Belt* zu verhindern. Dreißig Südstaaten-»Hexen« wollen das neue keltische Jahr begrüßen. »Wir sind keine Bedrohung, und wir haben eine wundervolle alternative Religion«, wirbt die Wicca-Hexe *Dixie Deerman*. Es brauche sich auch niemand vor ihnen zu fürchten.

Den Hexenspieß umgedreht hat derweil die *Pentecostal-Kirche* in *Arvada* bei Denver, die in einem Höllenhaus für fünf Dollar pro Besucher zeigt, wie es ihrer Meinung nach auf der Erde so zugeht. Aidsopfer werden für ihr »zerstörerisches Verhalten« bestraft, eine blutige Abtreibungsszene angeprangert wie auch ein betrunkener Vater, der seine Familie in den Tod fuhr. Christus und nicht Satan sei die Rettung vor der »Hölle auf Erden«, lautet die Botschaft. Etwa 500 Besucher allein fanden sich zur Eröffnung der Schau ein.

»Trick or treat« rufen Millionen verkleideter Kinder am Halloweenabend an ungezählten fremden Haustüren. Wer keine süßen Riegel herausrückt, der darf am nächsten Morgen etwa mehrere Rollen Klopapier aus seinen Bäumen angeln. Dieser Brauch einer Nation mit massivem Übergewicht ist wiederum ernährungspolitisch unkorrekt.

Anlaßschwierigkeiten

Ich habe auch ein Mädchen gesprochen, das die Familie gewechselt hat. Das kann halt auch passieren, wenn man nicht klarkommt. Bei ihr lag es einfach daran, daß sie sich mit der Familie nicht verstanden hatte. Der Au-pair-Aufenthalt basiert nun mal stark auf zwischenmenschlichen Beziehungen. Leider findet man manchmal dann auch nicht den Draht zueinander. Nachdem bei ihr auch die Betreuerin keine Lösung innerhalb der Familie finden konnte, hat sie nun eine Familie und ist jetzt sehr glücklich. Sie sieht das ganze auch von der positiven Seite, da sie aus dem Familienwechsel, einer eher negativen Erfahrung, viel für sich gelernt hat. Wenn ich so darüber nachdenke, haben Sally, David und ich uns zwar sofort gut verstanden, aber das Vertrauen mußte sich natürlich auch erst aufbauen. Ich denke, daß gegenseitige Offenheit, Ehrlichkeit und viele Gespräche sehr dabei geholfen haben.

9. Dezember

Meine Güte, geht es mir schlecht. Ich konnte heute auch nicht arbeiten, da ich mich elend und zum Kotzen fühle. Es fing gestern gegen Mittag an: Heftige Magen- und Kopfschmerzen. Ich darf nicht an Essen denken, das deutlichste Anzeichen dafür, daß ich wirklich krank bin. Glücklicherweise habe ich kein Fieber.

Vorhin, als ich etwas geschlafen habe, hatte ich einen verrückten Traum: Ich war zurück zu Hause und bin mit meiner Mutter und Schwester im Supermarkt einkaufen gewesen. Dort haben wir nach irgendwelchen Leuten gesucht. Dann habe ich auf einmal versucht herauszufinden, wieso ich wieder in der alten Heimat war. Dabei wurde ich richtig wütend, weil ich keine Antwort bekam und unbedingt zurück in die USA wollte. Als ich dann langsam aufwachte, war ich heilfroh, daß ich tatsächlich noch da war, wo ich sein wollte: bei der Familie, die ich in den letzten Monaten so liebgewonnen hatte. Mittlerweile frage ich mich, ob ich nicht hierbleiben solle. Ein befreundetes Au-pair hat sich letztes mal erkundigt, wie das sei, hier zu studieren, hat den Plan aber angesichts der Kosten schnell wieder fallenlassen.

24. Dezember – Heiligabend

Ich habe mich dieses Jahr selbst übertroffen: 24 Weihnachtskarten und ein Geschenk (eine besprochene Kassette und ein Fotoalbum für meine Mutter) habe ich auf den Weg geschickt. Man könnte schon fast sagen: typisch amerikanisch.

Trotzdem konnte auch die ganze Schreiberei nichts daran ändern, daß ich überhaupt nicht in Weihnachtsstimmung geriet. Es regnet wie aus Eimern, und wir sind im Streß, da wir gleich nach Pennsylvania zu Sallys Eltern fahren wollen. Daß die Weihnachtsstimmung nicht da ist, liegt einfach daran, daß »X-mas« hier so richtig kommerziell ist. Nicht bei meiner Familie, aber in den Straßen oder Einkaufszentren. Richtige Gemütlichkeit kann irgendwie nicht aufkommen. Heimweh habe ich aber trotzdem nicht. Viel wichtiger als das Christmas-Feeling ist für mich im Augenblick aber auch die Vorfreude, Martin wiederzusehen. Der

Countdown läuft: In zwei Tagen hole ich ihn in New York City ab, wo wir dann auch Sylvester feiern wollen. Ich freue mich riesig.

25. Dezember

»Merry Christmas«.
Wir sind bei Sallys Eltern und feiern Weihnachten. Joel und seine Cousine haben vorhin ihre Geschenke ausgepackt. Auch ich habe etwas bekommen: ein ganz tolles Sweatshirt und ein Buch.

Verschenkt habe ich an Sally und David einen Rahmen mit Fotos, die ich von ihnen, uns und Joel im Laufe der Zeit gemacht habe.

Gleich gehen wir noch essen: Truthahn mit süßen Kartoffeln und Zuckermöhren – das traditionelle Weihnachtsgericht. Es ist hier zwar nicht so gemütlich und urig wie zu Hause, aber deshalb auch nicht weniger schön. Ich fühle mich wohl.

Gefährliche Tannenbäume

Ein deutscher Kinderbuchverlag wollte kürzlich einem amerikanischen Partner, mit dem schon lange Geschäftsverbindungen bestanden, eine Lizenz über ein neues Buch verkaufen. Das Geschäft scheiterte daran, daß in einer Weihnachtsszene ein Tannenbaum mit richtigen Kerzen zu sehen war, nach amerikanischen Maßstäben ein gefährliches und gerade für Kinder unmögliches Bild.

Auf den zweiten Blick

Frommer Fleiß hat seinen Preis
Die Amischen wanderten im 17. Jh. aus der Schweiz, dem Elsaß, dem Badischen und der Pfalz ein und gelten als konservativer, religiöser Flügel der Reformation, die in Amerika zu den *utopian communities,* also zu den utopischen Gemeinschaften, gerechnet werden. Der Name rührt von dem Prediger *Jakob Ammann* her, der sich noch in der Schweiz von den geistesverwandten Mennoniten abgespalten hatte. Dies nicht wegen grundsätzlicher Gegnerschaft, sondern weil er mehr Strenge, eine drakonische gottgefällige Lebensordnung, die sich in erschreckender Detailbesessenheit in der »Ordnung« der Amischen ausdrückt. Die Amischen haben sozusagen seit ihrer Ankunft in der Neuen Welt jegliche Veränderung abgelehnt. Sie folgen Wort für Wort den Vorschriften der Bibel. Alles geschieht zum Wohle der Gemeinschaft, und jede Lebensregel ist in der sogenannten *Ordnung* verzeichnet, einer Art »Knigge« der Amischen. Eine der wichtigsten Regeln betrifft die überragende Bedeutung der Vergangenheit. So ist die Haltung von Kanarienvögeln genauso Teufelswerk wie der Besitz von Knöpfen, Reißverschlüssen, Fernsehern oder Telefonen gar. Deshalb darf ein Amischer auch kein Auto besitzen. Er darf allerdings im Auto eines anderen mitfahren. Elektrizität und Traktoren sind verpönt. Nur der Einsatz selbstgebauter Dieselmotoren ist erlaubt. Das in Trachten gekleidete Völkchen betreibt vornehmlich Landwirtschaft, und da es jegliche moderne Technik (z.B. Elektrizität) ablehnt, beackert es auch seine Felder noch mit Gespannen. Diese Gemeinschaft, die sich von allen amerikanischen Gruppen am meisten abgeschottet hat, spricht noch immer einen »deutschen Dialekt«, der auch in ihren Schulen gelehrt wird. Ihr »Pennsylvaniendeutsch« (Pennsylvania Dutch) hört sich für unsere Ohren besonders drollig an. Aber viele Eltern wünschen, daß ihre Kinder auch Englisch sprechen, da das Überleben der Gemeinschaft trotz allem vom Handel mit der Außenwelt abhängt. In dieser Gegend mit dem Auto unterwegs, trifft man ständig die bescheidenen, schwarzen Pferdekarren, auf denen eine etwas ungewöhnlich anmutende Gesellschaft hockt, so z.B. sonntags in Churchtown, wo dann um die hundert Wägelchen um die Kirche herum abgestellt sind. Die Männer tragen Bärte öö wobei sie sich allerdings den Schnurrbart abrasieren öö schwarze Hüte und ein einfaches Hemd. Die Frauen tragen ganz schlichte Kleider, die zwar farbig sein dürfen (die meisten tragen gedeckte Farben), aber weder gestreift noch bedruckt. Manche Untergruppen gönnen sich nicht mal ein paar Knöpfe. Die Haare werden niemals offen getragen, sondern stets als Knoten unter einer altmodischen Haube versteckt.

Das Erziehungssystem zielt darauf ab, auf das Leben in der Gemeinschaft vorzubereiten, wobei jegliches Konkurrenzdenken abgelehnt wird. Sonntags wird gemeinsam Gottesdienst gefeiert. Kinder werden erst sehr spät, im Alter von 16-20 Jahren getauft. Die Arbeitsmethoden (Handwerk, Landwirtschaft) gleichen noch jenen im 18. Jh. und haben sich bestens bewährt. Ob es Zufall ist, daß die Amisch-Bauern mit ihren uralten Methoden bessere Ergebnisse erzielen als andere mit den allerneuesten Geräten?

Die Gegend von Lancaster z.B. liegt dank der Amischen landesweit ganz vorn, was die Erzeugung von Milch (ihre Spezialität), Eiern, Hühnern, Rindern, Schweinen und Hammeln anbelangt.

Der Erfolg dieser Minderheit, bei der Gemeinschaftssinn und eiserne Disziplin an erster Stelle stehen, wirkt wie eine Ohrfeige ins Gesicht der übersättigten und verschwenderischen amerikanischen Gesellschaft. Paradoxerweise sind es gerade diese Amischen mit der Bibel in der Hand, die den Wohlstand jener Gesellschaft mehren, die sie selbst wie die Pest fliehen.

Also Friede, Freude, Eierkuchen bei den Amischen? Mitnichten. Immer wieder kommt es zu Abspaltungen, da man sich nicht einig ist, wie die Bibeltexte auszulegen sind, wenn es um den Umgang mit der modernen Welt geht. Den jungen Leuten, die ja trotz allem auch mit der Außenwelt konfrontiert werden, fällt es manchmal schwer, den Regeln zu folgen, die u.a. vorehelichen Geschlechtsverkehr verbieten, und von den jungen Männern werden hie und da mal welche abtrünnig.

Ihre Tage sind gezählt. Unter dem Ansturm der Moderne zerbrechen die Familien. Junge Leute sehen nicht mehr ein, warum sie auf Kühlschrank oder fließend warmes Wasser verzichten sollten. Fünf Millionen Fremde suchen jährlich ihr Siedlungsgebiet, das Lancaster Country, heim. Allein siebentausend Personen beschäftigt die Fremdenverkehrsindustrie, halb so viel wie dieses Völkchen von fünfzehntausend Seelen. Die mennonitischen Glaubensbrüder der Amischen tragen erheblich zur ungezügelten Vermarktung bei. Das Mennonite Information Center, Brennpunkt des Massenzirkus, liegt nahe der Sightseeing Route, dem Old Philadelphia Turnpike, mit Grillbuden, Tankstellen, Andenkenläden, Bretzelfabriken, sowie dem Dutch-Wonderland, einem Vergnügungspark mit historischer Straßburg-Railroad und allem möglichen faulem Zauber. Ortskundige Mennoniten führen dann die Peepshows. Rein im Galopp in die gute Stube, wo dann unter Blitzlicht und dem Surren der Kameras nicht der Fremde, nein der Farmer, Truhen oder Schränke aufreißt, die den Touristen eigentlich gar nichts angehen. Da nun aber jeder mal so ein Haus von innen in Augenschein nehmen wird, so wisset: die frommen Brüder verlangen den museumsüblichen Eintritt.

8. Januar

Etwas verspätet »Happy New Year«!
Wir sind wieder zurück in Washington. Es
ist fast neun Uhr morgens und neben mir
schnarcht Martin noch leise vor sich hin.
Ich kann es kaum fassen, daß er seit fast
zwei Wochen bei mir ist. Ich fühle mich
wie frisch verliebt und Gott sei Dank verstehen sich auch Sally, David, Joel und
Martin prima.

Anfangs hatte ich ehrlich gesagt einige
Bedenken und fragte mich, ob es wirklich
gut sei, wenn er mich besuchen komme.
Was wäre gewesen, wenn er sich nicht mit
meiner Familie verstanden hätte? Wenn
wir uns doch mehr auseinandergelebt hätten, als wir dachten? Aber all meine Sorgen
waren umsonst, denn es ist so schön, daß
er hier ist.

Unsere Woche in New York City war
fantastisch. Nachdem ich Martin vom
Flughafen abgeholt hatte – schon das
Warten war so aufregend, da die Passagiere
einzeln aus einer Schwingtür kamen – sind
wir zum YMCA gefahren, wo ich ein
Zimmer reserviert hatte. Nachdem wir
unser Zimmer tausendeins im zehnten
Stock aufgeschlossen und das Licht an-
stellt hatten, sind wir zunächst in tierisches
Gelächter ausgebrochen: ein winziges ver-
gilbtes Zimmer, muffig, mit Tisch, Stuhl,
TV und »wunderbaren« Etagenbetten wie
in einer Jugendherberge. Das Ganze
befand sich dann auch noch direkt neben
dem Aufzug. Aber nachdem wir das Zimmer etwas umorganisiert hatten, ging es
dann auch. Leider wurden tagsüber, als
wir unterwegs waren, aus dem Zimmer
Martins Kette, die ich ihm zum Abschied
geschenkt hatte, und mein Walkman
geklaut. Dennoch war unsere Zeit in New

Szene aus New York

York einmalig. Ernährt haben wir uns von
Kaffee und Pizza, da es das Billigste war,
was man kriegen konnte. Sieben bis acht
Stunden am Tag sind wir durch New York
gelaufen oder haben uns einfach treiben
lassen. Zu Fuß ging's den Broadway entlang, durch Soho, Greenwich Village,
China Town oder Little Italy.

In der Sylvesternacht waren wir mit
rund einer Millionen Menschen am Times
Square. Es war wunderbar verrückt.

Am zweiten, dritten Januar, als wir bereits
wieder zurück in Washington waren, begann es zu schneien und hörte zwei Tage
lang nicht mehr auf. So etwas hatte ich

noch nie erlebt. Wunderbarer weißer Pulverschnee. Durch die weiße Pracht stand allerdings alles still. Selbst Sally und David sind nicht arbeiten gewesen, und auch Joel war nicht bei seiner Tagesmutter. So haben wir gemeinsam im Haus herumgekrost, mit Martins Unterstützung den Keller gestrichen oder draußen im Schnee gespielt. Es war richtig schön. Mittlerweile haben sich aber alle an den Schnee gewöhnt, und auch das Autofahren ist wieder möglich. So konnte ich auch zu meinem ersten Basketballspiel gehen. Sally, die ein Team besser als ein Dutzend Leute anfeuern kann, sowie Joel und Martin waren als Zuschauer dabei. Mit zehn Punkten habe ich mich dann auch ganz gut an unserem Sieg beteiligt.

In den zwei Wochen, die Martin noch hier ist, wollen wir wahrscheinlich nach San Francisco fliegen. Deshalb habe ich gestern mit Sally und David über meinen Resturlaub gesprochen. Leider war das sehr niederschmetternd. Ich habe nur noch einen halben Tag. Aber ich könnte ein verlängertes Wochenende nehmen, und für vier Tage lohnte es sich ja schon, nach Kalifornien zu fliegen. Das müssen wir jetzt mal überlegen.

6. Februar

Draußen ist es wie im Frühling. Ich sitze gerade im Park und genieße die ersten warmen Sonnenstrahlen. Vor sechs Tagen ist Martin wieder zurück nach Hause geflogen. Ich gewöhne mich erst langsam wieder an mein Leben »allein«.

Wir waren doch noch in San Francisco. Ich mußte zwar schon nach vier Tagen zurück, da ich nicht mehr Urlaub hatte, aber da der Flug nur hundert Dollar gekostet hatte, konnte ich es mir durchaus leisten, auf ein paar Tage mitzufliegen, während Martin eine Woche blieb.

In San Francisco haben wir in einem Zwei-Bett-Zimmer gewohnt, das nur !! hundert Dollar pro Woche gekostet hat und gleich am Eingang zu China Town lag. Eine Bekannte hatte mich auf den Gedanken gebracht, auf der Suche nach einer preiswerten Übernachtung einfach in die lokalen Tageszeitungen zu gucken, denn da gebe es immer eine Rubrik »Rooms For Rent«. Diese Zimmer würden normalerweise nur wochenweise vermietet. Und so kamen Martin und ich an das günstige Angebot. Wir hatten wunderschönes Wetter und erforschten San Francisco entweder zu Fuß oder mit der berühmten »Cable Car«: »Golden Gate Bridge«, das Hafenviertel »Fisherman«s Wharf«, China Town – es war großartig. Ich hätte wirklich nicht damit gerechnet, während meines Au-pairs Jahres so viele andere Städte kennenzulernen.

Ansonsten hat sich mein Freundeskreis hier in Washington etwas verändert. Paul ist für drei Monate in Australien, Ronni ist in der Woche immer im College, zu Helene aus meinem Kurs im College habe ich leider nicht mehr so viel Kontakt (sie hat sich plötzlich einfach zurückgezogen) und die meisten illegalen Au-pairs, mit denen ich zusammen war, sind schon zurückgeflogen. Aber ich habe über eine Freundin von Sally ein neues Mädchen kennengelernt, die auch als Au-pair arbeitet. Wir haben schon eine tolle Disco in Washington entdeckt, eigentlich eine Schwulen- und Lesben-Disco, donnerstags aber immer mit »Hetero«-Night. Man kommt da auch unter 21 Jahren rein, erhält aber keine alkoholischen Getränke.

Mit David, Sally und Joel klappt es wirklich sehr gut. Natürlich gibt es auch mal miese Laune oder Mißstimmungen, wie in jeder Familie, aber es klärt sich immer alles entweder durch ein Gespräch oder ganz von selbst.

Was die Planung meines dreizehnten Reisemonats betrifft, habe ich auch schon eine Vorstellung. Andrea, meine ältere Schwester, hat gefragt, ob sie mich besuchen könne. Ich denke schon, daß Sally und David nichts dagegen hätten, überlege aber, ob es nicht schöner wäre, gemeinsam vier Wochen durch die USA zu reisen?

Joel beim Schlittenfahren

24. Februar

Es ist früh am Morgen, und ich bin auf dem Weg ins Pentagon. Zur Zeit sitze ich noch in dem Bistro »Lunchbox« und genieße mein Frühstück. Seit den letzten Wochen fahre ich immer öfters früh morgens mit Sally nach Downtown Washington D.C., um mir die Museen und sonstigen Sehenswürdigkeiten anzugucken.

Gestern hatten wir wieder einen großen Schneesturm, der während ein paar Stunden wieder alles zum Stillstand gebracht hat. Nachdem ich vormittags mit Ronni Schnee geschaufelt und Lunch hatte, habe ich mit Joel mittags einen Schneemann und einen halben Iglu gebaut. Es war wir im Skiurlaub: Sonne, blauer Himmel und wundervoller Pulverschnee. Abends saßen dann Sally, David, Joel und ich gemütlich beim Abendessen. Das gemeinsame Abendessen ist sowieso eine gute Einrichtung. Dadurch, daß Sally und David arbeiten, bietet sich tagsüber kaum die Gelegenheit, mal etwas zu besprechen. Das holen wir dann abends nach. Joel erzählt, was wir den Tag über unternommen haben, und gemeinsam schmieden wir Pläne für den nächsten Tag. Ich denke, daß dies sehr wichtig für uns alle ist.

Letzten Samstag war ich für einen Tag Skilaufen. Zusammen mit zwei anderen Au-pairs sind wir mit einem Reisebus nach Virginia gefahren, wo wir uns Skier gemietet haben und den ganzen Tag die Pisten oder besser die kleinen Hügel runtergesaust sind. Wirklich spaßig.

Zudem hat sich noch Christine, eine alte Klassenkameradin und gute Freundin, derzeit Au-pair in Kalifornien, auf einen Besuch angemeldet. Sally und David haben nichts dagegen, daß sie über Ostern ein paar Tage kommt. So, jetzt will ich aber mal weiter Richtung Pentagon aufbrechen, schließlich muß ich Joel bereits um zwölf Uhr abholen.

3. März

Für genau fünf Minuten bin ich noch 19 Jahre alt, und auf meine kleine private Geburtstagsfeier habe ich mich gut vorbereitet. Da alle anderen bereits schlafen, sitze ich allein in meinem Zimmer. Vor mir eine Dose Bier und eine Geburtstagskerze. Ich fühle mich einfach gut. Oh, noch ein paar Sekunden bis Mitternacht; ich muß aufhören zu schreiben.

Tja, und so schnell geht's. Die Kerze ist an, das Bier getrunken, und ich bin ich kein Teenager mehr.

4. März

Mein Geburtstag war ganz, ganz toll. Die Mutter von Joels Freund Chris hat mir einen freien Tag geschenkt und auf Joel aufgepaßt. Also habe ich heute Morgen dann erst einmal mit ein paar Au-pairs ausgiebig gefrühstückt. Anschließend sind wir in den »Great Falls«, einem Naturschutzgebiet, spazierengegangen und nachmittags noch durch eine Shopping Mall geschlendert. Abends haben wir zu Hause mit Sally, David und Joel Käsefondue gegessen, das ich mir gewünscht hatte. Später waren wir noch im Kino. Es war ein schöner Tag.

11. April

Kaum zu glauben: vor über vier Wochen habe ich die letzte Eintragung gemacht. Morgen kommt bereits Christine. Ich freue mich sehr darauf, sie wiederzusehen, zumal ich letztes Wochenende einen

Durchhänger hatte. Keine meiner Aupair-Freundinnen ist mehr in den USA. Alle sind schon nach Hause geflogen. Ronni ist im College geblieben, und es herrschte ausgesprochen mieses, deprimierendes Wetter. Ich glaube, daß mich unbewußt auch schon der Gedanke bedrückt, bald wieder zurückfliegen zu müssen. Mein Rückreisedatum habe ich schon gebucht: der zwanzigste Juli. Vorher fahre ich noch vier Wochen mit meiner Schwester durch die USA.

Ansonsten habe ich eine Freundin in Dortmund gebeten, mal Augen und Ohren nach Jobs, Praktikantenstellen und Studiengängen für mich offenzuhalten. Irgendwie muß ich mich ja mal langsam um meine Zukunft nach dem Au-pair-Aufenthalt kümmern. Ich glaube aber kaum, von hier aus etwas arrangieren zu können. Aber wir werden sehen.

17. April

Tja, und jetzt ist Christine schon wieder auf dem Rückflug nach Kalifornien. Die paar Tage mit ihr waren herrlich gewesen. Die meiste Zeit haben wir miteinander geplaudert, Erfahrungen ausgetauscht, Geschichten aus der gemeinsamen Schulzeit aufgewärmt oder über die Zukunft nachgedacht. Es war wirklich spannend zu hören, was für ein anderes Leben sie an der Westküste führt: irgendwie lockerer, sonniger, dafür aber auch oberflächlicher. Sie arbeitet als illegales Au-pair und hat zweimal die Familie gewechselt. Ohne Betreuerin und jegliche Unterstützung war das gar nicht so einfach und auch sehr nervenaufreibend. Mit ihrer dritten Familie ist sie jetzt aber sehr zufrieden.

Wenn Christine und ich gerade mal nicht gequatscht haben, waren wir im Kino, sind toll Essen gegangen oder haben uns Washington angeguckt. Einmal waren wir sogar mit Joel im Zirkus. Die Eintrittskarten hatte ich dem Kleinen zum Geburtstag geschenkt. Es war sein erster Zirkusbesuch überhaupt.

19. April

»Happy Easter«.

Ostermontag: die letzten Tage waren wir bei Sallys Eltern in Pennsylvania, zum einen wegen Ostern, zum anderen, weil Joel ja Geburtstag hatte. Und nun die Neuigkeit des Tages: Sally und David haben sich für ihr nächstes Au-pair entschieden. »And guess what?« ER heißt Fred und kommt aus Deutschland! Seine Unterlagen hörten sich ganz gut an und er sieht auch sehr nett aus.

21. April

Meine Freundin aus Dortmund hat mir ganz brauchbare Unterlagen über verschiedene Studiengänge zugeschickt, aufgrund derer ich mich nun dazu entschlossen habe, an der Universität Köln Publizistik, Theaterwissenschaften und Germanistik zu studieren. Jetzt gilt's nur noch herauszufinden, wie hoch der Numerus Clausus ist und ab wann und wie ich mich einschreiben kann.

Am Wochenende fahren Sally und David übrigens das erste Mal nach vier Jahren wieder alleine weg. Ich bleibe mit Joel aber auch nicht zu Hause, sondern mache mit ihm, seinen drei engsten Freunden und deren Eltern einen Ausflug auf eine Hütte in die Berge, rund drei Stunden Autofahrt von hier entfernt.

28. April

Das Wochenende mit Joel und den anderen in den Bergen war ein Erlebnis. Wir wohnten in einer einfachen Holzhütte mit viel Natur drumherum. Die ganze Sache hatte so etwas von »Der Mann in den Bergen«. Es fehlte nur der Grizzlybär. Joel war nicht nur lieb, sondern auch richtig süß. Er hat Sally und David gar nicht vermißt.

17. Mai

Ich liege am Strand, die Sonne steht hoch über mir. Es weht ein leichter Wind. Gemeinsam mit Ronni und einem ihrer Hunde bin ich über das Wochenende nach Virginia Beach gefahren. Wunderbare Erholung und Entspannung!

Den kleinen Wochenendausflug habe ich mir richtig verdient, da Joel seit ein paar Tagen seine Mucken hat. David meint, es habe wahrscheinlich damit zu tun, daß ich demnächst nach Hause fahren würde. Wir haben schon vor zwei Wochen angefangen, Joel darauf vorzubereiten, daß ich bald wieder »zu meiner Mami« müßte. Anscheinend ist es wirklich schwer für ihn, das zu verstehen, aber auch mir wird ganz komisch, wenn ich daran denke, jetzt nur noch gerade gut vier Wochen in D.C. bei meiner Familie zu sein. Wir drei Erwachsenen hatten mal gemeinsam überlegt, wie es wäre, wenn ich bliebe, aber wegen des Ablaufs des Visums und weil auch die Au-pair-Organisation uns einen großen Strich durch die Rechnung machen würde, haben wir den Gedanken gar nicht weitergesponnen. Als

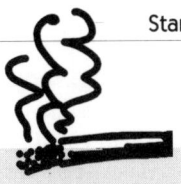

Auf den zweiten Blick

Starker Tobak ...

In rund dreißig Staaten ist das Rauchen an bestimmten Örtlichkeiten verboten, so in Geschäften, Bussen, im Kino und im Theater, in Museen usw. Da wird auch kein Auge zugedrückt. Die Skala der Bußgelder reicht von 10-100 $. Während in den sechziger Jahren noch jeder zweite qualmte, und zwar wo er wollte, ist es heute nur jeder vierte, und diesmal meist im Freien. Büroangestellte müssen vor die Tür gehen, um einen raschen Zug zu tun. Zwanzig Stockwerke runter mit dem Aufzug, sieben Minuten womöglich vor der Tür in Kälte und Zugluft qualmen, zwanzig Stockwerke wieder hoch, wobei wohl insgesamt 15 bis 20 Minuten draufgehen öö und das vielleicht mehrmals am Tag – da ist es verständlich, wenn Firmen sich ausrechnen, ob sie solche Angestellten noch beschäftigen wollen. Inlandsflüge sind allgemein rauchfrei. Viele Bundesstaaten verbieten das Rauchen in öffentlich zugänglichen Gebäuden, manchmal selbst in Bars. Massachusetts untersagte vor zwei Jahren die Qualmerei selbst am Strand. Die von Clinton vorgesehene Tabaksteuer zur Mitfinanzierung der Gesundheitsreform scheiterte an der Lobbyarbeit der Tabakindustrie, die 700.000 Arbeitsplätze gefährdet sieht. Ihre Unterstützung für die Republikaner verschaffte diesen in beiden Häusern des Kongresses Mehrheiten. Die Tabakkönige atmeten auf, denn die eifrigsten Verfolger im Kongreß verloren ihre Mandate und die Kontrolle über jenen Ausschuß, der für das peinliche Verhör des *Philip-Morris*-Chefs verantwortlich war. Der hatte 1994 an Eides statt versichert, daß der Konzern nichts unternehme, um den Nikotingehalt zu kontrollieren oder zu manipulieren. Mittlerweile liegen drei eidesstattliche Zeugnisse ehemaliger Angestellter vor, die das Gegenteil bezeugen. Ein Ex-Produktionsleiter beschrieb detailliert, wie der Nikotingehalt der Zigaretten rund um die Uhr überwacht werde, mit dem Ziel, ihn nicht unter ein bestimmtes Niveau sinken zu lassen. Warum leugnen die Tabakbosse, was doch jedes Kind weiß, nämlich das Tabak süchtig macht? Über ihren Häuptern hängt wie ein Damoklesschwert die Drohung der Regierung, Tabak zur Droge zu erklären. Damit wäre es vorbei mit der freien Verkäuflichkeit und der heiteren Werbung, und der Weg wäre frei für gewaltige Schadenersatzklagen. Die Tabakindustrie stünde vor dem Aus. Schon bröckelt die festgefügte Front der Tabakkonzerne. Im Frühjahr letzten Jahres einigte sich ein kleinerer Tabakkonzern, *Liggett,* Hersteller von »Chesterfield«, überraschend mit staatlichen Behörden über Ausgleichszahlungen zugunsten von Antiraucherprogrammen. Liggett könnte der Gedanke geleitet haben, es sei besser, sich jetzt zu einigen, als später unter schlechteren Bedingungen.

illegales Au-pair würde ich auch nicht wieder einreisen wollen. Ein kleiner Trost ist im Augenblick die Reise durch die USA, die ich bereits konkret geplant habe. Andrea kommt am 19. Juni in New York City an, wo wir uns treffen und unsere Bustour quer durch die USA beginnen werden. Ich habe eine »alternative« Reisegesellschaft ausfindig gemacht, Green Tortoise. In einem uralten Dieselbus fahren wir in vierzehn Tagen von der Ost- zur Westküste. Unterwegs bleibt genug Zeit, um sich Städte, Naturparks und die Landschaft anzusehen. Geschlafen wird entweder im Bus, der entsprechend ausgebaut ist, oder draußen. Die Reise ist mit nur 260 Dollar plus sechs Dollar am Tag für Verpflegung billig. Einmal an der Westküste, wollen wir Christine besuchen, die südlich von Los Angeles wohnt. Anschließend geht's dann noch nach San Francisco. Am 15. Juli fliegen Andrea und ich dann zurück nach Washington, um noch ein paar Tage mit Sally, David und Joel zu verbringen.

Chicago Outlaws

28. Mai

Heute, am »Memorial Day«, erwarten wir Gäste zum Barbecue, zwischen zwanzig und dreißig Leute. Auch ich habe ein paar Au-pairs und Freunde eingeladen. Irgendwie ist es seltsam, aber wenn ich ehrlich sein soll, freue ich mich so langsam wieder auf zu Hause: auf meine Familie, Freunde und das Studium. Ich bin so gespannt darauf herauszufinden, wie sich alles verändert hat. Hat sich überhaupt was verändert? Habe ich mich verändert?

17. Juni

Ich stecke voll in den Vorbereitungen für meine vierwöchige Reise durch die USA. Rucksack und Schlafsack habe ich mir von Sally und David geborgt und ein paar Sachen zusätzlich gekauft. Es ging ziemlich hektisch zu in den letzten Tagen, da ich ja auch schon mein Zimmer räumen mußte, denn mein Nachfolger Fred kommt kurz nachdem ich auf dem Weg quer durch die USA bin.

Ich weiß nicht, ob ich lachen oder weinen soll. Bald ist alles vorbei. Es hilft mir aber sehr, daß ich nicht gleich nach meinem Urlaub nach Hause fliege, sondern noch vier Tage bei Sally, David und Joel verbringen kann. So können wir uns noch richtig voneinander verabschieden.

Vier Wochen »cross country«, Pizza und »Cats« zum Abschied

16. Juli

So schnell vergeht die Zeit. Ich bin jetzt schon wieder bei meiner Familie in Washington. Noch ein paar Tage, dann geht's zurück nach Hause ...

Die letzten vier Wochen waren wunderschön und ein krönender Abschluß. Andrea, meine Schwester und ich haben uns bestens verstanden, und so etwas Verrücktes wie diese Bustour hatten wir beide zuvor noch nicht erlebt. Schon als wir den Bus sahen, der uns vierzehn Tage quer durch die USA fahren sollte, haben wir uns schlappgelacht: ein zwanzig Jahre alter Dieselbus, quietsch-grün angemalt, innen mit Betten und Tischen ausgebaut. Die beiden Busfahrer waren um die fünfzig Jahre alt, locker drauf und echte Überbleibsel der Flower-Power-Zeit.

Von New York sind wir dann mit 25 anderen Reisenden losgefahren. Der jüngste war 18 Jahre, der Älteste um die sechzig Jahre. Aber wir hatten nicht nur eine ganze Generationenvielfalt, sondern auch eine der Nationalitäten. Insgesamt stammten wir aus zehn Ländern: aus Schweden, Australien, den USA, Spanien, Frankreich, Japan, Deutschland und und und.

Von New York ging es dann erst einmal Richtung Chicago. Wegen der schwülen Hitze und fehlenden Klimaanlage im Bus haben die Busfahrer vorgeschlagen, an einem See zu halten: ein echter Geheimtip, wie sie uns stolz verkündeten. Als wir nach vier Stunden Fahrt dort ankamen, war der See ein großer Tümpel, vergleichbar mit den Kuhtränken, die man aus den Western kennt. Jedenfalls war es so heiß, daß meine Schwester und ich uns trotzdem in die »Fluten« stürzen wollten. Während wir und auch einige andere die Badesachen herauskramten, zogen sich die Busfahrer einfach aus, stellten sich vor die Gruppe irritierter Reisender und sagten mit einem leichten Schulterzucken: »Clothing is optional!« – Flower-Power läßt grüßen. So kam es dann, daß im Verlauf der Reise immer mehr Leute auf Kleidung beim Baden verzichteten, denn irgendwie kam man sich mit Hüllen plötzlich ziemlich affig und irgendwie als Randgruppe vor.

Nackte!

Mit einer Hinweistafel warnte kürzlich das New Yorker Metropoliton Museum Besucher vor Bildern des britischen Realisten *Lucian Freud,* eines Enkels Sigmund Freuds. »Die Ausstellung ist für Kinder ungeeignet«, stand auf dem Schild am Eingang. Der Grund: Freud hat häufig Akte gemalt. Das Museum enthält allerdings auch griechische Statuen nackter Männer ...

Von Chicago, wo wir ein paar Stunden Aufenthalt hatten, ging es dann durch den Mittleren Westen, nach Colorado zum »White Water Rafting«, nach Las Vegas zum Spielen, in verschiedene Naturparks, wie dem Bryce und Zion Canyon, und nach Los Angeles. Teilweise haben wir nachts im Bus geschlafen, manchmal auch angehalten und uns mit den Matratzen ins Freie gelegt. Mal besichtigten wir Städte, mal wanderten wir durch die Natur. Im Laufe der Reise haben wir dann tatsächlich noch Orte kennengelernt, die wirkliche Geheimtips waren. Nie in meinem Leben war ich den Sternen so nahe wie an einer Stelle, die »Sheep Mountain Table« genannt wurde. Ich hatte das Gefühl, daß die zahlreichen heruntersausenden Sternschnuppen mich erschlagen würden. Leider würde ich den Platz alleine nicht mehr wiederfinden. Morgens gab es immer ein reichhaltiges Frühstück, mit-

tags nichts zu essen, und abends wurde gemeinsam gekocht. Die Aufgaben, Kochen, Einkaufen und Spüldienst wurden aufgeteilt.

Als wir nach dreizehn Tagen in Los Angeles ankamen, fiel uns der Abschied von der Gruppe schwer, obwohl wir uns auch danach sehnten, mal wieder ein wenig Privatsphäre und eine vernünftige Dusche zu haben. In Los Angeles holte uns meine Freundin Christine ab, und wir fuhren mit zu ihrer Gastfamilie in San Clemente. In den folgenden Tagen haben Andrea und ich ein Auto gemietet und uns Disneyland und die Umgebung angeguckt, da Christine arbeiten mußte. Nach vier Tagen ging es dann mit dem Bus nach San Francisco. Nachdem wir uns »Fisherman's Wharf«, die Cable Cars, Golden Gate und die vielen anderen Sehenswürdigkeiten der Stadt angesehen hatten, sind wir noch mit einem Wagen die berühmte Küstenstraße, Route No. 1, bis nach Carmel gefahren. Eine überwältigende Landschaft und Höhepunkt unserer Reise quer durch die Vereinigten Staaaten.

Ja, und seit gestern sind wir zurück in Washington. Es ist schön, daß auch noch meine Schwester, Sally, David und Joel Gelegenheit haben, sich kennenzulernen.

19. Juli

Heute ist mein letzter Tag. Andrea ist gestern schon wieder nach Hause geflogen und hat gleich ein paar Sachen von mir mitgenommen. Meine Güte, erstaunlich, was sich im Laufe des Jahres alles angesammelt hat! Zwei Kartons habe ich schon mit dem Schiff über den großen Teich geschickt. Sally und David haben noch einen Abschied für mich vorbereitet. Ich durfte mir ein tolles Essen aussuchen und habe mich – guess what – für eine richtige deftige Pizza entschieden: eines dieser Wagenräder. Als kleines Bonbon gehen wir dann heute noch ins »National Theatre«, um uns »Cats« anzusehen.

Mit Fred, meinem Nachfolger, habe ich mich lange unterhalten und ihm einige Tips von Au-pair zu Au-pair gegeben. Er muß sich natürlich noch eingewöhnen. Genau wie ich damals. Etwas forsch und unpassend fand ich es allerdings, daß er gleich sagte, seine Freundin von zu Hause für ein paar Wochen einladen zu wollen. Ich denke, daß er sich vielleicht erst einmal ein bißchen um sein neues Zuhause und die Beziehung zu Sally, David und Joel kümmern sollte.

Joel

25. Juli

So schnell kann es gehen: vor ein paar Tagen noch in Washington D.C. und jetzt schon wieder in Dortmund. Ich bin wieder »zu Hause« und fühle mich so deplaziert, wie noch nie in meinem Leben. Was will ich überhaupt hier? Mir stinkt alles! Seit Tagen regnet es ununterbrochen, meine Freundinnen sind alle im Urlaub, und sobald mich meine Mutter bittet, mal ein wenig zu helfen, reagiere ich völlig genervt. Mit gemischten Gefühlen habe ich die USA verlassen und mich auf den 3.600 Meilen langen Weg über den großen Teich gemacht. Der Abschied viel uns allen schwer. Von Washington bin ich mit dem Zug nach New York City gefahren und habe mich von dort mit meinen zwei riesigen Koffern rund zwei Stunden durch das stickig schwüle New York zum Flughafen durchgekämpft. Nur mit Hilfe eines schottischen Ehepaares kam ich dann

noch pünktlich am Flughafen an, um meinen Flugschein entgegenzunehmen. Dort waren bereits zahlreiche andere Au-pairs versammelt. Es war schön, sie zu treffen, denn so hatte ich noch ein paar Gleichgesinnte, die den Abschiedsschmerz verstanden und teilen konnten. Als wir mit dem Flieger abhoben, fingen die meisten von uns an zu heulen.

Am Flughafen in Frankfurt haben mich dann Martin und Walter, sein Schäferhund, abgeholt. Ein Wiedersehen nach sieben Monaten. Es war sehr schön, und ich muß sagen, daß die Trennung meiner Liebe zu ihm nicht geschadet hat. Im Gegenteil, irgendwie fühle ich mich wie frisch verliebt. Inwieweit die Beziehung hält, wird sich sicher jedoch erst in den

Auf den zweiten Blick

Überwachter Babysitter ...

»Und schauen Sie kein Fernsehen, während Sie mit dem Kind allein sind«, ermahnte ein Ehepaar aus Manassas bei Washington die neue Babysitterin seiner zehn Monate alten Tochter. Nachdem die Eltern das Haus verlassen hatten, schaltete das Kindermädchen prompt den Fernseher ein und sah sich eine Talkshow an.

Als ihr am nächsten Tag gekündigt wurde, verstand die Arme die Welt nicht mehr. Der Vater des Kindes hatte ihr Vergehen auf einem Videoband festgehalten – gefilmt mit einer in einem Teddybären eingebauten Kamera. Solche Geheimdienstmethoden halten in amerikanischen Haushalten anscheinend verstärkt Einzug, nachdem ein bekanntes Fernsehmagazin über Kindesmißhandlungen durch Babysitter berichtet hatte. Besorgte Eltern verstecken Minikameras in Vasen, Uhren und Lampen. Die sogenannten Nannycams (Kindermädchenkameras) sind kaum größer als ein Fünfmarkstück und lassen sich über Kabel mit einem Videorecorder verbinden.

»Nach ein oder zwei Tagen weiß man, was los ist, wenn man nicht zu Hause ist«, meint Richard Heilweil, stellvertretender Geschäftsführer der Firma *Babywatch* aus Spring Valley (New York), die 1992 als erste eine solche Überwachungsanlage vermietete. Inzwischen existiert eine ganze Latte von Babysitterspionageartikeln; die einfachsten sind für rund 150 $ zu haben.

Die Spionageanlagen haben manchem Paar schon erstaunliche Erkenntnisse beschert. Eine Babysitterin hatte, wie die *Washington Post* berichtete, im Haus der Eltern eines Kindes nebenbei noch ein Büro zur Steuerberatung betrieben.

Für Hinweise, die wir in der nächsten Auflage verwerten, bedanken wir uns mit einem Buch aus unserem Programm.

nächsten paar Wochen zeigen. Treu geblieben sind wir uns beide jedenfalls – ähm, bei mir weiß ich das jedenfalls zu hundert Prozent. Ehrlich gesagt, fiel es mir auch nicht schwer, treu zu bleiben. Nicht, daß keine Gelegenheit dagewesen wäre, aber irgendwie hatte ich in den USA keine Lust auf eine feste Beziehung. Die hätte mich viel zu sehr in meiner Freiheit, Land und Leute kennenzulernen, eingeschränkt. Auch so war schon alles aufregend genug. Tja, und nun bin ich wieder zurück in »good old Germany.«

»Good?« Eigentlich weiß ich es nicht so recht. Jedenfalls muß ich jetzt aktiv werden, sonst gehe ich ein. Ich denke, daß ich mir erst einmal einen Job und eine Wohnung suchen sollte. Ich kann nicht mehr zu Hause wohnen. Nicht, daß ich mich mit meinen Eltern verkracht habe, aber irgendwie muß ich raus. Zudem habe ich mich entschlossen, Theaterwissenschaften nicht in Köln zu studieren, sondern in Bochum.

Es wird schon irgendwie weitergehen, und ich weiß, daß mir meine Erfahrungen, die ich während meines Jahres als Au-pair in Amerika gemacht habe, dabei helfen werden. Es ist schön zu wissen, eine zweite Familie gefunden zu haben. Es ist schön, Erinnerungen zu haben, die einem niemand mehr nehmen kann.

Rund um die Au-pair-Bewerbung

Wie auf den ersten Seiten bereits erläutert, ist es erst seit 1986 möglich, legal als Au-pair eine Stelle in den USA anzunehmen. Unter den 1986 festgelegten Rah-

menbedingungen ist der Au-pair-Aufenthalt kein Arbeitsaufenthalt, sondern ein Kulturaustauschprogramm. Die für Au-pair zuständige amerikanische Aufsichtsbehörde ist somit die **United States Information Agency (USIA)** in Washington D.C.

Die USIA vergibt an ausgewählte amerikanische Vermittler jährlich ein bestimmtes Kontingent an J-1-Visa, mit denen sich junge Frauen aus Europa legal als Au-pairs bei US-Familien aufhalten dürfen. Die Agenturen, die diese Visa erhalten und letztlich an die Au-pair-Bewerberinnen weiterleiten, müssen sich jedoch an konkrete Rahmenbedingungen halten. So sind die Voraussetzungen, die sowohl Au-pair-Bewerberinnen als auch US-Familien zu erfüllen haben, sowie Rechte und Pflichten, Dauer des Aufenthaltes und vieles mehr von der USIA festgelegt. Auf Grund dieser Vorgaben unterscheiden sich auch die Au-pair-Programme der Vermittlungsagenturen nur in einigen Einzelheiten.

Aus den Vorschriften der USIA und den Bewerbungsunterlagen der Vermittler ergeben sich folgende Voraussetzungen, Leistungen, Rechte und Pflichten für einen Au-pair-Aufenthalt in den USA.

1.) Voraussetzungen

● Altersbegrenzung: zwischen 18 und 26 Jahren,
● Erfahrung in Babysitting und Kinderbetreuung,
● internationaler Pkw-Führerschein und möglichst auch bereits Fahrpraxis,
● Grundkenntnisse der englischen Sprache,
● tadelloses polizeiliches Führungszeugnis,

- zwölf Monate Zeit,
- Aufgeschlossenheit und Flexibilität,
- abgeschlossene Schulausbildung, die gleichwertig mit zwölf Schuljahren ist. Bei einem Hauptschulabschluß sollte zusätzlich eine Lehre nachgewiesen werden können,
- guter gesundheitlicher Zustand. Zudem ist es von Vorteil, Nichtraucher zu sein.

Da männliche Bewerber schwerer zu vermitteln sind, müssen sie häufig überdurchschnittliche Referenzen vorlegen können. Interessierte junge Männer sollten sich vor der Bewerbung genau bei den Au-pair-Vermittlern über ihre Vermittlungschancen erkundigen.

2.) Rechte des Au-pairs und Leistungen:

- Visum,
- Transatlantikflug,
- Vorbereitungsseminar,
- eigenes Zimmer und freie Verpflegung,
- Au-pair wird als erweitertes Familienmitglied oder Freundin, aber nicht als Hausangestellte aufgenommen,
- 115 US-Dollar pro Woche für maximal 45 Stunden Kinderbetreuung (für die Versorgung von Kleinkindern und Babys unter zwei Jahren vergeben manche Agenturen einen einmaligen Bonus oder sie zahlen ein höheres Taschengeld; es ist aber eine entsprechende Referenz vorzulegen, die die Erfahrung in der Baby- und Kleinkindbetreuung nachweist),
- Krankenversicherung,
- zwei Wochen bezahlter Urlaub,
- 1 1/2 Tage frei in der Woche
- ein volles Wochenende frei pro Monat,

- Betreuung durch den Vermittler,
- Gelegenheit und Studiengeld in Höhe von 500 US-Dollar für den Besuch eines Weiterbildungskurses,
- ein dreizehnter Monat für Reisen im Anschluß an den zwölfmonatigen Au-pair-Aufenthalt,
- Babies unter drei Monaten müssen nur betreut werden, wenn ein Elternteil oder eine andere verantwortliche Person zu Hause ist,
- in den ersten Tagen nach der Ankunft in der Familie ist ein Elternteil oder andere verantwortliche Person zu Einweisung zu Hause.

3.) Pflichten des Au-pairs

- maximal 45 Stunden Kinderbetreuung an 5 1/2 Tagen in der Woche,
- Unterstützung bei leichter Hausarbeit (z.B. Tisch abräumen und decken, Spülmaschine aus- und einräumen, evtl. kochen).

4.) Gebühren & Kosten

- Bei einer erfolgreichen Vermittlung und vor Ausreise in die USA ist eine Kaution in Höhe von 800 DM oder 500 US-Dollar zu hinterlegen, welche die Rückkehr des Au-pairs in das Heimatland gewährleisten soll. Zudem dient sie, im Fall eines vorzeitigen willkürlichen oder z.B. durch Alkoholmißbrauch notwendig gewordenen Abbruchs des Aufenthaltes, zur Deckung der Kosten, die dadurch entstehen, daß die Familie ein neues Au-pair bekommt.

Diese Kaution wird in den Programmen der Vermittler aber nicht immer »Kaution« genannt, sondern stattdessen bei manchen mal »Kurskostenbeteiligung«, »Flugkostenbeteiligung« oder bei anderen »Completion Bonus«. In allen Fällen ist bei einem erfolgreichen Abschluß des Au-pair-Jahres jedoch garantiert, daß die 800 DM erstattet werden, wenn auch unverzinst.

● Alle Vermittlungsagenturen erheben eine Bearbeitungsgebühr von derzeit maximal 330,- DM etwa.

● Zusätzlich erheben manche Au-pair-Agenturen eine Flugkostenbeteiligung, wenn man von bestimmten Flughäfen aus in die USA fliegen möchte. Die Kosten dafür liegen bei ca. 100,- DM.

● Die Fahrt zum Vorstellungsgespräch/Interview ist ebenfalls selbst zu tragen.

Welche Unterlagen gehören in eine Bewerbung?

Jedes Au-pair-Büro hat Bewerbungsunterlagen mit entsprechenden Vordrucken, die angefordert werden können. Normalerweise gehören in eine Bewerbung folgende Unterlagen:

● Ein mehrseitiges Bewerbungsformular, das, wie alle anderen Unterlagen, auf englisch ausgefüllt werden muß. In dem Formular geht es um allgemeine Angaben zur Person.

● Mehrere Paßfotos.

● Drei Referenzen verschiedener, nicht verwandter Personen, die Auskunft darüber erteilen, daß man Kinder betreut hat. Dazu zählen zum Beispiel: ein Praktikum im Kindergarten, Jugendgruppenarbeit in der Gemeinde oder im Verein und Babysitting.

Die größten Vermittlungschancen haben Bewerberinnen mit Nachweisen über Babysitting, das regelmäßig über einen längeren Zeitraum, z.B. ein halbes Jahr, durchgeführt wurde. Zudem ist es

von Vorteil, Kinder unter zwei Jahren betreut zu haben, da viele Au-pair-Familien kleine Kinder haben. Je mehr Nachweise über regelmäßige Kinderbetreuung vorgelegt werden, desto besser sind die Vermittlungschancen. Zusätzlich können aber auch Charakterreferenzen eingereicht werden.

● Die Kopie des Internationalen PKW-Führerscheins, der beim örtlichen Straßenverkehrsamt gegen eine Gebühr ausgestellt wird – reine Sache der Umschreibung. Wer gerade erst seinen Führerschein ablegt, kann sich bei dem ein oder anderen Vermittler auch nur mit der Kopie der Anmeldung zur Fahrschule bewerben. Die Ausreise in die USA ist aber nur mit dem gültigen Internationalen PKW-Führerschein möglich.

● Eine Kopie des polizeilichen Führungszeugnisses.

● Ein Brief an die künftige Gastfamilie. In diesem Brief stellt sich die Bewerberin vor und berichtet über Eltern, Geschwister, Freunde, Hobbys und Beziehung zu Kindern. Auch die Begründung, warum eine Au-pair-Stelle in den USA angestrebt wird, sollte nicht fehlen.

● Ein kleines Fotoalbum, das der Gastfamilie hilft, sich ein Bild von ihrem künftigen Au-pair machen zu können. Auf den Fotos sollte man mit der Familie, Freunden und den Kindern, die man betreut hat, zu sehen sein.

Es ist sinnvoll, die Bewerbung ordentlich und gewissenhaft zusammenzustellen und auszufüllen, denn die Gastfamilien erhalten diese in Kopie. Eine gekritzelte Schrift, Fettflecken oder sonstige Schludrigkeiten wirken sich verständlicherweise negativ auf die Vermittlungschancen aus. Der Brief an die Gasteltern sollte auf jeden Fall selbst geschrieben werden und nicht von jemanden, der vielleicht besser Englisch kann. Die US-Familien wollen die Bewerberin kennenlernen und keine andere Person. Da macht es auch nichts, wenn ein paar Rechtschreibfehler in den Unterlagen auftauchen.

Die Referenzen können in der Regel selbst übersetzt werden. Es sollte jedoch die Kopie der Referenz mit der Übersetzung den Bewerbungsunterlagen beigelegt werden.

Bewerbungs- und Vermittlungsverfahren

Die Vermittlungsagenturen arbeiten mit Partnern in den USA zusammen. Während im Heimatland hauptsächlich die Beratung und Auswahl der Au-pairs stattfindet, stellt die Partneragentur in den USA nicht nur die Visa zur Verfügung, sondern übernimmt auch die Auswahl der Gastfamilien und die Betreuung der Au-pairs, wenn diese erst mal in den Vereinigten Staaten sind.

Das Bewerbungs- und Vermittlungsverfahren unterscheidet sich in einigen Punkten von Agentur zu Agentur. Zusammenfassend läßt sich jedoch folgendes sagen:

1.) Die Au-pair-Aspirantin sendet die ausgefüllten, vollständigen Unterlagen an eine Au-pair-Agentur, die die Bewerbung überprüft und entscheidet, ob die Referenzen ausreichen. Wenn nicht, erhält die Bewerberin Unterstützung bei der Fertigstellung oder gegebenenfalls die Unterlagen komplett zurück.

2.) Ist die Bewerbung vollständig und in Ordnung, so erfolgt eine Einladung zum Vorstellungsgespräch.

Die meisten Vermittler unterhalten in mehreren Städten Zweigstellen oder freie Mitarbeiter/-innen, die auch außerhalb der Hauptgeschäftsstelle Auswahlgespräche durchführen. Dadurch lassen sich häufig die Anfahrtswege zum Vorstellungsgespräch verkürzen.

Das Interview/Vorstellungsgespräch
• findet meist in kleineren Gruppen statt,
• dauert ca. 1 1/2 Stunden,
• läuft ganz oder teilweise auf englisch,
• dient der Agentur zur Überprüfung der Motivation,
• bietet auch die Möglichkeit, selbst Fragen zu stellen,
• kurzer Englischtest.
• Gelegentlich werden die Referenzen telefonisch überprüft.

3.) Der Interviewer sendet die Unterlagen an die Au-pair-Agentur, von wo die Bewerbung nach einer weiteren Kontrolle in die USA zur Partnerorganisation weitergeleitet wird.

4.) In den USA werden die Unterlagen, inklusive des vom Interviewer verfaßten Berichts abermals geprüft. Erst dann wird entschieden, ob die Bewerberin ins Programm aufgenommen wird. Sind aber alle Unterlagen in Ordnung und stimmt die Motivation, so kann eigentlich nichts schiefgehen.

5.) Ist die Bewerbung in Ordnung, wird das künftige Au-pair schriftlich über die Aufnahme in das Programm in Kenntnis gesetzt. Zusätzlich gibt es Details zum weiteren Ablauf. Dazu kann unter anderem gehören, daß ein medizinischer Fragebogen vom Hausarzt auszufüllen und anschließend in Kopie an die Agentur zu schicken ist.

6.) Die Au-pair-Bewerbung wird von dem US-Partner kopiert und an die Gastfamilien verteilt. Ist eine Familie interessiert, ruft sie die Bewerberin an. Da der Anruf jederzeit aus heiterem Himmel erfolgen kann, ist es sinnvoll, Fragen an die Familie vorzubereiten und sie neben das Telefon zu legen. Manche Agenturen stellen auch einen Fragenkatalog zur Verfügung. Es ist wichtig, bei dem Telefonat in Ruhe zuzuhören, gegebenenfalls nachzufragen und alle Fragen zu stellen, die einem wichtig sind. Nicht vergessen: auch Au-pairs haben ein *Mitspracherecht* bei der Entscheidung.

7.) Sind sich Familie und Au-pair nach dem Telefonat einig geworden, erhält das Au-pair eingehendere Angaben zu der Gastfamilie, den Antrag für das Visum, Nähres über die zu zahlende Kaution und die Stadt, in der man plaziert wurde uvm.

Schließlich ist es so weit – der Abflug in die USA steht bevor. Es handelt sich meist um Gruppenflüge an festgelegten Terminen. Nach der Ankunft in den USA findet sofort ein mehrtägiges Vorbereitungsseminar statt, bei dem man auch mit Au-pairs aus anderen europäischen Ländern zusammentrifft. Das Vorbereitungsseminar beschäftigt sich unter anderem mit den kulturellen Unter-

schieden, dem Leben in den USA und den Erwartungen der Gastfamilie. Zudem stehen in der Regel ein Babysitting- und Kinderbetreuungskurs ebenso auf dem Programm wie Stadtrundfahrten.

Nach dem Vorbereitungsseminar reist das Au-pair zur Gastfamilie, um mit ihr ein Jahr lang zusammenzuleben, die Kinder zu betreuen, Land und Leute kennenzulernen, neue Freunde zu finden und Englisch zu lernen. Die neue Herausforderung hilft, an Selbstbewußtsein zu gewinnen und die eigenen Stärken und Schwächen besser kennenzulernen. Nach spätestens 13 Monaten müssen die Vereinigten Staaten jedoch wieder verlassen werden.

Fragen & Antworten zur Bewerbung

Wann sollte ich mich bewerben?

Es ist möglich, sich das ganze Jahr über zu bewerben, da fast alle Vermittler monatliche Ausreisetermine anbieten. Es wird empfohlen, sich höchstens ein halbes Jahr und mindestens zwei bis drei Monate vor dem geplanten Ausreisetermin zu bewerben. Unter Umständen sind auch kurzfristigere Vermittlungen möglich.

»Ich möchte gerne an die Westküste. Kann ich mir die Stadt in den USA aussuchen?«

Warum gerade an die Westküste? Wegen Beach-Life, Surfen und Barcadi-Feeling? Die Stadt oder den Staat in den USA kann man sich bei der Vermittlung über eine Agentur nicht selbst aussuchen. Es ist jedoch durchaus möglich, in der Be-werbung Präferenzen zu setzten. Aber nicht enttäuscht sein, wenn es nicht klappt. Erfahrungsgemäß ist es aber auch viel wichtiger für den Erfolg des Aufenthaltes, in einer Familie plaziert zu werden, in die man auch hineinpaßt. Darauf wird bei der Vermittlung in erster Linie geachtet. Was bringt es letztlich, in seiner Traumstadt zu wohnen, wenn die »Chemie« mit der Familie nicht stimmt?

Der Auslandsaufenthalt wird interessant und wertvoll durch die Menschen, die man kennenlernt. Und diese sind in New York genauso zu finden wie in Los Angeles oder in einer kleinen Stadt auf dem platten Land. Und wer sich nicht dort wiederfindet, wo er gerne hinwollte, hat während des Jahres immer noch genügend Zeit, um an den »Traumort« zu fahren und dort Urlaub zu machen.

Stadt oder Land?

Eine Frage, die sich jeder selbst stellen muß, wobei entsprechende Präferenzen in der Bewerbung angegeben werden sollten. Manche möchten halt lieber in Gegenden, wo es ruhiger ist, anderen kann die Stadt nicht groß und hektisch genug sein. Diese Wünsche werden in der Regel auch bei der Plazierung beachtet.

Kann ich mit meiner Freundin an den gleichen Ort?

Der Wunsch, sich mit einer Freundin als Au-pair in die gleiche Stadt vermitteln zu lassen, kann zwar in der Bewerbung angegeben werden, doch daß es tatsächlich auch klappt, können die Vermittler nicht zusichern. Aber ist es denn überhaupt sinnvoll, von Anfang an eine gute Freundin aus der alten Heimat in erreich-

barer Nähe zu haben? Wer für ein Jahr ins Ausland geht, will normalerweise etwas Neues kennenlernen und mitunter auch ein Stück mehr sich selbst. Dazu gehört es auch, sich alleine durchzuboxen. Würde man nicht, für den Fall, daß eine vertraute Person in der Umgebung ist, viel leichter den Problemen ausweichen und Trost bei der Freundin suchen, als sich der Situation zu stellen und sie mit der Familie oder selbst zu lösen? Letztlich ist der Lerneffekt und die persönliche Entwicklung bei einem mehrmonatigen Auslandsaufenthalt wesentlich intensiver, wenn man ihn alleine erlebt.

Zwölf Monate eine Ewigkeit?

Im Gegensatz zu einem Au-pair-Aufenthalt im europäischen Ausland ist ein legaler Au-pair-Aufenthalt in den USA unter zwölf Monaten nicht möglich. Sind ein Jahr nicht eine Ewigkeit? Keine Angst, meist vergeht die Zeit schneller, als einem lieb ist. Normalerweise dauert es eine Weile bis man mit der Sprache, dem Erziehungsstil, der Familie und den Kindern klarkommt, Freunde gefunden und die Gegend kennengelernt hat. Die Dauer der Eingewöhnungsphase ist natürlich abhängig von der eigenen Persönlichkeit und der Familie, aber sie kann schon zwei bis fünf Monate währen. Danach beginnt eigentlich erst die schönste Zeit, denn alles ist einem vertraut: man hat Freunde gefunden und fühlt sich richtig zu Hause. Fast täglich ist Neues zu entdecken, und die Monate vergehen wie im Flug.

Im Großen und Ganzen hat es jeder selbst in der Hand, wie lang- oder kurzweilig der Aufenthalt wird. Wer nichts aus den Möglichkeiten macht, die ihm geboten werden, wer sich dem Heimweh hingibt, nicht auf die Leute zugeht, um sie kennenzulernen, sich nicht in der Familie und mit den Kindern engagiert, dem können die Monate auch sehr lang werden.

Wie funktioniert das mit dem Visum?

Haben sich Au-pair und Gastfamilie gefunden, erhält das Au-pair einige Wochen vor der Ausreise in die USA von der Vermittlungsagentur die notwendigen Visa-Unterlagen zugeschickt. Dabei handelt es sich normalerweise um ein sogenanntes »IAP-66«-Formular und das Formular »OF 156«. Mit dem IAP-66, dem »OF 156«, dem gültigen Reisepaß und einem Paßfoto hat man sich bei der Amerikanischen Botschaft oder einem Konsulat einzufinden. Dort wird dann das J-1-Visum, mit dem man sich ganz legal als Au-pair in den USA aufhalten darf, ausgestellt. Wichtig ist, daß das Visum nicht auf dem Postweg beantragt wird, sondern persönlich, denn die Gefahr, daß es nicht rechtzeitig zurückkommt oder sogar verlorengeht, ist zu groß, denn ohne Visum ist die Ausreise nicht möglich.

Telefonat mit der Familie – was ist zu beachten?

Es ist nicht ganz einfach, denn Nervosität und Unsicherheit spielen immer mit. Aber die Familien haben Verständnis dafür und sind nicht sauer, wenn jemand ein paar Vokabeln nicht weiß. Am besten ist es, die Familie gegebenenfalls darum zu bitten, etwas langsamer zu sprechen oder die Frage nochmals zu wiederholen. Um warm zu werden, macht die Familie häufig den Anfang und erzählt erst etwas über sich, die Kinder und die Aufgaben, die auf einen zukommen würden.

Eine gute Vorbereitung für das Telefongespräch ist es, sich Fragen an die Familie zurechtzulegen und ein Telefonat vielleicht mal mit einer Freundin durchzuspielen. Es sollte nicht vergessen werden, daß das Telefonat die vorerst einzige Gelegenheit ist, etwas über die Familie zu erfahren. Das Gespräch dauert in der Regel zwischen 30 und 60 Minuten, und, keine Sorge, irgendwie klappt die Verständigung immer.

Ein kleiner Hinweis: Einmal im Vermittlungsverfahren aufgenommen, ist jederzeit mit dem Anruf einer Familie aus den USA zu rechnen. Da man natürlich nicht 24 Stunden vor dem Telefon sitzen kann, ist es sinnvoll, zu Hause immer die Telefonnummer zu hinterlassen, wo man aktuell erreichbar ist. Zudem ist es hilfreich, auch die Eltern etwas auf den Anruf vorzubereiten, damit sie der amerikanischen Familie gegebenenfalls mitteilen können, wann man selbst wieder nach Hause kommt und erreichbar ist.

Kann ich mir die Familie aussuchen?

Teilweise ja. Auf den Bewerbungsbögen der meisten Agenturen wird bereits danach gefragt, wieviele Kinder in welchem Alter jemand bevorzugt betreuen möchte, ob man auch bereit wäre, ein behindertes Kind zu versorgen oder auch bei Alleinerziehenden leben würde. Das letzte Wort bei der Auswahl der Familie hat das Au-pair normalerweise nach dem Telefonat. Jeder sollte aber im Hinterkopf behalten, daß es nach mehreren Absagen immer schwieriger wird, vermittelt zu werden. Zudem sind Argumente, wie »die Familie wohnt nicht in Los Angeles« oder »die Familie stellt mir kein eigenes Auto zur Verfügung« nicht zu akzeptieren. Ferner ist es gefährlich, zu schnell zu urteilen. Wenn die Familie zum Beispiel fünf Kinder hat, heißt das noch lange nicht, daß das Au-pair auf alle fünf aufpassen muß. Häufig sind einige Kinder bereits in der Schule und damit den ganzen Tag außer Haus.

Ich muß eine Arbeitsstelle kündigen. Wann sollte ich das am besten tun?

In dieser Frage ist es sinnvoll, mit der Vermittlungsagentur zu sprechen. Erfahrungsgemäß ist es jedoch ratsam, nicht eher zu kündigen, bis definitiv eine Familie gefunden wurde.

Wie ist das mit den Versicherungen?

● Haftpflichtversicherung

Wer nicht mehr über die Eltern haftpflichtversichert ist, sollte auf jeden Fall eine private Haftpflichtversicherung abschließen. Eine wertvolle Lampe, Porzellan oder andere Gegenstände sind schneller zerbrochen, als einem lieb ist. Daher sollte ein Au-pair für den Fall, daß es unbeabsichtigt anderen Personen materielle Schäden zufügt, abgesichert sein.

● Krankenversicherung

Eine Krankenversicherung ist in jedem offiziellen Au-pair-USA-Programm eingeschlossen. Sie gewährt jedoch in Regel nur eine Grundversorgung, die die ärztliche Behandlung im akuten Krankheitsfall abdeckt. Oftmals sind Zahnbehandlungen ausgeschlossen, und häufig besteht auch kein Versicherungsschutz für den 13. Reisemonat. Daher sollte sich jeder vor der Ausreise bei der jeweiligen Vermittlungs-agentur genau erkundigen, was in der Versicherung eingeschlossen ist und gegebenenfalls eine Zusatzversicherung abschließen.

Fragen und Antworten zum Au-pair-Aufenthalt in den USA

Kofferpacken - was nehme ich mit?

»Kleine Geschenke erhalten die Freundschaft!« Stimmt! Daher sollten Gastgeschenke genauso wenig im Gepäck fehlen, wie ein paar Fotos von zu Hause, den Geschwistern oder sogar ein paar eigene Kinderfotos. Die Familie ist sehr daran interessiert, etwas über die leibliche Familie und die Heimat, aus der man kommt, zu erfahren. So eignen sich beispielsweise Bildbände über die Stadt oder regional typische Kleinigkeiten besonders gut als Gastgeschenke. Aber auch Selbstgemachtes, bemalte T-Shirts oder sonstige kreative Eigenprodukionen sind nette Aufmerksamkeiten. Kinder freuen sich ebenfalls über Spiele, Lego-Steine, Playmobil etc. Wer Zeit hat, sollte einfach ein bißchen in Spielzeugläden stöbern. Dort findet man sicher etwas Passendes, sollte aber immer das Alter der Kinder im Hinterkopf haben.

Welche Kleidung eingepackt werden muß, hängt zunächst von Ort und Region ab. In Kalifornien herrschen andere Witterungsbedingungen als im Mittleren Westen, Süden oder an der Ostküste. Mal müssen die vier Jahreszeiten einkalkuliert und entsprechend warme Sachen eingepackt werden, mal reicht Kleidung für warme Witterungsbedingungen. Ein kleiner Tip: Obwohl zwei Koffer mitgeführt werden dürfen, sollte jeder nur das einpacken, was auch sicher angezogen wird. Wer bei dem ein oder anderen Kleidungsstück schon ein zweites Mal überlegen muß, läßt es am besten gleich zu Hause. Die Möglichkeiten und Verlockungen, sich in den USA etwas Neues zuzulegen, sind so groß, daß man mindestens mit drei Koffern zurückkehrt. So manches Au-pair mußte auf dem Rückflug das Übergewicht fürs Gepäck teuer bezahlen. Wer am Ende des Jahres viele Sachen hat, sollte 4-5 Wochen vor der Rückreise Bücher und andere unzerbrechliche Waren gut verpacken und per Schiff nach Hause senden.

Kann ich Problemen entgegenwirken?

Nicht allen, aber einigen bestimmt. Eine gute Vorbereitung hilft sicher, Problemen vorzubeugen. Zum Beispiel sollte sich jeder darüber im klaren sein, was der Au-pair-Aufenthalt beinhaltet. Jeder sollte eins im Hinterstübchen behalten: das Au-pair-Dasein ist kein Urlaub! Schon im Vorfeld können viele Probleme bei Vorhandensein der richtigen Motivation im Keim erstickt werden.

Der Schritt, als Au-pair ins Ausland zu gehen, muß überlegt sein. Die Entscheidung darf nicht überstürzt gefällt werden. Man sollte sich nicht überreden lassen – oder noch viel schlimmer – Probleme exportieren, also den Aufenthalt als eine Flucht von zu Hause nutzen, z.B. weil man momentan nicht mit den Eltern klarkommt u.ä. Ein Entschluß aufgrund negativer Gegebenheiten führt in die Irre. Gelingen und Erfolg des Aufenthaltes hängen entscheidend von der persönlichen Einstellung ab. Die Entscheidung ist aus einer positiven Grundhaltung zu treffen, nämlich weil man etwas will, nicht, weil man etwas vermeiden möchte. Jeder muß diesen Schritt selbst tatkräftig unternehmen. Wer diese Voraussetzung mitbringt, der hat schon viel gewonnen, denn der ist auch bereit zu kämpfen oder besser gesagt: Er hat die Kraft und die Ausdauer, sich den zahlreichen, neuen, aufregenden, manchmal aber auch frustrierenden Situationen zu stellen.

Neben Offenheit und einer Portion Sensibilität erweist sich zudem noch ein ganz einfaches Mittel als wirksamer Problemkiller: fragen, fragen und nochmals fragen! Fragt auch, wenn Ihr meint, es sei nur eine dumme Frage, denn die gibt es nicht. Viele Schwierigkeiten und Mißverständnisse ergeben sich aus Unwissenheit heraus, gerade am Anfang. Die Familien haben nicht immer die Zeit, alles zu erklären, daher muß ein Au-pair selbst die Initiative ergreifen und das Gespräch suchen. Jeder sollte mit der Familie über Probleme, Pläne, Wünsche und Vorstellungen sprechen, denn wenn beide Seiten wissen, woran sie sind, kann schon fast nichts mehr schiefgehen.

Zudem gibt es aber auch Dinge, die sich dem Einfluß von Familie und das Au-pair entziehen. Der Au-pair-Aufenthalt ist eine Form des Familienaufenthaltes, man lebt nicht nur in einer Familie, sondern auch mit ihr. Es kommt also stark auf das zwischenmenschliche Miteinander an. So mag es durchaus vorkommen, daß sich Au-pair und Familie einfach unsympathisch sind. Aber Vorsicht: Nicht zu schnell nur die Äußerlichkeiten beurteilen.

Nicht enttäuscht sein, wenn die Familie nicht den eigenen Vorstellungen oder dem Bild entspricht, daß Filme oder Werbung erzeugen.

Zu hohe Erwartungen und festgelegte Vorstellungen können anfangs Schwierigkeiten verursachen. Ist man in den USA oder dem Land seiner Träume angekommen, wird die rosarote Brille abgelegt. Von nun an ist man »live« dabei und lernt das Land und die Menschen mit allen kulturellen Besonderheiten wirklich kennen. Kompromißbereitschaft gegenüber der Familie, den Kindern aber auch den eigenen Vorstellungen, Träumen und Hoffnungen ist ein hilfreiches Mittel, zur Eingewöhnung und um die Basis für einen unvergeßlichen Aufenthalt zu schaffen.

Kompromißbereitschaft heißt bei einem Au-pair-Aufenthalt aber nicht immer, daß sich beide Seiten in der Mitte entgegenkommen. Je nach Situation ist es gelegentlich auch sinnvoller, als Au-pair etwas zurückzustecken. In einer anderen Situation wird man dafür zu hundert Prozent »gewinnen«.

Gibt es dennoch Probleme, die sich im Gespräch nicht beseitigen lassen, und wurde alles unternommen, um Schwierigkeiten zu vermeiden oder zu lösen, so ist es das beste, den lokalen Betreuer einzuschalten. Dieser hilft gern und kann als neutrale dritte Person oftmals etwas retten.

Betreuung in den USA

Die Betreuung vor Ort ist aufgrund der Bestimmungen der amerikanischen Regierung Teil eines jeden offiziellen Au-pair-Programmes. So verfügt üblicherweise jede Agentur über zahlreiche Betreuer in den USA, die sich um die Au-pairs aus Europa kümmern. Hauptsächlich sind es Frauen.

Ein Au-pair wird nur dort plaziert, wo in unmittelbarer Nähe, also wohnt in höchstens einer Autostunde, auch eine Betreuerin erreichbar ist. Dadurch wird gewährleistet, daß immer eine Ansprechpartnerin zur Verfügung steht. Die Betreuerinnen haben bestimmte Einzugsgebiete, für die sie verantwortlich sind. Je nach der Lage zu Großstädten können diese zwischen fünf bis hundertfünfzig Au-pairs einschließen.

Die Aufgaben einer Betreuerin sind vielschichtig und beginnen bereits vor der Ankunft des Au-pairs. Genau wie dieses, muß auch die Familie ein Bewerbungsprogramm durchlaufen, bevor sie als Gastfamilie akzeptiert wird. Die Betreuerin führt Auswahlgespräche und besucht die Familien, die sich für das Au-pair-Programm beworben haben. Sie guckt sich das Zimmer an, das dem Au-pair zur Verfügung gestellt werden soll, spricht mit der Familie über die Aufgaben des künftigen Au-pairs und klärt sonstige wichtige Punkte. Anschließend schreibt sie einen Bericht über die Familie und reicht die gesamten Bewerbungsunterlagen an die Zentrale des Au-pair-Vermittlers in den USA weiter. Dort wird dann entschieden, ob die Familie als Gastfamilie in Frage kommt oder nicht.

Gleichzeitig sind die Betreuer auch Ansprechpartner für das Au-pair, wenn es in den USA ist. Gegenüber dem Au-pair übernehmen sie normalerweise folgende Aufgaben:

● Kurz (spätestens binnen 48 Stunden) nach der Ankunft des Au-pairs in den USA wird sich die Betreuerin mindestens telefonisch beim Au-pair und der Familie melden,

● sie kommt innerhalb der ersten zwei Wochen persönlich vorbei und dann in regelmäßigen Abständen im Laufe des weiteren Jahres,

● sie steht 24 Stunden zur Verfügung,

● veranstaltet Treffen mit den Au-pairs aus ihrem Einzugsgebiet,

● gibt Tips und Auskünfte über Freizeitaktivitäten und Weiterbildungseinrichtungen,

● hilft bei Problemen und gegebenenfalls bei der Umplazierung.

Die »typisch« amerikanische Familie

Auch wenn es schwer und eigentlich nicht richtig ist, das Bild einer »typisch« amerikanischen Familie zu zeichnen, gibt es dennoch charakteristische Besonderheiten.Viele Gastfamilien wohnen im Osten der Vereinigten Staaten von Amerika. Die Au-pair-Familie besteht normalerweise aus Vater und Mutter, beide berufstätig, und ein bis zwei Kindern. Die zu betreuenden Kinder sind in der Regel im Säuglings-, Kleinkind- oder Vorschulalter, also zwischen ein paar Wochen und sechs Jahren alt. Auch bei Vorhandensein mehrerer Kinder hat sich das Au-pair schwerpunktmäßig meist um die Kleinen zu kümmern, da die Älteren zur Schule gehen und somit die meiste Zeit des Tages außer Haus sind.

Bezüglich der Erwartungen, Lebenseinstellung und -weise der US-Familien lassen sich zudem mindestens drei weitere Charakteristika feststellen. Für das Au-pair ist es wichtig, diese nicht nur zu erkennen, sondern auch zu lernen, mit ihnen umzugehen.

● **Hohe Erwartungen gegenüber den Kindern**

Viele amerikanische Eltern hegen hohe Erwartungen gegenüber ihren Kindern und investieren das Mögliche in ihre Entwicklung. So gibt es vielleicht viel Spielzeug im Haus – zu viel, möchte man schnell denken. Aber das Spielzeug ist nicht immer da, weil die Eltern ihr schlechtes Gewissen beruhigen wollten oder nicht »Nein« sagen konnten, sondern es stellt in ihren Augen eine wichtige Lernhilfe dar. Die Kinder sollen aufgeweckt, intelligent und gesprächig sein und keine Hemmungen vor verbalen Auseinandersetzungen mit Freunden, Vater, Mutter oder dem Au-pair haben. Die Eltern sind stolz auf die sprachliche und intellektuelle Entwicklung ihres Kindes und werden alles versuchen, um diese zu fördern. Von dem Au-pair wird dieses ebenfalls erwartet. Das Kind vor den Fernseher zu setzten, wäre das Falscheste, was es machen könnte. Erwartet wird, daß das Au-pair mit dem Kind viel spricht, spielt, es in der Kreativität und Entwicklung unterstützt und begleitet, was manchmal sehr ermüdend, aber mit Sicherheit auch sehr bereichernd sein kann.

● **»Busy, active lifestyle«**

Die hohe Erwartung gegenüber den Kindern führt auch häufig zu einer beschäftigten und aktiven Lebensweise der gesamten Familie. Tanz- oder Gymnastikstunden, Fußball- oder Schwimmkurse, Musikunterricht usw. sind Aktivitäten, die den Wochenplan vieler amerikanischer Kinder bestimmen und sie in ihrer Entwicklung fördern sollen. Aber die Kinder sind nicht die einzigen mit einem vollen Tagesablauf. Auch die Eltern sind, wie gesagt, beide meist berufstätig, machen oft Überstunden oder unternehmen Geschäftsreisen. Nebenbei schaffen sie es dann auch noch, Sport zu treiben oder dem einen oder anderen Hobby nachzugehen.

Verständlicherweise führt das schnell dazu, daß der Haushalt etwas unorganisiert abläuft und Mahlzeiten nicht immer miteinander zubereitet oder eingenommen werden können. Häufig ist der Griff zum Telefonhörer und der Anruf bei einem Pizzataxi oder China-Delivery schneller und bequemer. Der Tip für Au-pairs: »Try to go with the flow«. Meist hat man sich schneller daran gewöhnt, als man es sich hätte vorstellen können. Auch das Au-pair lernt mit der Hektik umzugehen. Natürlich ist die Geschäftigkeit auch nicht immer so groß, daß keine Zeit für Gespräche bliebe. Manche Au-pairs haben sich regelrecht zum Ruhepol und Knotenpunkt der Familie entwickelt und ihnen Bescheid gesagt, wenn es mal wieder Zeit für ein »time out« wäre.

● Zeit für Privatsphäre

Bei dem anstrengenden Tagesablauf muß der Familie, und besonders den Eltern, auch gelegentlich Zeit und Raum für ein bißchen Privatsphäre gewährt werden. Daher sollte ein Au-pair es nicht persönlich nehmen, wenn die Familie kurz angebunden ist oder kein Verständnis für unangemeldete Besucher des Au-pairs hat. Nur selten liegt es daran, daß das Au-pair etwas falsch gemacht hat oder Gäste grundsätzlich ungebeten sind. Wer das Gefühl hat, sollte auf jeden Fall mit den Gasteltern sprechen! Meist ist es jedoch einfach der falsche Zeitpunkt für Freunde oder lange Gespräche über Gott und die Welt. Natürlich ist ein Au-pair Teil der Familie, aber möchte man nicht selbst auch mal gerne in Ruhe gelassen werden? Normalerweise entwickelt jeder schnell ein Gefühl dafür, wann es vielleicht angebracht wäre, mal eine Freundin besuchen zu gehen.

(Quelle: AIFS)

Warum nehmen US-Familien ein Au-pair auf?

Wie erwähnt, sind die meisten Gasteltern Doppelverdiener; sie könnten sich sonst wahrscheinlich auch den Luxus eines Au-pairs nicht leisten. Ein Au-pair kostet, ohne die laufenden Ausgaben wie zum Beispiel das Essen zu berücksichtigen, um die 14.000 Dollar. Da beide Eltern arbeiten, brauchen sie natürlich jemanden, der sich um ihre Kinder kümmert, wenn sie außer Haus sind.

Das Au-pair-Programm bietet ihnen neben der gesicherten Versorgung ihrer Kinder auch Gelegenheit, einen jungen Menschen aus einem anderen Land kennenzulernen. Dies ist nicht nur für die Kinder eine bereichernde, wichtige Erfahrung, sondern auch für die Gasteltern, die häufig selbst neugierig sind, mehr über ein fremdes Land zu erfahren. Aus Zeit- oder finanziellen Gründen (vierzehn Tage Urlaub im Jahr sind in den USA schon sehr viel), können es sich US-Familien nicht unbedingt leisten, Europa selbst kennenzulernen. So ist ein Au-pair für sie auch ein Teil Internationalität und Europa im Haus. Faszinierend ist auch, daß der Kulturaustausch nicht nur auf verbaler Ebene stattfindet, indem die Gasteltern und die Kinder viel über das Heimatland erfahren und hören wollen, sondern sich auch viel auf nicht-verbaler Ebene und weitgehend unbewußt abspielt. So ist bereits die Anwesenheit des Au-pairs, also eines jungen Menschen aus einem fremden Land, für die Familie eine neue Erfahrung und Herausforderung. Daher sollte ein Au-pair, zumindest wenn es das erste in der Familie ist, berücksichtigen, daß sich auch die Familie noch etwas daran gewöhnen muß, ein neues Fa- milienmitglied zu haben, das irgendwie in den oft hektischen Tagesablauf einzuglie- dern ist. Nicht nur das Au-pair steht vor neuen Aufgaben und Situationen, sondern auch die Gastfamilie. Mit Offenheit, Toleranz und Ehrlichkeit ist aber schnell eine gemeinsame Basis gefunden.

Wie ist das mit dem Heimweh?

Don't worry! Es gehört dazu und ist ganz normal.

Heimweh kann in verschiedenen For- men auftreten, und die »Gefahr«, davon befallen zu werden, ist natürlich in der Anfangszeit am höchsten. Meist stellt sich das Heimweh jedoch nicht gleich ein, denn in den ersten paar Tagen ist jeder so fasziniert von den neuen Dingen und

Erlebnissen, daß keine Zeit bleibt, um an zu Hause zu denken. Man ist in der soge- nannten »Honeymoon-Phase«. Doch dann kommt plötzlich das Erwachen, der »Culture Shock«, und mit ihm das Heim- weh. Man denkt an zu Hause, Freunde und Familie und vermißt das Gewohnte, Vertraute oder die Schulter zum An- lehnen. In dieser Phase läßt man sich schnell aus der Bahn werfen und sieht die Dinge nicht mehr durch die rosarote Brille. In einer derartigen Situation ist es auch mal ganz gut, sich abzuschotten oder einzuigeln, um sich im stillen Kämmerlein auszuheulen, Briefe zu schreiben oder zu telefonieren. Aber man sollte aufpassen, daß dieser Zustand nicht chronisch wird und man sich nur noch mehr in sein »Elend« hineinsteigert. Am besten hilft es daher immer noch, mit jemandem darüber zu sprechen. Optimal wäre es, den Gastel- tern sein Leid anvertrauen zu können. Aber auch ein anderes Au-pair, der Be- treuer vor Ort oder Freunde, die man ge- funden hat, sind wichtige Anlaufstel- len. Während am Anfang das Heimweh durchaus ein, zwei Tage oder gar eine Woche anhalten kann, verschwindet es normalerweise im Laufe des Jahres ganz oder reduziert sich auf wenige Tage. Und dann kann es auch eher mit dem linken Fuß verglichen werden, mit dem man ja auch zu Hause gelegentlich aufsteht. Man hat einfach Lust auf gar nichts und auf die Kinder am wenigsten. Viel lieber würde man mit den Freunden zu Hause eine Partie Billard spielen gehen oder bei einer Tasse Kaffee mit alten Freunden über Gott und die Welt klönen. Aber dies sind meist nur einzelne Tage, und es dauert in der Regel nicht lange, bis die Motivation und der Spaß am Au-pair-Job wiederkehrt.

Zwischen »Honeymoon« und »Culture Shock«

1. **Honeymoon-Phase:** Der Aufenthalt beginnt. Man ist im Land angekommen, freut sich und ist ganz aufgeregt. Alles ist toll und positiv, und man hegt hohe Erwartungen – vielleicht auch zu hohe. Diese Phase dauert normalerweise zwischen einer Woche und ein bis zwei Monaten.

2. **Kulturschock:** Nach und nach wird die rosarote Brille abgelegt. Man erkennt, daß viele Dinge doch recht unterschiedlich sind und nicht unbedingt so schön oder bequem wie zu Hause. Nicht alle Erwartungen werden erfüllt. In dieser Phase tendiert man stark dazu, aus einer Mücke einen Elefanten zu machen, kleine Pro-bleme oder Bedenken überzubewerten.

3. Nach dem Hoch und Tief beginnt langsam die **Eingewöhnung**, das heißt, man lebt sich ein und fühlt sich allmählich immer mehr wie zu Hause.

4. Kurz vor der Reise zurück ins Heimatland gibt es einen **Tiefpunkt**, da man die neue Familie, die Kinder, Freunde und die neue, vertraut gewordene Umgebung wieder verlassen muß. Aber wie alle anderen Phasen geht auch diese vorüber.

Sprachprobleme

Sprachprobleme tauchen besonders in den ersten paar Wochen auf (obwohl es natürlich auch einige Sprachgenies geben soll). Doch größer als das Problem,

Kulturschockkurve

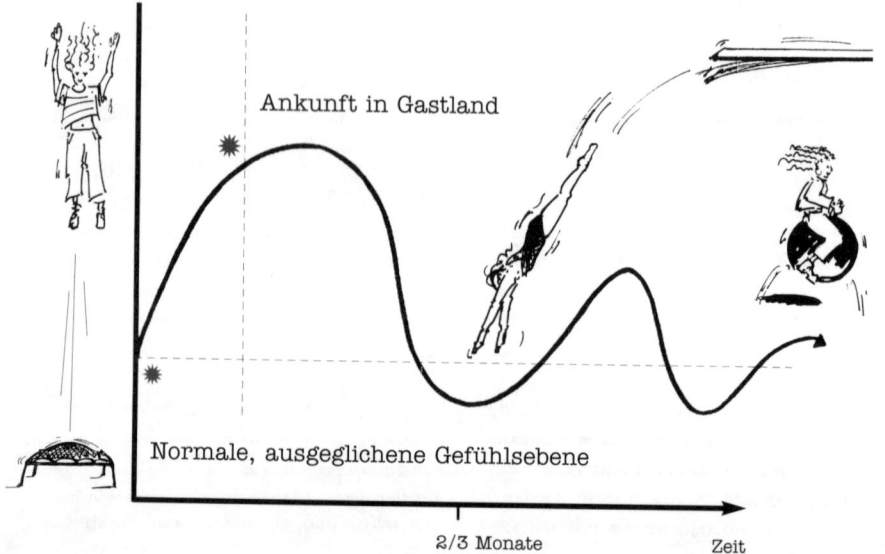

Ankunft in Gastland

Normale, ausgeglichene Gefühlsebene

2/3 Monate   Zeit

anfangs nur über einen geringen Grundwortschatz im Umgangsenglisch verfügen zu können, ist das Problem, die Hemmschwelle zu überwinden. Aus Angst etwas falsch zu sagen, trauen sich viele nicht, geradewegs draufloszusprechen. Doch von dieser Angst sollte sich keiner beeinflussen lassen und minutenlang über Satzkonstellation, Grammatik oder das richtige Wort nachdenken. Dadurch geht viel zu schnell der Anschluß an das Gespräch verloren.

Das Schöne ist, daß jedes Au-pair, auch wenn er vorher glaubte, niemals eine Fremdsprache erlernen zu können und sich mit Grauen an das Vokabelpauken während der Schulzeit erinnert, innerhalb kürzester Zeit soviel lernt, wie in der Schule wahrscheinlich innerhalb eines Jahres. Dadurch, daß während des Auslandsaufenthaltes die Sprache mit Leben gefüllt wird, jede Vokabel einen Bezug bekommt und sofort Erfolgserlebnisse zu verzeichnen sind, bereitet es sogar Freude, Englisch zu lernen.

Sprachlich vorbereiten kann man sich für den Aufenthalt sehr gut durch Kino- oder Fernsehfilme im Originalton. Wer verkabelt ist, sollte sich öfters CNN, NBC oder auch MTV angucken. Hilfreich ist es auch, sich einen englischen Konversationskurs oder -partner (z.B. über eine Anzeige) zu suchen und englische Bücher zu lesen: nicht hochanspruchsvolle Shakespeare-Lektüren, sondern Kinderbücher, wo es vor Redewendungen und Vokabeln, die im wirklichen Leben gebraucht werden, nur so wimmelt.

Seine Gastfamilie sollte man ruhig darauf aufmerksam machen, korrigiert werden zu wollen, wenn man etwas falsch sagt. Ohne Aufforderung würde sie es aus

Höflichkeit sicher nicht tun. Gerade anfangs sollte man immer wieder auf eine Korrektur bestehen. Ansonsten einfach keine Hemmungen vor Fehlern haben, denn »nobody is perfect«. Außerdem finden es die meisten Amerikaner schon außergewöhnlich, wenn jemand eine andere Sprache erlernen möchte und bereit ist, mehrere Monate ins Ausland zu gehen.

Reicht das Taschengeld?

Seit den nunmehr zwei Jahre alten Regelungen erhalten Au-pairs je nach Alter der zu beaufsichtigenden Kinder und der Vermittlungsagentur zwischen 115 US$ und 135 US$. Bei freier Kost und Logis kommt man mit dem Geld normalerweise sehr gut aus. Geht man nicht jedes Wochenende in die Disco oder den Pub, wo ein Getränk vielleicht 20 US$ kostet und der Eintritt teuer ist, so schafft man es normalerweise problemlos, auch noch etwas Geld für Reisen, ein paar neue Kleidungsstücke und andere Kleinigkeiten zurückzulegen.

Wie verhält sich das mit dem Erziehungsstil?

»In jedem Haus weht ein anderer Wind«, das bezieht sich natürlich auch auf den Erziehungsstil. Soll ein Au-pair den Erziehungsstil annehmen? Darf es etwas ändern? Kann ein Au-pair sogar frei walten und schalten? Alles ist möglich!

So unterschiedlich wie die Familien sind, so unterschiedliche Freiheiten haben die Au-pairs auch bei der Erziehung ihrer Pflegekinder. Das beste und wichtigste, was man zur Orientierung am Anfang machen sollte, ist, sich mit der Familie zusammenzusetzen und darüber zu reden. Normalerweise sollten die wichtigsten Regeln gleich zu Anfang klar beredet werden, zum Beispiel ob Süßigkeiten als Belohnung gegeben werden dürfen, wie das mit dem Fernsehen geregelt ist und wieviel Mitsprache und Freiheiten das Kind hat. Schlagen ist übrigens grundsäzlich verboten, ebenso darf das Kind bzw. dürfen die Kinder nie allein und ohne Aufsicht gelassen werden.

Häufig ist der Erziehungsstil in den USA antiautoritärer, als von zu Hause gewohnt, was die Arbeit anfangs natürlich erheblich erschwert. Hat man die Kinder aber erst richtig kennengelernt und sich aneinander gewöhnt, so klappt's schon irgendwie, und man findet einen Weg, mit dem Erziehungsstil klarzukommen.

Die lockere Erziehung in vielen US-Familien rührt häufig von dem schlechten Gewissen der Eltern, weil sie ihre Kinder den ganzen Tag kaum zu Gesicht bekommen. Wenn die Eltern abends zurückkehren, möchten sie den Kindern natürlich nicht alles verbieten, sondern vor dem Zubettgehen noch ein paar schöne Stunden mit ihnen spielen. Weil die Zeit, die die Eltern mit ihren Kindern am Tag verbringen, knapp bemessen ist, kommt es auch oft vor, daß Kleinkinder bis 22 oder 23 Uhr aufbleiben dürfen.

Neben der antiautoritären Erziehung gibt es natürlich auch Familien, die ihre Kinder streng erziehen, während andere wiederum überhaupt keinen Plan haben. Manchmal waren die Gasteltern sogar froh, wenn das Au-pair den Kindern mal zeigte, wo es langging. Jedenfalls ist es als Au-pair sehr wichtig zu wissen, wieweit es bei den Kindern gehen darf. Auch wenn

ein Säugling zu versorgen ist, sollte genau mit den Eltern abgesprochen werden, was und wieviel das Kind bekommt.

Tanzen einem die Kinder zu sehr auf dem Kopf herum, muß das Au-pair kreativ werden, um ihnen im Rahmen des Erlaubten zu zeigen, was Sache ist. Dabei ist es sehr hilfreich, Kinder als kleine Erwachsene zu sehen und sie auch so zu behandeln – oftmals jedenfalls. Man kann gut mit ihnen Kompromisse eingehen, und sie verstehen Erklärungen und Begründungen. Dabei sollte ein Au-pair nicht immer auf die eigene Meinung bestehen, wenn es von der Sache her wirklich nicht notwendig ist, den eigenen Willen gegenüber dem Kind durchzusetzen. Kommt man mit den Kindern überhaupt nicht klar, sollte auf jeden Fall mit den Eltern darüber gesprochen werden.

»Was Kinder uns schon immer sagen wollten«

1. Verwöhne mich nicht immer! Ich weiß sehr wohl, daß ich nicht alles bekommen kann, wonach ich frage: Ich will Dich nur auf die Probe stellen.

2. Sei nicht ängstlich, im Umgang mit mir auch standhaft zu bleiben! Mir ist diese Haltung lieber, weil ich mich dadurch sicher fühle.

3. Hindere mich daran, schlechte Gewohnheiten anzunehmen! Ich muß mich darauf verlassen können, daß Du sie schon in den Ansätzen erkennst.

4. Weise mich nicht im Beisein anderer Leute zurecht, wenn es sich vermeiden läßt!

Ich werde Deinen Worten viel mehr Beachtung schenken, wenn Du zu mir leise unter vier Augen sprichst.

5. Sei nicht fassungslos, wenn ich zu Dir sage: »Ich hasse Dich!«
Ich hasse nicht Dich, sondern Deine Macht, meine Pläne zu durchkreuzen.

6. Bewahre mich nicht vor den Folgen meines Tuns!
Ich muß auch einmal peinliche Erfahrungen machen können.

7. Schenke meinen kleinen Unpäßlichkeiten nicht zuviel Aufmerksamkeit!
Sie verschaffen mir nur manchmal die Zuwendung, die ich benötige.

8. Nörgle nicht!
Wenn Du das tust, schütze ich mich dadurch, daß ich mich taub stelle.

9. Mache keine raschen Versprechungen!
Bedenke, daß ich mich schrecklich im Stich gelassen fühle, wenn Versprechen gebrochen werden.

10. Sei nicht inkonsequent!
Das macht mich völlig unsicher und läßt mich mein Vertrauen zu Dir verlieren.

11. Unterbrich mich nicht, wenn ich Fragen stelle!
Wenn Du das tust, so wirst Du bemerken, daß ich mich nicht mehr an Dich wende, sondern versuche, meine Informationen anderswo zu bekommen.

12. Sage nicht, meine Ängste seien albern!
Sie sind erschreckend echt. Aber Du kannst mich beruhigen, wenn Du versuchst, sie zu begreifen.

13. Versuche nicht immer so zu tun, als seist Du perfekt und unfehlbar!

Der Schock ist für mich immer zu groß, wenn ich herausfinde, daß Du es nicht bist.

14. Denke nicht immer, daß es unter Deiner Würde sei, Dich zu entschuldigen!
Eine ehrliche Entschuldigung weckt in mir das Gefühl der Zuneigung.

15. Vergiß nicht: Ich liebe Experimente!
Ich kann ohne sie nicht groß werden.
Bitte halte aus!

(Quelle: Inschrift am Eingang des Kindergartens zu Brunnthal; zitiert nach Klaus P. Bunke, Stuttgart.)

Ernährung:
Essen im Fast-Food-Land Nr. 1

Ein leidiges Kapitel und zugegebener Maßen auch häufig ein Problem. Mit fünf bis zehn Kilo mehr auf den Rippen nach Hause zu kommen, ist bei vielen Au-pairs keine Seltenheit. USA, das Fast-Food Land Nr. 1, mit Hamburger-, Pizza-, oder anderen »Mampf- Ketten«, mit 24-Stunden Supermärkten, die verlockende Süßigkeiten und Chips in allen Spielarten bieten und noch tausend weitere Figursünden in den Regalen präsentieren. Eine harte Prüfung für die Selbstdisziplin. Aber es besteht durchaus die Möglichkeit, den gesunden Mittelweg zwischen der Entdeckungsreise durch die amerikanische Fast-Food-Kultur und gesunder Ernährung zu nehmen. Bei näherer Betrachtung stößt man meist sogar im selben Supermarkt auf ein abwechslungsreiches Angebot an »richtigen« Nahrungsmitteln. Zudem gibt auch »health food stores« oder »food coops«, vergleichbar mit unseren Bioläden und Reformhäusern, die ernährungsphysiolo-

Hungry?

gisch wertvolle Produkte, zum Teil aus biologischem Anbau, anbieten. Aber auch konventionelle Supermärkte bieten das ganze Jahr über ein vielfältiges, ja gerade überwältigendes Angebot an frischem Obst, Salat und Gemüse, so daß es durchaus möglich ist, den Speiseplan ausgewogen und nicht auf Fast-Food-Grundlage zu gestalten. Die Kunst liegt vielmehr darin, den vielen kleinen Verlockungen nicht zu erliegen, sondern ihnen zu widerstehen. Zwischendurch mal ein Hamburger tut keinem weh, und selbst in den Fast-Food Restaurants gibt es Gerichte, die nicht gleich ins – besser: aufs – Gewicht fallen: Salate, Früchte, Fisch oder Hühnchen.

Was auf dem Speiseplan der amerikanischen Familie steht, ist natürlich von Haus zu Haus unterschiedlich. Reis, Nudeln,

Kartoffeln, Eier zum Frühstück, Steaks, aber auch gute »homemade« Hamburger gehören normalerweise dazu. Bleibt natürlich die Frage, was tun, wenn die Familie ausschließlich von Junk-Food lebt? In diesem Fall bleibt der einzige Weg, mit der Familie darüber zu sprechen. Es empfiehlt sich jedoch, das Thema behutsam anzugehen, damit sich die Gastfamilie nicht beleidigt fühlt, denn es sind schließlich ihre Eßgewohnheiten. Man könnte sich zum Beispiel bereit erklären, für die ganze Familie mal etwas zu kochen. Aber nicht den Kopf hängen lassen, wenn die Kinder nicht zugreifen wollen. Sie sind außerordentlich wählerisch.

Salat, Obst, Gemüse, Reis und Kartoffeln sind Lebensmittel, die sicher auch irgendwie in das Ernährungskonzept der

Familie hineinpassen, und einem selber helfen, Maß zu halten. Zudem bleibt für alle Diabetiker, Vegetarier oder Junk-Food-Verächter die Möglichkeit, ein Mitspracherecht beim Erstellen der Einkaufsliste geltend zu machen.

Wann was gegessen wird, ist in den USA etwas anders geregelt als bei uns: Morgens gibt es in der Regel Eier (»scrambled« = Rührei,»cooked« oder Spiegelei in den Varianten »sunny side up or down«), »cereals« (Müsli bzw. Kellogs & Co), gebratenen Schinken,»pancakes« (nicht zu vergleichen mit unseren). Mittags wird nicht warm gegessen, also nicht gekocht, dafür kommen Sandwiches, Salate oder auch Suppen auf den Tisch. Abends ist dann normalerweise die Zeit für eine gemeinsame, warme Mahlzeit.

(Haushalts-)Pflichten

Offizielle Au-pair-Aufenthalte in den USA beinhalten vornehmlich die Betreuung und Pflege der Kinder. Haushaltpflichten sind zwar auch zu übernehmen, aber alles in Maßen und einem Rahmen, der nicht in tägliche mehrstündige körperliche Hausarbeit ausartet. Das heißt, daß stundenlanges Fensterputzen, Wischen, Waschen, Saugen nicht zu den Aufgaben gehören. Die Familien wissen aber auch, daß ihr Au-pair hauptsächlich für die Kinderbetreuung zuständig ist und beschäftigen daher oftmals eine Putzfrau, die das Haus auf Vordermann bringt.

Das Beste und Einfachste ist es, sich gleich an den ersten Abenden mit der Familie zusammenzusetzen, um abzuklären (und vielleicht sogar schriftlich festzuhalten), was zu den jeweiligen Aufgaben gehört. Die Au-pair-Pflichten schließen in

der Regel alle Arbeiten rund ums Kind ein: das Waschen der Kinderwäsche, das Aufräumen des Kinderzimmers, mit den Kindern spielen, sie zu unterhalten, vom Kindergarten abzuholen bzw. hinzufahren, sie zu versorgen etc. Aber auch leichte Hausarbeit wird eventuell erwartet, z.b. kurzes Durchsaugen, Ab- und Aufdecken des Tisches, Ein- oder Ausräumen der Spülmaschine – kurz gesagt kleine Haushaltspflichten, die man zu Hause (normalerweise) auch erledigen würde. Schließlich ist man ja auch als Au-pair ein Familienmitglied.

Ein Au-pair sollte aber auch gelegentlich bereit sein, mehr zu machen, als vorgeschrieben oder vereinbart worden ist, wenn beispielsweise Not am Mann ist. Es kann immer mal passieren, daß abends plötzlich ein Anruf kommt und einem die Gasteltern mitteilen, daß sie aus beruflichen Gründen erst viel später nach Hause kommen. Da die Kinder natürlich nicht alleine bleiben können, muß das Au-pair dann halt seine Termine absagen und zu Hause bleiben. Aber das »Opfer« wird sicher auch belohnt und erhält einen Ausgleich. Optimal ist es, wenn alles Hand in Hand läuft.

Sicher sind die Pflichten von Familie zu Familie unterschiedlich geregelt und aufgeteilt, aber als billige Hausangestellte braucht sich kein Au-pair ausnutzen lassen.

Die Arbeitszeit von 45 Stunden pro Woche ist auf 5 1/2 Tage in der Woche aufgeteilt, so daß man rund acht Stunden täglich mit den Kindern verbringt. Oftmals gibt es aber Freiräume während des Tages, zum Beispiel, wenn die Kinder Mittagsschlaf halten oder nachmittags einen Kurs besuchen. In der Zeit hat das

Auf den zweiten Blick

Olestra und Z-Trim

Erst 1996 kamen mit *Olestra* und *Z-Trim* zwei Fettersatzstoffe auf den Markt. Ersteres sind übergroße, übersättigte Fettmoleküle, die unverdaut gerade wieder ausgeschieden werden und z.B. bei der Chips- (Max Chips) und Kräckerherstellung Eingang in die Rezepturen finden. Letzteres ist ein Auszug aus diversen Getreidesorten und Sojabohnen, der mit Wasser gemischt eine fettähnliche Substanz ergibt, ohne ein echtes Fettmolekül zu enthalten. Cedar Rapids, Standort der Olestra-Fabrik des Chemieriesen Procter and Gamble, hierzulande bekannt durch diverse Waschmittel (Weißer Riese), hat sich wegen der anscheinend vorhandenen Nebenwirkungen den sympathischen Namen »capital of diarrhea« eingehandelt.

Den Angaben des Herstellers zufolge, kann Z-Trim in allen Lebensmitteln zur Verringerung des Fettgehalts Einsatz finden – vom Hamburger über Käse und Schinken bis zur Süßigkeit. Die meisten Käsesorten enthalten pro Scheibe 70 bis 80 Kalorien. Mit dem Fettersatz ließen sie sich auf 22 Kalorien kürzen.

Trotzdem: über 40 % der Amis sind trotz aller »health food«, »low fat food«, »diet food« u.ä. übergewichtig, und zwar bei steigender Tendenz. Bei uns betrifft das 25 %. der Bevölkerung. Wenn das Fett aus dem Hamburger spritzt, dann schmeckt der Fast-Food-Weichling seinen Freunden erst richtig gut. Die Amerikaner fordern zwar bei allen Umfragen ihren Hamburger als »Light«-Fassung, doch in der Schnellklopserei bestellen sie lieber fettige Frikadellen. Trotzdem hat McDonalds kürzlich eine fettreduzierte Spielart mit 9 % Fettanteil auf den Markt gebracht. Das Rezept ist kein Geheimnis mehr: Fett wird durch Wasser ersetzt, mit Seetang gebunden und mit künstlichen Aromastoffen gewürzt. Teures Wasser!

Au-pair natürlich auch weiterhin die Aufsichts- und Anwesenheitspflicht, aber auch ein bißchen Zeit, um beispielsweise Briefe zu schreiben, zu lesen oder sich zu entspannen. Die Kinder dürfen aber in der Arbeitszeit nie alleine gelassen werden! Hier noch mal ein typischer Tagesablauf eines Au-pairs:

A Typical Day in the Life of an Au-pair
(This example describes a family in which both parents work and there are only two children at home)

7.00 a.m. Mother leaves for work
7.30 a.m. The day begins for the Au-pair
8.00 a.m. Father leaves for work. Get breakfast for the four year old and get him dressed and ready for nursery school. Feed and change the baby. Drive to nursery school.
9.00 a.m. Return home. Bathe the baby and put her back to sleep. Make the beds. Tidy and clean up. Light household chores as necessary.
12.00 noon Collect the four year old from nursery school.
12.30 p.m. Lunch.
1.00 p.m. Take the children out for a walk, e.g., to the park or shopping.
2.00 p.m. Nap time.
4.00 p.m. Surprise the children during play/activities.
5.00 p.m. Mother returns home from work. Prepare baby's dinner.
5.30 p.m. Help feed the children and talk to mother.
6.00 p.m. Set table and generally spend time with parents.
7.00 p.m. Dinner
7.30 p.m. Clean dishes.

(Quelle: AIFS)

Rund ums Auto(-fahren)

Au-pairs in den USA benötigen einen internationalen PKW-Führerschein, was nicht zum Vorteil der Gasteltern, sondern auch zum eigene ist. Ein Großteil der Au-pair-Familien wohnt außerhalb der Stadtzentren in den sogenannten »suburbs«, den Stadtrandgebieten. Das öffentliche Verkehrsnetz ist zwar in den meisten Großstadtzentren wie in New York, Washington oder San Francisco gut ausgebaut, jedoch reichen die Bus- oder Bahnverbindungen in den wenigsten Fällen bis in die Stadtrandgebiete. Das Auto wird somit zu einem wichtigen und oftmals unerläßlichen Verkehrsmittel. Bei den Distanzen und fehlenden Fahrradwegen ist auch der Drahtesel keine Lösung.

Zudem gehört auch das Chauffieren der Kinder bei den meisten Familien zu den Aufgaben des Au-pairs. Fahrten zum Kindergarten, zur Schule, zu den Freunden oder den Sport- und Freizeitveranstaltungen stehen auf der Tagesordnung. Unabhängig davon benötigt man häufig auch selbst das Auto, um beispielsweise zu den Kursen zu kommen, Kontakte zu Freunden, anderen Au-pairs zu pflegen und seine Freizeit flexibel gestalten zu können. Daß das Auto auch privat genutzt werden darf, ist allerdings keine Selbstverständlichkeit. Manche Familien stellen ihrem Au-pair ein eigenes Auto vor die Tür, aber meist ist es eine Sache der Absprache, wann und inwieweit das Auto für eigene Zwecke genutzt werden darf und wie das mit dem Benzingeld geregelt ist. Die meisten Familien sind aber kooperativ und stellen dem Au-pair das Auto auch privat zur Verfügung. Der internationale Führerschein wird in der Regel beim örtlichen Straßenverkehrsamt gegen eine Bearbeitungsgebühr ausgestellt. Es handelt sich dabei um eine reine Umschreibung. Einzelheiten darüber, welche Unterlagen mitzubringen sind und wie hoch die Bearbeitungsgebühr ist, sind am besten beim zuständigen Straßenverkehrsamt in Erfahrung zu bringen.

Mit dem internationalen Führerschein darf man in zahlreichen Staaten der USA ein Jahr lang Auto fahren. Manche Aupairs müssen jedoch in den USA zusätzlich einen amerikanischen Führerschein machen, entweder weil es die Familie möchte, aus versicherungstechnischen Gründen oder weil es die Gesetzgebung des Bundesstaates so vorschreibt. Die Prüfung ist normalerweise nicht so schwer, und die Familie oder Betreuerin helfen sicher gerne bei der nötigen Vorbereitung.

☞ Um sich mit amerikanischen Straßenverhältnissen vertraut zu machen, ist es hilfreich, während der ersten paar Fahrten die Gastmutter oder den Gastvater als Kopiloten dabei zu haben. Dies gibt einem nicht nur selbst mehr Sicherheit, sondern beruhigt auch die Gasteltern. Wenn sie sehen, daß ihr Au-pair sicher und vorsichtig fährt, schafft das viel Vertrauen. Zudem ist es ratsam, sich vor der ersten Fahrt zu vergewissern, daß einen die Gasteltern auch bei der Autoversicherung als Fahrerin gemeldet haben. Diesbezüglich kann es nicht schaden, ohne die Gasteltern gleich in Panik zu versetzen, darüber zu reden, wer bei einem Unfall welche Kosten tragen würde. Normalerweise kann ein Au-pair bei Autounfällen bis zu einer gewissen Schadenssumme belangt werden, da die

Familie meist eine Teilkaskoversicherung abgeschlossen hat oder nach einem Versicherungsfall auch wieder die Versicherungsprämie steigt.

Weiterbildung, Urlaub, Reisen

Selbst bei einer wöchentlichen Arbeitszeit von 45 Stunden pro Woche spielen Weiterbildung, Urlaub und Reisen eine große Rolle während des Au-pair-Aufenthaltes. Es gelten sogar konkrete Regelungen dafür.

Weiterbildungsveranstaltungen: Der Erhalt des Visums ist mit der Auflage der US-Regierung verbunden, daß jedes Aupair mehrere Stunden pro Woche einen Weiterbildungskurs zu besuchen hat. Von der Familie erhält es dafür einmalig einen Zuschuß von 500 Dollar. Welcher Kurs in welcher Bildungseinrichtung besucht wird, liegt in der Entscheidung des Au-pairs. Da man mit der Kopie des Abiturzeugnisses auch College oder Universität besuchen kann, haben manche Au-pairs die Gelegenheit genutzt und in das künftige Studienfach hineingeschnuppert. Andere wählten einen Fachbereich, den sie schon immer mal kennenlernen wollten. Allerdings sind die Studiengebühren an der Universität und dem College sehr hoch. Daneben besteht die Möglichkeit, Kurse in anderen Lehreinrichtungen zu besuchen, zum Beispiel in »Community Colleges«, vergleichbar mit unseren Volkshochschulen. Die Betreuerin und andere Au-pairs sind in den USA nützliche Quellen, um mehr über die vielfältigen Weiterbildungmöglichkeiten in der Umgebung zu erfahren. Bei der zeitlichen Planung der Kurse ist es jedoch unbedingt erforderlich, die Familie einzubeziehen. Gemeinsam sollte abgeklärt werden, welcher Kurstermin für alle am günstigsten liegt.

Urlaub und Freizeit: Auch Urlaubstage und freie Zeit sind vertraglich geregelt. In den zwölf Monaten stehen einem Au-pair vierzehn Tage bezahlter Urlaub zur Verfügung. In der Woche sind mindestens eineinhalb zusammenhängende Tage frei, sowie monatlich mindestens ein langes Wochenende, von freitagabends bis montagmorgens.

Durch diese Regelung bleibt normalerweise genügend Zeit, um bereits während des Jahres reisen und andere Städte und Regionen in den USA kennenlernen zu können. Selbst längere Wochenenden eignen sich bestens für kurze Entdeckungsreisen mit anderen Au-pairs und Freunden. Ein Auto ist mitunter schnell organisiert. Zudem bieten viele Busgesellschaften und die AMTRAK-Bahn günstige Städteverbindungen an. Bei der großen Konkurrenz unter den amerikanischen Fluggesellschaften sind auch Flüge oftmals so preiswert, daß es sich bereits lohnt, für zwei Tage in eine andere Stadt zu fliegen.

Ferner lernt ein Au-pair die USA häufig durch die Gastfamilie kennen. Da die Verwandten oder Freunde meist nicht im gleichen Ort oder US-Staat wohnen, bietet die Einladung zu einer Familienfeier nicht nur Gelegenheit, andere Menschen kennenzulernen, sondern auch fremde Städte und Regionen.

Was die Nutzung des vierzehntägigen Urlaubs betrifft, so ist das in den Familien recht unterschiedlich geregelt. Es ist möglich, daß die Familie das Au-pair darum bittet, mit in die Ferien zu fahren. Häufig zahlt dann auch die Familie alle oder einen Großteil der Kosten. Je nachdem, wie oft und lange das Au-pair während des Urlaubs die Kinder betreut, können aber ein paar Tage von dem vierzehntägigen Urlaubsanspruch abgezogen werden. Das heißt, bei einem zweiwöchigen Ferienaufenthalt mit der Gastfamilie kann der Urlaub des Au-pairs zum Beispiel um eine Woche gemindert werden.

Andere Au-pairs bekommen alles bezahlt, müssen kaum arbeiten und behalten ihren vollen Urlaubsanteil. Es kann jedoch auch sein, daß ein Au-pair selbst am Urlaubsdomizil rund um die Uhr arbeiten muß. In diesem Fall wäre es jedoch unfair, dafür freie Urlaubstage abgezogen zu bekommen. In jedem Fall sollte vor dem Urlaub mit der Familie geregelt werden, wie hoch der finanzielle Eigenanteil ist, wieviel Arbeitszeit erwartet wird und wieviel Urlaub abgezogen werden soll.

Manche Au-pairs sind auch gar nicht mit der Gastfamilie und den Kindern in den Urlaub gefahren, sondern haben ihn mit andern Au-pairs oder Freunden, die von zu Hause angereist waren, verbracht. Grundsätzlich sollte sich ein Au-pair aber nicht immer ausschließen, sondern auch mit der Familie verreisen und etwas unternehmen, da es sehr verbindet.

Freunde finden und einladen

Wie schnell jeder Freunde findet, hängt von vielen Faktoren ab und nicht zuletzt von jedem selbst. Prinzipiell steht ein Au-pair jedoch nie alleine da, denn in unmittelbarer Nähe ist immer die Betreuerin erreichbar, die unter anderem Treffen mit den Au-pairs organisiert, die zu ihrem Einzugsgebiet gehören. Spätestens dabei lernt jeder Neuankömmling junge Leute aus verschiedenen Ländern Europas kennen. Zudem hat die Gastfamilie eine Liste mit den Namen, Adressen und Telefonnummern der Au-pairs aus der Umgebung, so daß jeder bereits in den ersten Tagen nach der Ankunft in den USA Kontakt zu ihnen aufnehmen kann. Je nachdem, ob man in der Nähe einer Großstadt lebt oder auf dem Land wohnt, schwankt natürlich die Zahl der Au-pairs – aber allein, ist man nie.

Au-pairs zu treffen, die schon länger vor Ort leben, hat einen großen Vorteil, denn sie können den Neuankömmlingen bereits gute Tips über lokale Freizeitangebote und Pubs geben.

Amerikanische Jugendliche kennenzulernen, ist schon etwas schwieriger, da Au-pairs tagsüber hauptsächlich mit den Kindern beschäftigt sind. Wohnen in der Nachbarschaft keine gleichaltrigen Amerikanerinnen oder Amerikaner, so führt der einfachste Weg, welche kennenzulernen über den Besuch von Kursen am College, an der Universität oder an einer anderen Bildungseinrichtung. Dabei ist jedoch darauf zu achten, einen Kurs zu wählen, der auch von Amerikanern besucht wird. In einem Sprachkurs für Englisch sind fast ausschließlich andere Ausländer anzutreffen. Zudem haben viele Au-pairs durch die Gastfamilie, die Nachbarn, den Sport oder durch ehrenamtliche Arbeit in einer sozialen Einrichtung, zum Beispiel im Kindergarten oder im Krankenhaus, Kontakte zu Einheimischen knüpfen können. Manchmal ergibt sich eine Bekanntschaft auch nur rein zufällig, beispielsweise, wenn man aufgrund des Akzentes angesprochen wird. Es bestehen also durchaus Möglichkeiten, junge Menschen in dem jeweiligen Land, in dem man gerade als Au-pair lebt, kennenzuler-

nen. Von selbst passiert allerdings nichts. Es gilt, die Initiative zu ergreifen, ohne auf einen Au-pair-Exotenbonus zu hoffen. Wer passiv ist, sich einigelt und in sein stilles Kämmerlein zurückzieht, wird Amerika und seine Menschen nie kennenlernen.

Inwieweit Freunde nach Hause eingeladen werden dürfen, ist abhängig von der Familie, und die sollte vorher immer gefragt werden. Normalerweise haben die Gastfamilien aber nichts dagegen, wenn man gelegentlich ein paar Leute einlädt. Nur sollten aus den Treffen keine lauten oder exzessiven Gelage werden.

Wer in den USA einen Freund gefunden hat, gemeint ist ein ganz persönlicher und exklusiver, darf nicht einfach annehmen, daß dieser bei einem übernachten darf. Manche Gastfamilien sind auch dem gegenüber zwar recht aufgeschlossen und verbieten es nicht, andere jedoch haben, meist mit Rücksicht auf die Kinder, etwas dagegen. Viele befürchten auch, daß ein Au-pair mit festem Freund die Arbeit mit den Kindern schleifen lassen könnte. Es handelt sich um ein sehr sensibles Thema, das auf jeden Fall mit der Familie beredet werden sollte. Wichtig ist es, den Gasteltern die Gewißheit zu verschaffen, daß die Arbeit mit den Kindern durch die Beziehung nicht leiden werde. Was die Einladung von Freunden und Verwandten von zu Hause betrifft, sollte nicht wie selbstverständlich davon ausgegangen werden, daß sie im Haus übernachten dürfen. Normalerweise haben die Gastfamilien nichts dagegen, wenn Gäste aus dem Heimatland eingeladen werden. Dennoch sollte man vorher immer fragen und nicht enttäuscht oder sauer sein, wenn die Gastfamilie dann doch »nein« sagt.

Amerikaner und Oberflächlichkeit

Sie existiert tatsächlich, die typisch amerikanische Oberflächlichkeit. Wer jedoch lernt, mit ihr umzugehen wird feststellen, daß sie alles andere als negativ ist. Im Prinzip kommt man eben durch diese Oberflächlichkeit sehr schnell mit Amerikanern ins Gespräch, sei es auf der Straße, beim Einkaufen oder sonst wo. Schnell entsteht eine lockere und unverkrampfte Atmosphäre. Nicht selten wird das Gespräch dann mit irgendwelchen Einladungen, dem Austausch der Telefonnummern und dem Spruch »Yeah, I'll give you a ring« (ich ruf Dich an) beendet. Es ist ihre Art und auch Teil der Höflichkeit, ein solches Angebot zu machen. Wer nun den Fehler macht und tatsächlich auf jeden Anruf wartet, wird wahrscheinlich vor dem Telefon sitzen und Spinnweben ansetzen. Natürlich rufen manche auch an, aber halt nicht alle.

Wer selbst ernsthaft daran interessiert ist, den Menschen, den man gerade getroffen hat, näher kennenzulernen, sollte selbst die Initiative ergreifen und sich bei ihr oder ihm melden. Aber auch dabei kann es passieren, daß sie sich vielleicht nicht mehr an einen erinnert. Don't worry – nicht persönlich nehmen. Andere Länder andere Sitten.

Alkohol & Drogen

Alkohol, sei es Bier, Wein, Sekt oder »härtere« Sachen, erhält man in den USA offiziell erst ab 21 Jahren. In Pubs, Discos und Geschäften muß jeder erst ein Ausweisdokument, meist den Führerschein, vorzeigen, der Alkohol mitnehmen möchte beziehungsweise diesen bestellt hat. Es

ist wichtig zu wissen, daß es strengstens verboten ist, Alkohol in der Öffentlichkeit, also in Parks oder auf der Straße, zu trinken. Daher haben beispielsweise Landstreicher in den US-Filmen ihre Alkoholflaschen immer in Papiertüten verpackt. Zudem darf Alkohol nie auf der Rückbank oder auf dem Beifahrersitz, also im Fahrerraum, mitgeführt werden, sondern muß immer im Kofferraum verstaut werden. Ebenso darf man auch nicht im stehenden Auto seinen Rausch ausschlafen, da selbst dies als Trunkenheit am Steuer geahndet wird.

Manche Gastfamilien sind strikt gegen Alkohol eingestellt und dulden auch keinen im Haus. Andere wiederum sehen das weniger eng und haben auch mal Bier oder Wein im Kühlschrank oder Keller. Was das Trinken von Alkohol im Haus betrifft, sollte man abwarten, ob die Familie einem etwas anbietet. Besonders am Anfang, in der Kennenlernphase ist es ratsam, eher bescheiden zu sein, um bei den Gasteltern keinen schlechten Eindruck zu hinterlassen. Natürlich sollte man es auch später nicht übertreiben.

Alkoholtrinken bei der Kinderbetreuung ist ebenso wie Alkohol am Steuer (die Promillegrenze liegt bei 0,0 %) ein völliges Tabu! Mißachtung führt zu einem Ausschluß vom Programm und zum Rückflug in die Heimat auf eigene Kosten. Dieser Punkt sollte nicht unterschätzt werden, denn der Alkoholmißbrauch würde für die Familie, auch wenn man sich schon länger kennt, einen kaum wiedergutzumachenden Vertrauensbruch bedeuten. Auch allen unter 21 Jahren bieten sich Gelegenheiten, mal ein Bier oder ein Glas Wein zu trinken, zum Beispiel auf privaten Parties. Ferner finden sich Mittel und

Auf den zweiten Blick

Wahre Liebe wartet

Relativ neu, aber voll im Zeitgeist ist diese Kampagne, ursprünglich von Baptisten in Nashville 1993 mit vier Dutzend Teenies ins Leben gerufen. Jugendliche geloben so auf pastellfarbenem Papier Enthaltsamkeit bis zum Eheschluß, und die Mädchen tragen goldene Keuschheitsringe, die sie in der Hochzeitsnacht ihrem Angetrauten als Zeichen der Unberührtheit überreichen wollen. Etwa 200.000 Jungfrauen aus dem ganzen Land pieksten unlängst ihre Schwurkärtchen fein säuberlich in Reih und Glied in den Rasen der Museumsmeile zwischen Kongreß und Weißem Haus. Eine Abordung drang bis zum Präsidenten vor, der den Abstinenzlern Lob spendete. Diese hefteten sich weiße Schleifen an die Hemdbrust und tanzten zu Tausenden befreit vom Gruppendruck ihrer kondombewehrten Mitschüler und der Furcht vor Aids im Regen zu christlichem Rock'n'Roll.

Wege, sich etwas älter zu machen – Aupairs, die schon länger in den USA sind, wissen meist, wie das funktioniert.

Wer etwas getrunken hat, sollte keinesfalls mehr fahren, sondern für eine Alternative sorgen: entweder beim Gastgeber schlafen, jemand anderen, der nichts getrunken hat, fahren lassen oder sich, natürlich nur, wenn einem die Familie das angeboten hat, von ihr abholen lassen. Auch in dem Fall ist es ratsam, daß die Familie nicht miterlebt, daß man »dicht« ist.

Vorwiegend in Großstädten finden Unter-Einundzwanzigjährige zwar vereinzelt in Discos oder Pubs Einlaß, ohne jedoch alkoholische Getränke zu bekommen. Was in der Stadt alles los ist und welche Freizeitangebote sich auch für Unter-Einundzwanzigjährige bieten, erfährt man am leichtesten über die Betreuerin und Au-pairs, die schon länger vor Ort wohnen. Sie sind einem gerne dabei behilflich, sich zurechtzufinden.

Was Gebrauch, Besitz oder gar Verkauf von Drogen angeht, bedarf es nur weniger Worte: Don't touch it at all! Wer mit Drogen erwischt wird, fliegt aus dem Programm – und was viel schlimmer wäre – hätte mit einer Anklage zu rechnen und vielleicht auch einem oder mehreren Tagen im Gefängnis. Das kurze Vergnügen eines Joints oder des »drunk driving« sind das Risiko nicht wert.

Umplazierung

Trotz guter Vorbereitung und Auswahl der US-Familien und Au-pairs, kann es vorkommen, daß das Au-pair die Familie wechseln muß. Die Gründe dafür sind recht unterschiedlich. Manchmal liegt es

an der Familie, manchmal am Au-pair oder einfach an beiden. So mag es beispielsweise sein, daß trotz gewissenhafter und sorgfältiger Überprüfung der Familien durch die lokale Betreuerin immer noch schwarze Schafe unter den Familien existieren, die das Au-pair als billige Hausangestellte ausnutzen. Fairerweise ist aber auch anzumerken, daß auch ein Teil der Au-pairs ihre Pflicht, nämlich die Kinderbetreuung, nur als ein notwendiges Übel ansehen und den Aufenthalt zum Urlaub machen wollen.

Meist wird ein Familienwechsel jedoch vorgenommen, weil das Au-pair und ein Elternteil sich nicht verstehen. Es ist ganz normal und menschlich, daß manche Persönlichkeiten keine gemeinsame Wellenlänge haben und keine gemeinsame Kommunikationsbasis aufbauen können. Auch beim Telefonat, das man ja im Vorfeld mit der Familie führt, ist dieses nicht immer zu erkennen.

Zudem kann auch Eifersucht ein Grund sein, warum es zwischen Au-pair und Gastvater oder -mutter kracht. Eifersucht, weil das Kind vielleicht schon sehr stark auf das Au-pair fixiert ist, Eifersucht, weil der Gastvater mit dem Au-pair flirtet. Was sollte man nun tun, wenn man mit der Familie nicht klarkommt?

Zunächst das Gespräch mit der Familie suchen, denn viele Probleme sind besonders anfangs dadurch hausgemacht, daß nicht miteinander gesprochen und Klarheit geschaffen wurde. So kommt es schnell vor, daß ein Au-pair eine ganz andere Vorstellung beispielsweise über die Regelung des Haushaltes hat, als die Familie. Das Au-pair macht in den Augen der Familie dann vielleicht etwas falsch, das es aus Unwissenheit nicht richtig machen konnte. Besteht keine Möglichkeit, das Problem im Gespräch mit der Familie zu lösen, sollte man sich auf jeden Fall an die lokale Betreuerin wenden. Sie hat nicht nur ein offenes Ohr für die Probleme, sondern hilft auch dabei, sie zu lösen. In der Regel setzt sie sich mit allen Beteiligten zusammen, versucht zu vermitteln und den Konflikt zu schlichten. Ist das nicht möglich, hilft sie dem Au-pair dabei, eine neue Familie zu finden. Der Wechsel geht normalerweise schnell vonstatten.

Wer die Familie wechseln muß, sollte aber nicht gleich in Selbstzweifel verfallen, denn häufig liegt es einfach daran, das die »Chemie« zwischen Familie und Au-pair nicht stimmt. Ehemalige Au-pairs, die die Familie wechseln mußten, haben oftmals darin auch einen positiven Aspekt gesehen, da sie durch diese Erfahrung sehr viel für sich gelernt und auch an Selbstbewußtsein gewonnen haben.

Kann ich in den USA bleiben?

Sorry, keine Chance, es sei denn, man heiratet. Ansonsten besteht keine Möglichkeit, mit dem J-1-Visum länger als 13 Monate in den USA zu bleiben. Es ist auch nicht möglich, gleich ein zweites Mal am Programm teilzunehmen, da auch andere Au-pair-Aspirantinnen eine Chance haben sollen.

Wie ist das, wenn ich nach dem Jahr eine Ausbildung beginnen oder studieren möchte?

Wer direkt nach dem Abitur in die USA fahren und später eine Ausbildung in Angriff nehmen möchte, muß seine Bewerbungsaktion genau planen, um zu vermeiden, ein Jahr nach dem USA-Aufenthalt überbrücken zu müssen.

Der Ausbildungsbeginn liegt in der Regel im September. Das Abitur ist normalerweise im Mai/ Juni beendet. Wer direkt nach dem Schulabschluß in die USA reist, kommt im Mai/Juni des nächsten Jahres zurück, das heißt aber, daß die Bewerbungsfristen für die Ausbildungsstellen schon verstrichen sind. Daher sollte man versuchen, sich bereits vor der Ausreise zu bewerben oder entsprechende Verbindungen zu knüpfen, um aus den USA eine Bewerbung an den richtigen Ansprechpartner zu schicken. Je nachdem, wie wichtig einem die Ausbildungsstelle ist, sollte in der Bewerbung vermerkt sein, daß man gerne bereit sei, für ein Vorstellungsgespräch nach Hause zu fliegen. Bewirbt man sich bei mehreren Unternehmen, ist es vorteilhaft, die Gespräche mit den unterschiedlichen Firmen so abzustimmen, daß man sie alle in die Woche verlegt, in der man zu Hause ist. Manche Firmen lassen sich auf solche Aktionen ein; manchen imponiert es, manchen auch nicht. Daher kann es trotz aller Bemühungen vorkommen, daß man keinen Erfolg hat und die Ausbildungsstelle nicht erhält. Trotzdem wäre das kein Grund, den Kopf hängenzulassen oder in den Sand zu stecken, denn es besteht noch die Möglichkeit sich nach der Rückkehr als Seiteneinsteiger zu bewerben. Oftmals sagen Auszubildende ihre Stelle kurzfristig ab oder merken nach ein paar Wochen, daß es doch nicht die erträumte Tätigkeit ist. So werden häufig auch zu unüblichen Zeiten Ausbildungsstellen frei. Die Firmen suchen dann sehr kurzfristig Auszubildende. Eine Chance

Auf den zweiten Blick

Apropos Kaffee: Wiener Melange oder Gold Coast Latte?
Neuerdings wird Kaffee nach europäischer Art schick, so daß exquisite Coffeeshops gute Geschäfte verzeichnen. Angefangen hatte alles an der Westküste in Seattle. Dort eröffnete *Starbucks* – benannt nach dem kaffeeliebenden ersten Maat in Melvilles »Moby Dick« 1971 seine erste Espressobar und stieß dabei auf ideale Bedingungen: Seattle ist die regenreichste Stadt des Landes, die Leute sind wenig hektisch und verbringen die grauen, nassen Stunden gerne beim Kaffee.

Zwar waren die Amis schon immer begeisterte Kaffeetrinker, doch war Kaffee nicht Genußmittel, sondern allgegenwärtiger Begleiter im Büro oder beim Autofahren, den es zudem nur auf zweierlei Art gab: mit und ohne Koffein. Zu zahlen braucht man in Lokalen normalerweise nur die erste Tasse Kaffee, dann kommen die grausligen »refills«.

Neu ist nun, daß man »zum Kaffeetrinken« geht. Die Kette verspricht in einem Prospekt die »weltbesten Bohnen bis zur Vollkommenheit geröstet, und bei optimaler Frische von unseren Baristas zubereitet«. Baristas? So heißen in eingeweihten Kreisen die Angestellten, welche die Bohnen zu unvergleichlichen Kaffeekreationen zusammenmischen. Überhaupt sollte man sich in der Fachsprache etwas auskennen, sonst wird belächelt, wer nicht den Unterschied zwischen einem »macchiato« (Espresso mit wenig Milch) und einem »mocaccino« (Espresso mit Milchschaum) kennt. Ja, und wer dann noch den Unterschied zwischen einem Guatemala Antigua, einem Ethopia Sidano weiß ...

für zurückkehrende Au-pairs. Wer im Konflikt ist, ob Ausbildungsstelle oder Aupair-Jahr, sollte in sich gehen und abwägen, was sein Innerstes rät. Wer zuviel Angst hat, Zeit zu verlieren, wäre wahrscheinlich besser bedient, erst die Ausbildung zu machen und dann, wenn man den Absprung findet, ein Jahr »auszusteigen«. Wer erst das Jahr in den USA verbringen möchte, sollte einkalkulieren, die Ausbildung möglicherweise später antreten zu müssen. Bei den Überlegungen ist aber nicht zu vergessen, daß ein Jahr in den USA viel verändern kann, auch die Zukunftspläne. Vielleicht möchte man nach 12 oder 13 Monaten in den USA nicht mehr das erlernen, was man sich noch vorher erträumte. Die Zeit im Ausland kann auch sehr gut zur Orientierung genutzt werden. Es ist beispielsweise möglich, Kurse in dem Bereich zu belegen, in dem man später arbeiten möchte. Zahlreiche Au-pairs haben auch ehrenamtlich in Krankenhäusern, Kindertagesstätten und anderen sozialen Einrichtungen gearbeitet, um Erfahrungen zu sammeln und sich ein Urteil bilden zu können. So hat manchem Au-pair auch erst der Auslandsaufenthalt zu dem Traumjob verholfen, den es ohne diese Erfahrung nie bekommen hätte. Wer ein Studium nach dem USA-Aufenthalt anstrebt, hat es schon wesentlich einfacher. In dem Fall wäre es wichtig, sich rechtzeitig über etwaige Bewerbungsfristen und -formalitäten für das Studium zu erkundigen oder vielleicht sogar schon einmal mit der Fachschaft des Studienfaches zu sprechen. Für die Immatrikulation reicht neben den üblichen Unterlagen häufig eine Vollmacht, die man einem Familienmitglied oder Freund erteilen kann.

Zweiter Erfahrungsbericht

»Das Leben in meiner Gastfamilie lief nicht ohne Regeln ab.«
Erfahrungsbericht mit vielen Informationen von Helga Thomé. Helga lebte für ein Jahr als Au-pair in Natick bei Boston. Sie kümmerte sich um einen zweijährigen Jungen und ein Baby.

»Ein Jahr als Au-pair im Ausland arbeiten« – ein Traum, den ich schon mit vierzehn Jahren hatte. Die Vorstellung, ein Jahr weg von zu Hause zu sein, mal etwas ganz anderes zu erleben und die Englischkenntnisse zu verbessern, spornten mich dazu an, meinen Traum auch zu verwirklichen. Bereits mit siebzehn forderte ich dann Unterlagen bei verschiedenen Aupair-Agenturen an.

Ursprünglich wollte ich nach England. Einige Berichte von Au-pairs, die dort mehr Hausarbeit als Kinderbetreuung leisten mußten, hielten mich jedoch davon ab, mich sofort für England zu bewerben. Eine Klassenkameradin, die als Au-pair nach Amerika gehen wollte, brachte mich dann auf den Gedanken, auch die USA als Zielland in Erwägung zu ziehen. Da ich nicht beabsichtigte, während des Jahres nach Hause zu fliegen, war die große Entfernung kein Hindernis. Nach längerer Überlegung war Amerika ebenso reizvoll für mich wie England. Letztlich ging es mir ja generell um die Erfahrung im Ausland. Und warum dann nicht gleich den ganz großen Sprung wagen?

Ich entschied mich dann für eine Vermittlungsagentur in Bonn. Nach der schriftlichen Bewerbung und dem Vorstellungsgespräch, das übrigens schrecklich verlief, denn ich war so nervös, daß mir die einfachsten Vokabeln nicht mehr

einfielen, erhielt ich trotz aller Befürchtungen eine Zusage. Jetzt mußte nur noch
eine passende Familie gefunden werden.

Leider lief dann doch nicht alles so, wie
ich es mir vorgestellt hatte, da ich meine
Ausbildungszeit um ein halbes Jahr verlängern mußte. Dadurch konnte ich nicht
wie geplant zusammen mit meiner Freundin Inge das große Abenteuer antreten. Es
folgten viele nervenaufreibende Telefonate
mit der Vermittlungsagentur. Man war
wohl der Auffassung, daß ich meine Pläne
ganz aufgegeben hätte und schickte meine
Bewerbungsunterlagen mit Bedauern
zurück. Dieses Hin und Her war sehr
nervtötend, bestärkte mich jedoch gleichzeitig in dem Wunsch, auf jeden Fall nach
Amerika zu gehen. Während sich Inge, die
eine Familie in Boston gefunden hatte,
also auf den Weg in die USA machte, fri-
stete ich weitere sechs Monate voller
Neugier in meiner alten Umgebung.

Acht Wochen vor meinem geplanten
Abreisedatum rief mich dann Inge überraschend an, um mir mitzuteilen, daß sie
eventuell eine Familie in Natick, einem
Vorort von Boston für mich gefunden
hätte. Von dem Moment an war ich nur
noch aufgeregt. Eine Woche vor Weihnachten, ich saß gerade mit meiner
Familie zusammen, erreichte mich ein
weiterer Überraschungsanruf. Die Familie, von der Inge mir erzählt hatte, war
am Telefon. Obwohl der Anruf so plötzlich kam, blieb ich recht gelassen und
sicher. Ich verstand Jane, meine künftige
Gastmutter sehr gut und antwortete, ohne
ständig nach Vokabeln suchen zu müssen.
Es machte richtig Spaß, sich mit ihr zu
unterhalten. Jane erzählte mir von der
Familie, dem Ort in dem sie wohnten und
was sie in ihrer Freizeit machten. Außer-

dem stellte sie mir natürlich viele Fragen,
die mich persönlich und meine Vorstellung von der Au-pair-Tätigkeit betra-
fen. Da ich einen Zettel mit Fragen vorbereitet und in der Nähe des Telefons depo-
niert hatte, klärte ich auch Dinge mit Jane
ab, die mich sehr interessierten. Nach dem
Gespräch mußte ich mich erst einmal setzen und tief durchatmen. Am liebsten
hätte ich sofort meine Koffer gepackt und
mich ins nächste Flugzeug gesetzt.

Nach kurzer Zeit teilte mir die Organisation dann mit, daß sich Jane und ihre
Familie für mich entschieden hätten. Ein
erhebendes Gefühl. Meine Mitmenschen
merkten, daß es ernst wurde und wunder-
ten sich nur, daß ich überhaupt keine
Wehmut verspürte, sondern über-
schwenglichen Freudentaumel. Dieser
Gemütszustand hielt bis zum Abschied am
Flughafen an. Meine Schwester, mein
Bruder und meine Mutter begleiteten
mich nach Frankfurt. Die letzten Minuten
hatte ich dann aber doch einen Kloß im
Hals. Gut, daß meine Schwester noch
Witze machen konnte, sonst wäre mir der
Abschied noch schwerer gefallen. Im
Flugzeug flossen dann die ersten Tränen.
Meine Stimmung schwankte zwischen
Vorfreude und Abschiedsschmerz. Glück-
licherweise war ich nicht das einzige Au-
pair in dem Flieger; denn geteiltes Leid ist
halbes Leid, und schon bald überwog wie-
der die Vorfreude.

Die ersten Tage in New York, Ort des
Vorbereitungsseminars, waren sehr aufregend. Obwohl für den ersten Abend nicht
soviel auf dem Programm stand, vergaß
ich völlig, meine Eltern anzurufen, was
mit Empörung und Unsicherheit aufgenommen wurde. Die Sorgen, die man sich
zu Hause machte, und die Trauer über die

lange Trennung konnte ich nicht nach-empfinden. Ich war stolz, den Schritt ge-wagt zu haben und so damit beschäftigt, die neuen Eindrücke zu verarbeiten, daß ich keine Zeit zum Traurigsein hatte. Mich überkam mehr ein beflügelndes Gefühl. Am zweiten Tag erwartete mich dann auch noch eine tolle Überraschung von meiner Gastfamilie: ein Blumenstrauß mitsamt Willkommensgruß und ein »Freßkorb« als Vorgeschmack auf die ame-rikanischen Lebensmittel.

Das Programm des Einführungsseminars war teilweise jedoch wenig motivierend. Eine der Referentinnen schaffte es, zu jedem Punkt die gräßlichsten Geschichten zu erzählen. Sei es über Krankheiten des Au-pairs, Ärger mit der Familie oder das Leben in einem fremden Land. Es gab aber auch Referentinnen, die es verstanden uns aufzubauen und sinnvoll vorzubereiten. Nach drei Tagen New York fuhren wir dann alle zu unseren Familien und ich wurde sehr nervös.

Mein Gastvater, Chris, holte mich am Bahnhof ab. Er erweckte einen positiven und humorvollen Eindruck. Jane erwarte-te uns zu Hause. Sie begrüßte mich sehr herzlich. Gleich am ersten Abend erfuhr ich dann, daß Jane im dritten Monat schwanger war. Im ersten Moment war ich wirklich sauer. Warum hatte sie mir bei unseren Telefonaten davon nichts erzählt? Als sie mir dann jedoch den Grund für die Verheimlichung nannte, war der Ärger bald verflogen. Am nächsten Morgen lern-te ich dann auch das dritte und für mich wichtigste Familienmitglied, den zwei-jährigen Mason, kennen. Nach einer Weile kritischen Beäugens faßte er ein wenig Vertrauen zu mir und ich las ihm

ein Buch vor. Solange seine Eltern nicht in der Nähe waren, durfte ich auch mit ihm spielen. Waren jedoch Jane oder Chris zu Hause, beachtete mich Mason kaum noch. Generell war er ein eher ruhiges Kind. Sein Verhalten entsprach auch dem anderer Kinder, die ich bis dahin kennengelernt hatte, so daß ich keine Bedenken hegte, mich mit ihm nicht verstehen zu können. Jane hatte die ersten Tage frei, um mir alles zu zeigen. In dem Haus fühlte ich mich pudelwohl. Ein nettes, schnuckeliges Einfamilienhaus, etwas älter, gemütlich und in kein bißchen protzig. Es gab kein Sonntagszimmer, das nicht betreten wer-den durfte, und man mußte nicht ständig Angst haben, irgendetwas dreckig zu machen. Eine ganz normale Familie in einem ganz normalen Haus. Dennoch beschlichen mich dann und wann sehnsüchtige Gedanken an mein Zuhause jenseits des großen Teichs. Ganz schlimm war es, wenn meine Eltern anriefen. Aber ich hatte ja noch Inge. Es war hilfreich, daß jemand da war, der auch die Personen kannte, von denen ich erzählte und mich auffangen konnte, wenn es mir einmal nicht so gut ging. Dadurch wurde mir einiges erleichtert, denn ich mußte mich auch nicht großartig bemühen, um neue Leute kennenzulernen. Ich hatte ja schon eine gute Freundin vor Ort, die mich dann auch noch in ihren neuen Freundeskreis einführte.

Das Leben in meiner Gastfamilie lief nicht ohne Regeln ab. Die meisten be-trafen den Umgang mit Mason und das Auto, das ich mir mit meinem Gastvater teilte. So durfte ich mit dem Auto nicht in die Stadt fahren. Wenn ich am Wochen-ende damit unterwegs war, mußte ich um zwei Uhr nachts zu Hause sein. Das war ja

Zur Vorbereitung ...
Ein privater Vermittler in Hannover schult seine Kandidaten und Kandidatinnen zwei Tage lang für die Unterschiede der scheinbar ähnlichen Lebensweisen diesseits und jenseits des Atlantiks. Die jungen Leute müßten wissen, daß es z.b. verboten sei, fremde Grundstücke zu betreten und US-Bürger bei Zuwiderhandeln keine Skrupel haben, von einer Schußwaffe Gebrauch zu machen. So machte erst vor zwei Jahren ein Fall Schlagzeilen, als sich nämlich ein japanischer Austauschschüler auf einem fremden Grundstück nach einer Adresse erkundigen wollte und vom Hauseigentümer für einen Einbrecher gehalten wurde. Da er die Aufforderung »freeze« (keine Bewegung) nicht verstand und sich näherte, schoß der Grundstücksbesiter – ein Mißverständnis mit tödlichem Ausgang und einem Freispruch als Urteil.

auch in Ordnung. Was ich jedoch nicht begreifen konnte, war die Vorschrift, während der Woche spätestens um Mitternacht zu Hause sein zu müssen. Ich dachte, einen großen Schritt in Richtung Erwachsensein getan zu haben, war alt genug, um mich für einen einjährigen Auslandsaufenthalt zu entscheiden, sollte aber nicht selbst entscheiden dürfen, wie lange ich abends wegbliebe? An Wochentagen wäre ich eh nicht bis zwei Uhr oder länger ausgeblieben, da ich schließlich tagsüber die Verantwortung für ein Kind zu tragen hatte. Mir ging es eigentlich nur um ein, zwei Stunden, die ich an besonde-

ren Tagen, wie Geburtstags- oder Abschiedsfeiern von Au-pairs, gerne länger gehabt hätte. Ich sprach mit Chris und Jane, aber sie hielten an der Regel fest. Leider konnte ich keine Ausnahmen aushandeln.

Nach einem Monat USA-Aufenthalt hatte ich Geburtstag. Es war der schlimmste Geburtstag, den ich je erlebt habe. Ich fühlte mich einsam und verlassen. Inge war mit ihrer Familie weggefahren, also bin ich abends zu einem Au-pair gefahren, das gleichzeitig mit mir angekommen war. Wir wollten in die Stadt gehen. Nachdem ich mich auf dem Weg zu ihr jedoch verfahren hatte, wurde es recht spät. Da ich am nächsten Tag arbeiten mußte, trat die Mitternachtsregel ein, so daß uns noch gerade soviel Zeit blieb, um einen Kaffee in einer Kneipe zu trinken. Ganz schön deprimierend. Zudem stellte ich an diesem Tag fest, daß ich besonders stark Heimweh bekam, wenn ich mit Zuhause telefonierte. Also faßte ich den Entschluß, bis auf Widerruf absolutes Telefonierverbot an die Zurückgebliebenen zu verhängen, worauf die meisten zwar empört reagierten, es aber doch akzeptierten. So konnte ich wenigstens nicht überraschend von Heimweh überfallen werden.

Zwei Monate später war dann tatsächlich das Schlimmste überstanden. Die Stimme am anderen Ende der Leitung trieb keine Tränen mehr in die Augen, und ich konnte ohne Kloß im Hals erzählen. Man durfte mich wieder anrufen. Obwohl ich einigen Ärger mit Chris auszustehen hatte, der ständig die gemeinsame Nutzung des Autos betraf, kam mit dem Sommer die bessere Laune. Ich hatte die Einge-

Auf den zweiten Blick

Selbstlose Einsätze
Sie arbeiten als unbezahlte, freiwillige Helfer in Schulen, in Obdachlosenunterkünften, in Krankenhäusern, Altenheimen und selbst bei der Polizei. Computeringenieure mit einem Zehnstundentag erteilen Schülern Nachhilfe in Mathe, Studenten unterstützen Behinderte bei der Bewegungstherapie, Piloten fliegen Kranke kostenlos in die nächstgelegene Klinik.

Über die Hälfte aller Amerikaner haben im vergangenen Jahr wöchentlich 4,2 Stunden lang ihre Arbeitskraft für unbezahlte Dienste zur Verfügung gestellt. Das sind mehr als jemals zuvor, und täglich gesellen sich neue hinzu. Budgetkürzungen in Gemeinden, Städten und auf Bundesebene haben das von jeher dünne soziale Netz völlig durchlöchert, aber damit auch einen Nachbarschaftsgeist in der Bevölkerung geweckt, den weniger Erfolgreichen durch uneigennützige Dienste unter die Arme zu greifen.

»Ich bin der Meinung, daß in Notzeiten jeder gesellschaftliche Verantwortung beweisen mu«ß, meint die Bankangestellte Voncille Smith, die in ihrer Freizeit junge Frauen bei der Arbeitssuche unterstützt und ihnen über den sinnvollem Umgang mit ihrem Geld Ratschläge erteilt. Robert de la Campa trägt eine Uniform, führt eine Waffe und fährt einen Streifenwagen. Nichts unterscheidet ihn nach außen von anderen Polizisten; nur erhält er für seine 40 Dienststunden monatlich keine Entlohnung. Als Reservepolizist in einer kalifornischen Kleinstadt kann er sogar Leute festnehmen und Ermittlungen anstellen. In 200 Stunden hat man ihn für seinen Posten ausgebildet.

Wegen zunehmender Budgetkürzungen sehen sich viele gemeinnützige, aber auch staatliche und städtische Stellen gezwungen, ihre freiwilligen Helfer auch für verantwortungsvolle Aufgaben anzulernen.

Manche erhoffen sich durch ihre freiwilligen Dienste Vorteile bei der Arbeitssuche oder zusätzliche Qualifikationen bei einem Stellenwechsel. Die meisten wollen sich jedoch nur nützlich machen und finden Erfüllung in ihrer Tätigkeit, oft mehr als in ihrem eigentlichen Beruf. Sie sprechen von einem Gefühl des Ausgefülltseins, von mehr innerer Ruhe, mehr Energie und einem erhöhten Selbstbewußtsein. Es sind die Ärmsten und die Reichsten in der Bevölkerung, welche die größte Hilfsbereitschaft unter Beweis stellen. Der größte Zuwachs war jedoch bei Angestellten mit mindestens einem Achstundentag und Jugendlichen zu vermelden. Neunhundert Unternehmen weisen mittlerweile in internen Rundschreiben ihre Arbeitnehmer auf Möglichkeiten hin, bei Hilfsprojekten für die Gemeinschaft aktiv zu werden. Manche gewähren wöchentlich dafür sogar zwei bezahlte Freistunden. Lehrer streichen im Sozialkundeunterricht das »Learning by Doing« hervor und führen im Rahmen des Unterrichts gemeinnützige Projekte durch. Die Zahl der freiwilligen Helfer unter den Zwölf- bis Achtzehnjährigen ist binnen zweier Jahre von 7,7 Millonen auf 12,4 Millonen gestiegen.

Das Konzept des freiwilligen Dienstes an der Allgemeinheit wird seit der Reagan-Bush-Ära vom Schulalter an gefördert. Ein echter Amerikaner verläßt sich nicht auf staatliche Sozialleistungen, sondern hilft sich selbst und seinen Nachbarn, lautete die Devise. Damit sollen die riesigen Kürzungen ausgeglichen werden. Heute können viele der elementaren sozialen Leistungen ohne Hilfe Freiwilliger einfach nicht mehr aufrechterhalten werden.

Diese Hilfsbereitschaft knüpft natürlich an die Tradition der Nachbarschaftshilfe aus den Pioniertagen an. Schon seit jeher fanden sich in den Lebensläufen amerikanischer Schüler Einsätze für gemeinnützige Zwecke, die »neighbourhood« oder die »community«. Letzlich steckt sicher auch eine gute Portion des »protestantischen Geistes« dahinter, der wie in Großbritannien die Armen, Opfer des Wirtschaftssystems, einerseits gnadenlos wegen »Faulheit« und Bettelei ins Armenhaus steckte – was die Katholiken nicht taten – oder in die Kolonien expedierte, andererseits aber auch immer Almosen, Sammel- und Spendenaktionen »für gute Zwecke« auf die Beine stellte. Die »guten Werke« dienten natürlich auch immer der Beruhigung des schlechten Gewissens des Bürgertums und verhießen, auf der Himmelsleiter eine Stufe höher geklommen zu sein.

Insgesamt scheint es sich um eine zweischneidige Sache zu handeln. Die Motive in Ehren, aber zumindest hierzulande würden vieler dieser ehrenamtlichen Helfer wohl als Jobkiller betrachtet werden. Wo Volontäre kostenlos einspringen, brauchen eben keine Leute eingestellt zu werden. Es fehlt der gesellschaftliche Druck, Dinge auf politischer, wirtschaftlicher und sozialer Ebene grundlegend und dauerhaft zu ändern. Das ginge letztlich nur über Steuererhöhungen, was in den Vereinigten Staaten zur Zeit keine Partei bei Wahlen überleben würde. Die Mentalität ist einfach anders.

Für Hinweise, die wir in der nächsten Auflage verwerten, bedanken wir uns mit einem Buch aus unserem Programm.

wöhnungsphase überstanden. Alle zwei Wochen fand ein Treffen bei unserer Betreuerin Joan statt, eine gute Gelegenheit, andere Au-pairs kennenzulernen. Der amerikanische Vermittler bot viele gemeinsame Unternehmungen an, wie Kurzreisen nach New Orleans oder auf die Bermudas, Theaterbesuche, Führungen in Boston oder ein Baseballspiel gegen eine andere Gruppe in Boston.

In meiner Freizeit ging ich viel ins Kino, in Museen, schaute mir Basketball-, Baseball- und Eishockeyspiele an. Kurz gesagt: ich unternahm all die Dinge, die ich auch zu Hause unternommen hätte. Gerade diese alltäglichen Aktionen vermitteln ein heimatliches Gefühl und sind daher ganz besonders wichtig.

Da meine Freundin Inge und ein Großteil meines Bekanntenkreises ja ein halbes Jahr vor mir angekommen waren, verließen sie Boston auch ein halbes Jahr vor mir. Am liebsten hätte auch ich meine Koffer gepackt und wäre mit nach Hause geflogen. Es war natürlich schwierig, mehr oder weniger, alleine zurückzubleiben. Ich mußte nun, was andere Au-pairs normalerweise gleich zu Beginn ihres Aufenthaltes machen, mir einen eigenen und neuen Freundeskreis aufbauen. Im Nachhinein eine wichtige Erfahrung, denn eigentlich begann erst damit meine Selbständigkeit.

Zu diesem Zeitpunkt wurde auch Peter geboren. Ungefähr einen Monat vor und eineinhalb Monate nach der Geburt war Jane ständig zu Hause. Da sie häufig Besuch von ihrer Mutter und von Freunden bekam, hatte ich weitaus mehr Freizeit. So konnte ich oft kurzfristig zum Schwimmen an einen nahegelegenen See gehen oder auch einfach nur Freunde besuchen. Zuerst hatte ich Bedenken, daß sich Janes Anwesenheit abträglich auf das Verhalten zu Mason auswirken werde, aber es ging besser, als erwartet. Dies lag auch daran, daß ich zu Jane ein sehr freundschaftliches Verhältnis hatte, während das zu Chris eher distanzierter war.

Zwei Kinder zu betreuen, bedurfte schon einer kleinen Umgewöhnung, aber ich konnte mich langsam zusammen mit Jane herantasten. Wegen der Babypause konnten wir häufiger zu viert was unternehmen. Es war eine sehr lustige und schöne Zeit, die ich nicht missen möchte, letztlich fand ich es aber auch wieder angenehm, alleine mit den Kindern zu sein. Ich ging mit den Kindern unbeschwerter um, wenn Jane nicht da war, zumal Mason dann auch keine Möglichkeit hatte, zu seiner Mutter zu laufen, wenn ihm etwas nicht paßte. Jane und Chris meinten, daß es mit zwei Kindern notwendig sei, mir ständig ein Auto zur Verfügung zu stellen. Also kaufte Chris sich einen neuen Wagen, und ich hatte endlich ein Auto für mich alleine – ein Luxus, den ich sehr zu schätzen wußte. Von da an hatte ich auch weitaus weniger Probleme mit Chris.

Im November, rund zwei Monate vor meiner Rückreise, überkam mich erstmalig Abschiedsstimmung. Die ersten Schritte nach der Suche eines neues Aupairs wurden eingeleitet. Die Tatsache, austauschbar zu sein, war doch etwas schmerzhaft, aber das ist nun einmal das Schicksal eines jeden Au-pairs. Weihnachten nahte. Meine Familie verbrachte die Feiertage bei Verwandten und lud mich ein, mitzufahren. Die Vorstellung, einmal Weihnachten ohne Familienstreß zu feiern, war jedoch verlockender, so daß ich lieber alleine in Natick blieb. Am 24. Dezember wurde ich von den Gasteltern einer Freundin zum Essen eingeladen. Wir verbrachten einen ruhigen gemütlichen Abend zu Hause. Am nächsten Tag genoß ich die Ruhe und das Alleinsein im Haus. Für den Abend hatte ich mit zwei Freundinnen ein Weihnachtsessen geplant. Später wurde unser Haus – mit Einverständnis von Chris und Jane – zum Treffpunkt für streßgeplagte Au-pairs zum Spielespielen, Musikhören, Filmeansehen. Diese ungezwungene Art, Weihnachten zu feiern, gefiel uns besser als mit den Familien zusammenzusein. Den Jahreswechsel erlebte ich mit Freundinnen in New Hampshire. Wir hatten das verlängerte Wochenende zum Skilaufen genutzt. Die Tatsache, daß wir bald auseinandergehen würden, betrübte uns doch sehr. Es ist ja nicht nur die Gastfamilie, die man verläßt, sondern es sind schließlich auch die neuen Freunde.

Mitte Januar war meine »Arbeit« erledigt. Vor meinem dreiwöchigen Urlaub lernte ich dann noch Britta, meine Nachfolgerin kennen. Schweren Herzens räumte ich mein Zimmer und richtete mir ein vorübergehendes Lager im Wohnzimmer ein. Mason begriff nicht, warum alle meine Sachen aus dem Zimmer verschwunden waren, wo all die Bilder von der Wand versteckt wurden, die er so gerne anguckte. Man merkte, daß ihm das nicht ganz geheuer vorkam. Nachdem wir ihm erzählt hatten, daß ich die nächsten drei Wochen in den Urlaub fahren und dann schon bald Amerika verlassen würde, strafte er mich mit Nichtachtung. Eine schwere Zeit, schließlich hatte ich ihn und

Peter ganz schön ins Herz geschlossen. Peter war zu der Zeit erst ein halbes Jahr alt und begriff noch nicht, was vorging.

Der Urlaub verging rasend schnell, obwohl meine Stimmung zwischen der Vorfreude auf zu Hause und dem unerträgliche Gedanken, wieder in das alte Leben zurückzukehren und alles Liebgewonnene zu verlassen, geprägt war. Die letzten zwei Tage in den Staaten verbrachte ich noch in Natick. Erst hatte ich große Angst davor, daß Mason nach wie vor nicht mit mir sprechen würde, was aber nicht zutraf. Die ersten zehn Minuten grinste er mich nur an, um mir anschließend all seine Neuigkeiten zu erzählen. Die kurze Zeit in Natick kam mir vor wie Minuten. Jane hatte für den letzten Abend eine Abschiedsparty geplant. Auch wenn die Feier schön war, waren die letzten Stunden irgendwie grausam.

Von Jane und Chris verabschiedete ich mich am nächsten Morgen. Jane glaubte es nicht ertragen zu können, mich zum Flughafen zu bringen, also ging sie ihrer gewohnten Tätigkeit nach und fuhr zur Arbeit. Selbst der Abschied von Chris fiel mir ein wenig schwer. Die letzte Zeit hatten wir uns doch einigermaßen gut verstanden. Britta brachte mich zum Shuttle-Bus. Die Kinder waren natürlich auch dabei. Mason spürte meine Trauer über den Abschied und kuschelte sich tröstend an mich. Der Gedanke, mich von »meinen« Kindern, um die ich mich zwölf Monate tagein tagaus gekümmert hatte, mit denen ich Krankheiten durchgestanden hatte, mit denen ich sehr viel Spaß hatte, jetzt einfach trennen zu müssen, fand ich unerträglich. Die erste große Sehnsucht nach ihnen überfiel mich bereits, bevor ich sie verlassen hatte. Ich wollte nicht nach Hause. Kurz vor Frankfurt erfuhren wir dann, daß wir wegen schlechten Wetters die nächste Zeit nicht landen könnten. In den zwei Stunden, in denen wir über der Mainmetropole kreisten, durchlief ich wieder ein Wechselbad der Gefühle: dem Wunsch, zurückfliegen zu wollen, und der Vorfreude auf ein Wiedersehen mit der Familie und den Freunden. Nach der Landung trödelte ich extrem lange mit einem anderen Au-pair herum, bis wir es endlich wagten, diesen unumkehrlichen Schritt nach draußen zu wagen. Wir wurden voller Anspannung erwartet. Irgendwie war es dann doch toll, meinen Bruder, meine Freundin und meine Mutter wiederzusehen. Nachmittags versammelte sich meine Großfamilie um mich herum. Es mag komisch klingen, aber ich hatte das Gefühl, mich nicht mehr mit meinen kleinen Neffen und meiner Nichte auf!! deutsch unterhalten zu können. Zu ihnen redete ich kaum ein Wort. Nach mehreren Stunden Trubel mußte ich mich erstmal hinlegen. Nach einem tiefen Schlaf wachte ich plötzlich auf und wußte im ersten Moment nicht, wo ich war. Mit meinen halb geschlossenen Augen sah ich jemanden an der Tür stehen, erkennen konnte ich niemanden. Eine ziemlich verwirrende Situation. Als dann diese Person mit mir sprach, erkundigte ich mich auf englisch nach Pia und Heidi, mit denen ich meinen Urlaub verbracht hatte. Der Mann entpuppte sich letztlich als mein Vater und diese merkwürdige Umgebung als mein Zuhause.

Es brauchte noch einige Zeit, bis ich mich wieder eingewöhnt hatte. Von Beginn an glaubte ich jedoch, wieder in den alten Strukturen gefangen zu sein. Ich konnte zwar den Leuten erzählen, was ich erlebt hatte, aber so vermitteln, so daß sie es mitempfinden konnten, war unmöglich. Schon bald nach meiner Rückkehr zog ich von zu Hause aus, arbeitete als Serviererin, da ich mir über meine Zukunft noch nicht im Klaren war. Ständig war ich unterwegs und wurde von dem Gedanken verfolgt, festzustecken. Aber auch das änderte sich mit der Zeit und ich lebte mich wieder ein.

1. Wie kann man sich am besten auf den Au-pair-Aufenthalt in den USA bzw. allgemein vorbereiten?
Ich habe mich dadurch vorbereitet, daß ich möglichst viele Informationen über Au-pair und natürlich über Amerika und Boston gesammelt habe. Außerdem habe ich häufiger englische Bücher gelesen. Wer die Möglichkeit hat, sollte sich auch englische Filme anschauen, um ein besseres Gefühl für die Sprache zu bekommen.

2. Wie hat das mit der Integration in die Familie geklappt?
Die Tatsache, daß ich mit meinem Gastvater ein Auto teilen mußte, führte häufiger zu Mißstimmung. Zu ihm hatte ich ein distanziertes Verhältnis. Meine Gastmutter machte wieder alles wett. Durch ihre herzliche Art fühlte ich mich bald sehr wohl. Masons einfache Art erleichterte mir auch den Einstieg in die Familie.

3. Wie hast Du ein Verhältnis zu den Kindern aufgebaut?
An Mason habe ich mich die ersten Tage langsam herangetastet. Wenn Jane in der Nähe war, habe ich mit ihm gespielt und Bücher vorgelesen. Wir haben viel zu dritt

unternommen, so daß er nach und nach Vertrauen zu mir gewann. Jane ist zwischendurch auch mal kurz weggefahren, was im ersten Moment natürlich Sturzbäche an Tränen verursachte, jedoch immer recht schnell vergessen war.

4. Wie bist Du mit dem Erziehungsstil klargekommen? Ist der amerikanische Stil eher locker oder streng?

Die Erziehung empfand ich teilweise als inkonsequent, da ich verschiedene Regeln im Umgang mit Mason einhalten sollte, die von den Eltern an den Wochenenden gebrochen wurden. Dies ist aber wohl ein typisches Phänomen bei Eltern, die ihre Kinder nicht so häufig sehen. Den Erziehungsstil fand ich eher locker.

5. Wie bist Du mit der Sprache klargekommen? Was hat Dir geholfen, sie zu verbessern?

Gleich zu Beginn habe ich einen Sprachkurs an der örtlichen High School besucht. Wir haben uns hauptsächlich unterhalten und die Grammatik weniger erarbeitet. Dadurch verlor ich recht schnell die Hemmungen zu sprechen. Außerdem hörte ich sehr viel Radio und ging häufig ins Kino. Durch Masons Kinderbücher konnte ich meinen Grundwortschatz bald erweitern.

6. Wie hast Du gleichaltrige amerikanische und generell Freunde gefunden?

Au-pairs lernte ich recht schnell durch meine Freundin und bei den regelmäßig stattfindenden Treffen kennen. Durch einen Französischkurs fand ich Kontakt zu Amerikanern. Leider endete der Kurs gleichzeitig mit meiner Zeit in Boston, so daß ich keine Gelegenheit mehr hatte,

Freundschaften aufzubauen. Mit unserer 65-jährigen Nachbarin habe ich mich schnell angefreundet. Sie kam in der ersten Zeit – es war Winter und ich konnte nicht so häufig rausgehen – oft zu uns und leistete mir während Masons Mittagsschlaf Gesellschaft. Noch heute schreiben wir uns.

7. Welche Tips kannst Du künftigen Au-pairs geben, die einen Au-pair-Aufenthalt in den USA planen?

– Nach Möglichkeit sollte man den Aufenthalt alleine, daß heißt ohne eine gute Freundin aus der Heimat durchziehen. Wer auf sich gestellt ist, gibt sich viel mehr Mühe, andere Menschen kennenzulernen.

– Was die Art der Kurse betrifft, halte ich es nicht unbedingt für notwendig, einen Englischkurs zu besuchen. Die Sprache lernt man genauso gut, wenn nicht sogar noch besser in einem anderen Unterricht. Ich habe zum Beispiel einen Französischkurs besucht und weitaus mehr englische Vokabeln gelernt, als in den vorhergehenden Englischkursen. Außerdem trifft man dort eher Amerikaner.

– Vermeidet es möglichst, in eine Clique zu rutschen, die aus dem gleichen Heimatland kommt. Man ist im Ausland, um die Sprachkenntnisse zu verbessern. Das ist kaum möglich, wenn man sich ständig in der Muttersprache unterhält. Außerdem ist die Gelegenheit selten so günstig, Leute aus vielen verschiedenen Ländern zu treffen.

– Wenn einem etwas in der Familie nicht paßt, nicht stillschweigend ärgern, sondern unbedingt mit den Gasteltern darüber sprechen.

8. Was hat Dir der Aufenthalt gebracht?
Selbstbestätigung und eine ganze Menge
mehr Selbstbewußtsein. Ich weiß, daß ich
mich in einer fremden Umgebung einle-
ben kann, ohne vor Einsamkeit zugrunde
zu gehen.

Dritter Erfahrungsbericht

von Susanne Haas

Ein Au-pair-Aufenthalt kam eigentlich für
mich nie in Frage, weil ich immer glaubte,
mit Kindern nicht umgehen zu können
und ich mir für bloße Putzenarbeiten auch
zu schade war. Wie der Zufall es wollte,
ergab es sich dann doch, daß ich mich
dafür entschied, mindestens neun Monate
als Au-pair in den USA zu leben. Zu dem
Zeitpunkt war ich 22 Jahre alt, hatte eine
feste Anstellung in einem Büro, eine schöne Wohnung und einen netten Freundeskreis. Von außen betrachtet bestand überhaupt kein Anlaß zur Veränderung. Dennoch hatte ich damals ein vages aber
großes Bedürfnis, etwas Neues kennenzulernen.

Anlaß zu der Änderung in meinem
Leben war, daß sich eine alte Freundin
wieder bei mir meldete, nachdem der
Kontakt längere Zeit abgebrochen gewesen war. Sie war gerade frisch von einem
fast einjährigen Au-Pair-Aufenthalt in den
USA zurückgekehrt und berichtete mir
mit Begeisterung davon. Sie erzählte, daß
sie sehr viel Glück mit ihrer Gastfamilie
gehabt habe. Sie wurde auch nicht – wie
mir schon oft von ehemaligen Au-Pairs
erzählt wurde – von ihrer Gastfamilie als
billige Putzfrau ausgenutzt. Ganz im

Gegenteil: sie fühlte sich dort von Anfang
an zu Hause. Ihre Englischkenntnisse
hatte sie natürlich auch gewaltig verbessert, da sie in den USA kaum deutsch
gesprochen hatte. Und dann meinte sie
noch abschließend, daß diese Familie nun
wieder auf der Suche nach einem neuen
Au-Pair-Mädchen sei. Mein Herz fing an
schneller zu schlagen, weil ich wußte: dies
ist meine große Chance!

Ich nahm diese Gelegenheit wahr, indem
ich gleich am nächsten Tag einen Brief an
Lesley, die Gastmutter schrieb, um mich
bei ihr zu bewerben. Ich dachte mir, es sei
sicher von Vorteil, auf privater Ebene vermittelt zu werden, da man da schon ziemlich genaue Vorstellungen von dem hat,
was einen erwartet. Die nächsten Tage vergingen mit gespanntem Warten auf
Nachricht aus den USA. Ich nutzte diese
Zeit der Ungewißheit, mir Gedanken darüber zu machen, ob ich diesen Schritt im
Falle einer Zusage nun wirklich wagen
sollte. Natürlich wälzte ich alle möglichen
Argumente für und wider, konnte aber
keine Entscheidung treffen. Nach vier
Wochen erhielt ich endlich Antwort.
Lesley schrieb mir, daß sie sich sehr freuen
würde, wenn ich neun Monate lang bei ihr
arbeiten könne, allerdings brauche sie bald
eine Nachfolgerin von Simone. Das hieß
für mich, möglichst noch auf der Stelle
eine Entscheidung zu treffen. Ich verließ
mich auf meine innere Stimme – und die
sagte »ja«.

Daraufhin rief ich Lesley an, um ihr
meine Entscheidung mitzuteilen. Dies ist
nun schon einige Zeit Jahre her, aber ich
kann mich noch sehr gut an dieses erste
Gespräch erinnern. Ich hatte erhebliche
Schwierigkeiten mit ihrer amerikanischen
Aussprache, obwohl sie sich große Mühe

gab, klar und deutlich zu sprechen. Dann wechselte ich noch kurz einige Worte mit Sean, konnte ihn aber noch weniger als Lesley verstehen. Das wichtigste aber hatte sie verstanden, nämlich daß ich bald kommen werde. Sie gab mir dann noch ein paar hilfreiche Tips, wie ich am schnellsten das Visum bekommen könnte, denn die ganze Sache lief ja ohne offizielle Vermittler, die auch die Formalitäten erledigen. Außerdem bat sie mich, das Retour-Flugticket in Deutschland zu kaufen, da es in dort um einiges günstiger sei als in den USA. Ich sollte also das Geld für das Ticket erstmal auslegen und sie würde es mir, sofort bei Ankunft in den USA wieder zurückgeben. Ich ließ mich darauf ein, hatte aber doch meine Bedenken. Was ist, wenn sie in den USA, mir das Geld nicht wiedergäbe? Andererseits dachte ich mir, daß Simone mir ja auch von nichts derartigem berichtet habe, so daß Lesley ihr Versprechen also auch einhalten werde. In den nächsten Tagen erwarb ich den Flugschein und beantragte auch das Visum über das Reisebüro. Ein Visum benötigt nur, wer sich länger als drei Monate im Lande aufhält. Da die Sache also über ein Reisebüro lief, und ich ja auch einen Rückflug buchte, war nach außen eine gewisse Seriosität gegeben. Trotzdem ist ein Verweilen von einem Jahr natürlich zu rechtfertigen. Spätestens bei der Einreise kann nachgeforscht werden, wohin es denn gehe und wie das mit dem Geld aussehe. Vorbereitet war ich dadurch, daß Lesley mir eine Einladung für zwei Monate sowie eine Liste von rund einem Dutzend Adressen, überall verteilt in den Staaten und alle befreundete Familien von Lesley, gesandt hatte, die ich im Laufe dieses Jahres angeblich abklap-

pern wollte. Diese Leute waren natürlich alle eingeweiht.

Ich wußte nicht, was ich zuerst anpacken sollte, denn die Zeit drängte, und es war noch so viel zu regeln. Ich kündigte meine Stelle und meine Wohnung, was bei meinem Chef sowie meinem Vermieter nicht gerade auf Begeisterung stieß. Eine Woche später räumte ich meine Wohnung und stellte meinen gesamten Haushalt teils bei meinen Eltern teils bei Freunden unter. Nach drei Wochen schon hatte ich zu meiner großen Freude das Visum erhalten. Ich war jetzt startklar. Nun standen noch überraschenderweise zwei Wochen zur Verfügung, um mich auf meinen neuen Lebensabschnitt etwas einzustimmen zu können. Ich betrachtete zum zwanzigsten Mal die Fotos von Lesley und Sean, die sie ihrem Brief beigelegt hatte. Fast jeden Abend traf ich mich mit Freunden und Bekannten, um mich von ihnen zu verabschieden. Bis dahin konnte ich es noch nicht glauben, bald im »Land der unbegrenzten Möglichkeiten« leben zu werden. Meine Familie versuchte mich damals nochmals umzustimmen, weil ihnen die Vorstellung, mich mindestens ein Jahr nicht mehr zu sehen, nicht sehr gefiel. Meine Eltern und Verwandten waren aber nicht sehr erfolgreich, denn nichts hielt mich mehr von meinem Vorhaben ab. Die Tage vergingen im Fluge, und der endgültige Abschied war nicht mehr zu umgehen. Da ich eine große Abschiedzeremonie am Flughafen umgehen wollte, fuhr mich meine Freundin alleine – ohne meine Eltern – zum Züricher Flughafen. Als der Moment gekommen war, mich von meinen Eltern zu verabschieden, stiegen mir doch die Tränen in die Augen, und als ich sie in die Arme nahm, konnte ich kaum noch aufhören zu heulen. Eine große Angst vor dem Neuen überfiel mich plötzlich. Ich versuchte, mir einzureden, daß ich es mir ja selbst so ausgesucht hätte, was mir letztlich half, mich wieder zu beruhigen. Auf der Fahrt nach Zürich war ich heilfroh, diesen Abschied überstanden zu haben. Ich hatte zwar noch den Abschied von meiner Freundin vor mir, aber dieser würde nicht so schmerzhaft werden, da sie vorhatte, mich in den Staaten zu besuchen. Ich winkte ihr noch zu, bevor ich den Sicherheits-Check der Fluglinie durchschritt. Bald darauf hoben wir auch schon ab. Im Flugzeug unterhielt ich mich lange mit einer Stewardeß, die sich sehr für mich interessierte und mir Mut zusprach für mein Vorhaben. Nach neun Stunden Flug empfing mich der internationale Flughafen von Chicago, bei angenehmen Temperaturen. Es war April und dort bereits weitaus wärmer als in Deutschland. Ich schnappte mein Gepäck und passierte die Paßkontrolle ohne Schwierigkeiten. Zur Sicherheit holte ich das Pappschild mit meinem Namen aus der Tasche, aber es war nicht notwendig gewesen, denn im selben Moment eilte freudestrahlend eine junge Frau auf mich zu. Lesley hatte mich gleich von meinem Foto her erkannt. Ich fand sie gleich sehr sympathisch, da sie auf mich sehr jung wirkte. Sie ist zehn Jahre älter als ich, das sah man aber nicht auf den ersten Blick. Sean stand in einer Ecke und betrachtete mich gelangweilt. Ich begrüßte ihn mit einem kurzen Hallo, das er erwiderte. Er brauchte noch Zeit, um sich an mich zu gewöhnen. Lesley half mir mit dem Gepäck, während wir zum Auto auf dem riesigen Parkplatz vor dem Flughafengebäude marschierten. Wir

beschlossen, gleich nach Hause zu fahren, da es schon Abend war und uns noch eine Autofahrt von 1,5 Stunden bevorstand. Die Müdigkeit aufgrund des Zeitunterschieds überfiel mich plötzlich, so daß ich mich nur mühsam unterhalten konnte. Lesley und ich lächelten uns nur hin und wieder an, eine Unterhaltung auf Englisch hätte ich auch im wachen Zustand als anstrengend empfunden. In meiner Schulzeit, die schon fünf Jahre zurücklag, hatte ich in Englisch immer die schlechteste Note und seitdem ich nicht mehr viel englisch gesprochen. Ich war mir darüber bewußt, daß ich ein Stück harte Arbeit vor mir hatte. Wir hielten bei einer Pizzeria, um uns vor dem Zubettgehen noch zu stärken. Dort lächelte mich Sean zum erstenmal an. Wahrscheinlich gefiel es ihm, daß ich Pizzen genauso mochte wie er. In meinem neuen Zuhause angekommen, begutachtete ich nur kurz das Haus und fiel dann todmüde ins Bett. Da der nächste Tag auf einen Sonntag fiel, frühstückten wir lange und genüßlich. Lesley erzählte mir von sich und wie sie sich den Lebensabschnitt mit mir vorstelle. Sie war als leitende Angestellte in der Verwaltung eines *Dog-Tracks* beschäftigt. Ich fand das sehr interessant, konnte mir aber nicht sehr viel darunter vorstellen. In diesen Tracks finden jedes Wochenende mit Wetteinsätzen verbundene Hunderennen statt. Diese »Sportart« ist in den USA sowie in England sehr populär geworden.

Lesley erzählte weiter, daß Sean in die zweite Klasse gehe und erst – wie in den Staaten üblich – gegen 15.30 h von der Schule und Hausaufgabenbetreuung nach Hause komme. Meine Aufgabe sei es, ihm eine Kleinigkeit zu essen zu richten.

Schulbus

Danach solle ich mit ihm eine Stunde etwas lesen oder Diktat üben, seine großen Schwachstellen in der Schule. Morgens müsse ich nicht unbedingt mit Sean aufstehen, da Lesley zur selben Zeit wie Sean aufstehe und sich somit um Sean kümmern könne, so daß er rechtzeitig das Hause verlassen werde. Das alles hörte sich gut an, und ich freute mich. Ja, ich brauchte Sean noch nicht einmal mit dem Auto zur Schule zu fahren, da er den Schulbus nahm.

Da Lesley alleinerziehende berufstätige Mutter war und oft bis spät abends arbeiten mußte, war klar, daß ich mehr babysitten mußte als andere Au-pairs. Wir einigten uns darauf, abwechselnd abends die Aufsicht von Sean zu übernehmen, so daß sie ihren Dienstplan darauf abstimmen und ich Verabredungen mit Freunden treffen bzw. Abendkurse besuchen konnte. Einmal im Monat hatte Lesley das ganze Wochenende zu arbeiten, so daß sie mir dann nicht freigeben konnte. Ihr Auto mußte ich mit ihr teilen, da sie mir kein eigenes zur Verfügung stellen konnte. Das

hatte anscheinend auch ganz gut mit meinen Vorgängerinnen geklappt, denn Lesley meinte, es habe dabei auch in der Vergangenheit keine Schwierigkeiten gegeben. Wichtig sei nur, sich rechtzeitig abzusprechen. Damit war ich einverstanden.

Das ausgelegte Geld für das Flugticket erstattete Lesley mir übrigens gleich nach meiner Ankunft. Eine Woche brauchte ich, um mich in meinem neuen Umfeld zu akklimatisieren. Sean war immer noch sehr distanziert mir gegenüber. Anfangs trauerte er noch sehr stark meiner Vorgängerin nach, was sich auch darin äußerte, daß er mich oft mit Simone ansprach. Zum Glück legte sich das bald.

In der zweiten Woche schrieb ich mich für zwei Englischkurse am College ein und belegte im darauffolgenden Monat zusätzlich noch einen Spanischkurs. In diesem Kurs habe ich mehr Englischvokabeln gelernt als in dem ganzen Monat davor. Außerdem lernte ich dort neue Freunde kennen, mit denen ich auch außerhalb der Schule etwas unternehmen konnte.

Computer ruft bei faulen Schülern an

Seit geraumer Zeit erledigen die Schüler der Mittelschule in der Kleinstadt Copell in Texas ihre Hausaufgaben besonders eifrig, denn wenn sie ohne Hausaufgaben im Unterricht erscheinen, klingelt noch am selben Abend das Telefon ihrer Eltern. Der Schulcomputer – mittags von den Lehrern mit den Daten gefüttert – ruft höchstpersönlich an, um die Eltern über das Fehlverhalten ihrer Sprößlinge ins Bild zu setzen. Bilanz: 110 Anrufe am ersten Tag nach der der Einführung des neuen Systems, nach einer Woche nur noch 28. Die Sache geht mittlerweile an vielen Schulen in diversen Staaten noch weiter. Internet, Mailboxen usw. erlauben den Schulen eine umgehende Unterrichtung der Eltern und eine völlige Kontrolle der Schüler. Unglücklicher Pennäler!

Lesley trug auch sehr dazu bei, daß ich mich gleich von Anfang an bei ihr wohlfühlte und eigentlich nie starkes Heimweh hatte. Sie stellte mir ihre Freunde vor, nahm mich mit zu Parties, die vom Dog-Track aus organisiert waren. Kurzum, mir boten sich genügend Gelegenheiten, junge interessante Leute kennenzulernen. Nach zwei Monaten waren meine Englischkenntnisse enorm verbessert und bald stellte sich zum ersten Mal ein Traum auf englisch ein. Seit meiner Ankunft in den Staaten hatte ich kaum noch deutsch gesprochen. Ich sprach bzw. dachte nur noch deutsch, wenn ich mit meiner Familie telefonierte oder Briefe schrieb. Gegen Ende meiner Au-Pair-Zeit kam es

schon häufiger vor, daß ich bei Telefonaten nach Deutschland oder beim Briefeschreiben Deutsch und Englisch durcheinanderbrachte. Oft wollten wollen mir die passenden deutschen Wörter und Redewendungen partout nicht mehr einfallen.

Zwischen Lesley und mir entwickelte sich eine schöne Freundschaft, die überhaupt nicht oberflächlich war. Das Vorurteil, daß Amerikaner oberflächlicher seien als Deutsche, kann ich nicht bestätigen. Ich hatte zwar in den Staaten auch oberflächliche Bekanntschaften, genauso wie zu Hause, aber auch Freunde, auf die ich mich verlassen konnte. Mit manchen dieser stehe ich bis heute noch im Kontakt. Ein paar besuchten mich sogar nach meiner Au-Pair-Zeit in Deutschland.

An meinen freien Wochenenden ging ich mit Freunden ins Kino. Wir schauten Baseball- und Footballspiele zusammen an oder unternahmen lange Wanderungen. Im Sommer ging ich wenn immer möglich am nahegelegenen Genfer See »Geneva Lake« schwimmen. Ich fand es besonders originell, daß die Amerikaner dort den Genfer See aus der Schweiz ziemlich wirklichkeitsgetreu nachgestaltet hatten. Die Stadt »Lake Geneva« mit nur ca. 50.000 Einwohnern ist jedoch lange nicht mit der Stadt Genf in der Schweiz vergleichbar. Ich empfand es damals ganz angenehm, nicht in einer anonymen Großstadt zu leben. Wenn ich das Bedürfnis nach Großstadtflair hatte, besuchte ich an meinen freien Wochenenden Freunde in Madison oder Milwaukee, beide unweit von Lake Geneva. Madison, eine schöne Universitätsstadt vergleichbar mit Freiburg, gefiel mir besonders gut. Nach

Milwaukee, einer häßlichen Industriestadt, hingegen ging ich nur, weil dort Freunde von mir studierten. Es gibt dort eine relativ hohe Arbeitslosigkeit, was sich durch eine gespannte Atmosphäre bemerkbar macht. Dies äußert sich dadurch, daß ein unterschwelliger Rassismus vielerorts spürbar ist. Statistiken zufolge sind die sozialen Unterschiede zwischen Schwarz und Weiß in Milwaukee verglichen mit allen anderen US-Städten am größten. Häufig leben die verschiedenen Rassen in unterschiedlichen Stadtteilen, so daß sie streng voneinander getrennt bleiben. Eine Freundin bestätigte dies, indem sie mir erzählte, daß bei Burger King in Milwaukee Schwarze entweder zum Personal oder den Gästen zählen würden, wohingegen bei Mac Donalds nur Weiße anzutreffen seien.

In der Kunststadt Chicago war ich nur zwei oder drei Mal. Ich empfand sie als eine höchst widersprüchliche Stadt. Einerseits gibt es viel pompöse Architektur, während nebenan tausende Obdachloser unter Pappplatten hausen. An Südchicago – vergleichbar mit New York's Stadtteil Harlem – habe ich schlechte Erinnerungen. Als Lesley, Sean und ich einmal unseren Weg durch diese Viertel nehmen mußten, hielt Lesley es zur Sicherheit für angebracht, die Türen von innen zu verriegeln. Rassismus in dem Maße, wie ich ihn in den Staaten erlebte, kannte ich vorher nicht.

Ende August besuchten Sean und ich vier Wochen Lesley's Eltern in Florida. Lesley konnte uns nicht begleiten, da sie arbeiten mußte. Ich genoß diese Zeit sehr, da die Zeit für mich auch eine Art Urlaub war, denn ständig war jemand da, der sich um Sean kümmerte, so daß ich meinen

Fußballstadion

Babysitterpflichten wenig nachzukommen brauchte. Wir besuchten Flohmärkte, machten Ausflüge oder gingen schwimmen. In dieser Zeit wurde es mir wieder bewußt, wie richtig meine Entscheidung vor nunmehr einem halben Jahr gewesen war.

Unserer Vereinbarung über das Auto pendelte sich so ein, daß wir uns fast immer einigen konnten. Stand mir mal kein Wagen zur Verfügung, so organisierte ich es so, daß ich von zu Hause abgeholt wurde. Ab und zu fuhr ich auch mal als Anhalterin. Zwischen Weihnachten und Neujahr hatte ich eine freie Woche, die ich kurzentschlossen in New York verbrachte. Diese Stadt faszinierte mich sehr, so daß ich mir damals hätte vorstellen können, dort eine Weile zu wohnen.

Susanne Haas mit Sean

Im Januar war meine Zeit als Au-Pair abgelaufen, ob ich wollte oder nicht. Lesley engagierte nach mir keine Au-Pairs mehr. Sie meinte, nachdem Sean auch älter und vernünftiger geworden sei, werde ihr nun ein gelegentlicher Babysitter vor Ort ausreichen. Das bedauerte ich sehr, denn ich hätte ihr gerne eine meiner Freundinnen als Nachfolgerin vermittelt. Gerade jetzt, wo ich so mit Sean und Lesley vertraut geworden war und mir einen netten Freundeskreis aufgebaut hatte, mußte ich wieder gehen.

Ich hatte zu dem Zeitpunkt keine Vorstellung davon, was ich danach beruflich machen wollte und ließ einfach alles auf mich zukommen.

Lesley versuchte den Abschied nicht zu dramatisieren, indem sie normal ihrer Arbeit nachging und mich deshalb nicht nach Chicago zum Flughafen fuhr, sondern nur zum nächstgelegenen Bahnhof.

Wir verabschiedeten uns heulend trotz unserer Abmachung, dies nicht zu tun und versprachen uns, uns bald wiederzusehen, entweder in Deutschland oder in den USA. Bis heute hat dies leider noch nicht geklappt. Wir halten aber noch regelmäßigen Briefkontakt. Im Zug auf dem Weg nach Chicago dann fühlte ich mich hin- und hergerissen: einerseits herrschte Trauer, meine neu gewonnenen Freunde nun schon wieder verlassen zu müssen, andererseits auch Freude, meine Familie und meine Freunde bald wiederzusehen zu können. Bei der Ankunft am Züricher Flughafen merkte ich erst, wie sehr meine Familie mich vermißt und was ich doch für ein großes Loch bei ihnen hinterlassen hatte. Ich hatte nicht so sehr wie sie unter der Trennung gelitten, da ich ständig mit neuen Dingen konfrontiert war und deshalb auch wenig Zeit zum Traurigsein blieb.

Als ich begann, meinen Eltern von meinen vergangenen Monaten zu erzählen, hatte ich den Eindruck, jedes Wort erst aus dem Englischen übersetzen zu müssen. Wäre mir dies von jemandem noch vor einem Jahr vorhergesagt worden, so hätte ich das ganz sicher nicht geglaubt.

Ungefähr nach einem Monat hatte ich mich wieder in Deutschland eingelebt und auch schon wieder Pläne geschmiedet. Ich meldete mich an einem Fremdsprachininstitut an, um dort meine Sprachkenntnisse zu vertiefen.

1. Wie bereitet man sich am besten auf einen Au-pair-Aufenthalt in England vor?
Im Nachhinein würde ich sagen, daß jeder seine Sprachkenntnisse nochmals ordentlich aufpolieren und sich über Geographie, Landeskunde, Geschichte ~ einfach Land und Leute ~ schlau machen sollte. Quellen finden sich in Stadtbüchereien, überhaupt im Buchhandel, Reisemagazinen, in Amerikahäusern, bei den Verkehrsämtern der einzelnen Staaten, den Unis usw.

2. Wie hat das mit der Integration in die Familie geklappt?
Ich habe mich mit Lesley, der Gastmutter gleich bestens verstanden, da sie so unkompliziert war. Sean verhielt sich in der Eingewöhnungsphase mir gegenüber reichlich distanziert, was sich aber mit der Zeit glücklicherweise legte.

3. Wie hast Du ein Verhältnis zu den Kindern aufgebaut?
Nachdem sich Sean anfangs mir gegenüber so distanziert verhielt, nahm ich mir vor, geduldig zu sein und nichts überstürzen zu wollen. Nach einigen Tagen, nach-

dem er Vertrauen zu mir gefaßt hatte, kam er von ganz alleine auf mich zu.

4. Wie bist Du mit dem Erziehungsstil klargekommen? Ist der amerikanische eher locker oder streng?
Manchmal empfand ich Lesley als recht autoritär in ihrer Erziehung, z.B. dann wenn sie gegen Sean Hausarrest oder Fernsehverbot verhängte.

5. Wie bist Du mit der Sprache klargekommen?
Ich habe mich gleich nach meiner Ankunft in den USA für verschiedene Kurse am College eingeschrieben, wobei ich feststellte, daß ich in meinem Spanischkurs mehr Englischvokabeln lernte, als in den Englischkursen davor. Mir hat es sehr geholfen, da ich in den USA keine deutschen Freunde hatte, schnell große Fortschritte mit der englischen Sprache zu erzielen. Ferner halfen Kinobesuche und die anfänglichen Gespräche mit Sean und seinen Freunden, die viel Geduld für mich aufbrachten und sich als gute »Lehrer« erwiesen.

6. Wie hast Du gleichaltrige amerikanische und generell Freunde gefunden?
Durch die Sprachkurse am College sowie durch Lesley, meine Gastmutter, die mir anfangs ihre Bekannten vorstellte, so daß ich bald einen neuen netten Freundeskreis aufbauen konnte.

7. Welche Tips kannst Du künftigen Au-pairs geben, die einen Au-pair-Aufenthalt in den USA planen?
Ich würde durchaus auch meinen »inoffiziellen« Weg empfehlen. Wer eine Au-

pair-Stelle von Freunden angeboten bekommt, kann durch viel Fragen sehr genau herauskriegen, ob sie oder er in die Familie passen wird und ob einem die Lebensumstände zusagen werden. Der Riesenvorteil bei Privatvermittlung liegt eben darin, schon von vornherein verhältnismäßig genau zu wissen, welche Verhältnisse vor Ort herrschen, wie die Familie und wie das ganze Umfeld beschaffen sind, so daß man weiß, was auf einen zukommt. Allerdings hat man bei Problemen mit der Familie niemanden, dem man sich anvertrauen und der vermittelnd eingreifen oder weiterhelfen könnte. Wäre es zu unerträglichen Spannungen gekommen, so daß ich die Stelle hätte wechseln wollen, so wäre guter Rat teuer gewesen.

8. Was hat Dir der Aufenthalt gebracht?
Selbstvertrauen und Selbstbestätigung – etwas lernen zu können, wie z. B. Englisch, auch wenn ich es vorher nicht für möglich gehalten hätte. Außerdem bin ich durch die Zeit, in der ich ohne gewohntes Umfeld lebte, offener und kontaktfreudiger geworden.

Vierter Erfahrungsbericht

Sabine Görlich

Nach dem Abitur wollte ich erst einmal etwas völlig anderes machen als Schule oder Studium und daher beschlossen, ein Jahr lang in den USA als Au-Pair zu arbeiten. Ich bewarb mich bei einem bekannten Vermittler in Bonn.

Nach einem viertägigen Orientierungsseminar in New York ging es weiter nach Ann Arbor, wo mich meine Gastfamilie erwartete.

Ich hatte zwei Kinder zu betreuen: Amanda, zwei Jahre, und Ben, sechs Wochen alt. Noch nie hatte ich mich um ein Baby gekümmert; auch trotzige Zweijährige waren etwas Neues. Die Mutter gab mir eine kurze »Gebrauchsanweisung« für ihre Kinder, womit die Sache für sie erledigt war. Es war mir klar, daß ich die Erziehungsansichten der Eltern übernehmen wollte, auch wenn das nicht immer einfach war. Amerikanische und deutsche Ansichten können da schon sehr voneinander abweichen. Überhaupt sind viele Dinge in Amerika anders. Ich habe so ziemlich alle Vorurteile gegenüber Amerikanern und deren Kultur bestätigt und zugleich widerlegt gefunden: die einen nehmen fast nur Fast Food zu sich (so wie meine Gastfamilie), während die anderen sehr auf ihre Koste achten und sich vorbildlich ernähren. In Amerika findet man alle Extreme und alle Abstufungen dazwischen.

In den ersten drei Wochen hatte ich mächtig Heimweh, was ich vorher nie für möglich gehalten hätte. Die Kinder brachten mich oft zur Verzweiflung, so daß ich mich fragte, ob ich mir nicht zuviel zugemutet hatte. Laut Vertrag sollte ich nur ca. 45 Stunden in der Woche arbeiten, doch leider waren die Eltern 12 Stunden täglich außer Haus. Deshalb habe ich nur vier Tage in der Woche arbeiten müssen, alle Überstunden wurden mir mit vier Dollar pro Stunde entgolten und für die übrige Zeit kam ein Babysitter ins Haus. Es ist sehr wichtig, daß Verträge eingehalten werden, oder daß für beide Seiten eine akzeptable Lösung gefunden wird.

Ich mußte mich erst an ein vollkommen neues Leben gewöhnen. Den ganzen Tag nur Babysitten und im Haus sein, kein Erwachsener zum Reden und wenig Abwechslung. Doch schon nach wenigen Tagen lernte ich andere Au-Pairs bei einem »Au-Pair-Meeting« kennen. Diese Treffen wurden von unserem Councilor einmal monatlich durchgeführt. Der Councilor ist Mitarbeiter/in der Organisation und veranstaltet Au-Pair-Meetings, Ausflüge der Au-Pairs (manchmal mit Gastfamilie), Theaterbesuche, etc. Nachdem ich erstmal Freunde gefunden hatte, verflog auch das anfängliche Heimweh rasch, so daß ich meine Zeit in Amerika voll genießen konnte.

An Kontakt zu anderen Au-Pairs war mir sehr gelegen, denn wir befanden uns alle in einer ähnlichen Lage. Da ist Erfahrungsaustausch oder Bereden gemeinsamer bzw. verbindender Erlebnisse schon wichtig, ob das nun die letzte Folge der »Sesame Street« betraf oder die Schlafenszeiten »unsere« Kinder. Nicht ganz leicht war es, Amerikaner kennenzulernen.

Tagsüber hatte ich auf Spielplätzen Gelegenheit, Bekanntschaft mit Mütter und ihren Kindern zu machen, doch daraus hat sich nie viel ergeben. In Abendkursen lernt man zwar Amerikaner kennen, doch die sind häufig zu sehr mit ihrer beruflichen Karriere beschäftigt. Eine gute Möglichkeit, gleichaltrige Amerikaner kennenzulernen, sind Kirchengemeinden (oft großes Freizeitangebot), Sportzentren oder der Uni-Campus. Gelingt es einmal, Telefonnummern mit einem Amerikaner auszutauschen, kann er sich in den meisten Fällen nicht an einen erinnern, wenn man anruft, weil er nie damit gerechnet hatte. Am Anfang des Au-Pair Jahres war alles neu und aufregend. Doch nach drei Monaten ist alles zur Routine geworden: es wurde ein Zeitlang richtig langweilig. Dieses Gefühl schwand zum Glück auch wieder, so daß die letzten sechs Monate wie im Flug vergingen. Wieder zurück in Deutschland hatte ich ein halbes Jahr lang Eingewöhnungsschwierigkeiten und Heimweh nach Amerika. Mich hatte dieses Jahr gewiß verändert: ich hatte soviel erlebt und habe andere Sichtweisen kennengelernt, doch daheim ist alles beim alten geblieben. Es fiel mir schwer, mich wieder einzugewöhnen.

Abschließend kann ich nur jedem wünschen, den Mut zu einem solchen Schritt, wie ich ihn getan hatte, aufzubringen. Es war das aufregendste, gewinnbringendste Jahr, das ich je hatte, so daß ich auch keinen Tag davon bereue.

Für Hinweise, die wir in der nächsten Auflage verwerten, bedanken wir uns mit einem Buch aus unserem Programm.

Als Au-Pair in Europa

Einleitung

Es muß nicht immer New York, Boston oder Chicago sein – auch Paris, London oder Madrid sind erstrebenswerte Ziele für einen Au-pair-Aufenthalt. Schätzungen zufolge reisen jährlich Tausende junger Frauen ins europäische Ausland, um bei Familien in Frankreich, Spanien oder England Kinder zu betreuen und im Haushalt zu helfen. Dabei sind es nicht nur persönliche Interessen, die für die Entscheidung sprechen, innerhalb Europas zu bleiben, sondern auch ganz objektive: zum einen besteht bei einem Aufenthalt in einem europäischen Land die Möglichkeit, außer Englisch auch andere Sprachen zu erlernen, und zum anderen sind Au-pair-Aufenthalte in Europa nicht nur zwölf, sondern auch drei, sechs und acht bis zehn Monate möglich.

Wie in der Einleitung bereits verdeutlicht, bestehen bei Voraussetzungen, Leistungen sowie Rechten und Pflichten einige Unterschiede zwischen einem Au-pair-Aufenthalt in den USA und Europa.

Nachdem sich der erste Teil des Buches ausführlich mit dem Au-pair-Aufenthalt in den USA beschäftigt hat, folgen nun Erfahrungsberichte mit Insider-Tips und Informationen rund um einen Au-pair-Aufenthalt in Europa.

Erfahrungsberichte und Insider-Tips rund um Au-pair-Aufenthalte in sieben europäischen Ländern

Als Au-pair in Schweden

»Ich bin selbständiger geworden!«
Erfahrungsbericht mit vielen Insider-Tips von Marion Lauber. Marion lebte acht Monate, von Oktober bis Juni, bei einer Familie in Linköping (Östergötland, im Landesinneren Südschwedens). Sie war das erste Au-pair und hatte unter anderem drei Kinder zu versorgen.

Nach dem Abitur stellte sich mir erst einmal die Frage: »Fange ich gleich an zu studieren, oder mache ich ein Jahr etwas anderes?« Schließlich entschloß ich mich für einen Au-pair-Aufenthalt, denn erstens war es eine gute Möglichkeit, nach der ganzen Lernerei in der Schule auch mal etwas Praktisches zu tun, zweitens lernt man, integriert in eine Familie, viel mehr über das fremde Land und seine Bewohner kennen, und drittens ist es eine Chance, selbständiger und unabhängiger zu werden.

Von den vielen Au-pair-Vermittlern wählte ich eine Vermittlungsagentur in Bonn aus, da sie einerseits eine der wenigen war, die keine Kaution verlangte und andererseits auch in Länder vermittelte, deren Sprache man nicht beherrschen mußte. So entschied ich mich für Schweden, denn auf Skandinavien war ich schon lange neugierig. Als dann auch noch mein Vater und ein paar Bekannte Urlaub in Schweden machten und begeistert zurückkehrten, stand mein Entschluß fest. Nach der schriftlichen Bewerbung dauerte es

einige Wochen, bis sich eine schwedische Familie aus Linköping (Östergötland) bei mir meldete und mich zu sich einlud. Nach einigen Briefen und Telefonaten setzten wir den Abreisetermin fest.

Als Vorbereitung auf meinen Aufenthalt in Schweden mußte ich mir zunächst eine Arbeits- und Aufenthaltsgenehmigung bei der schwedischen Botschaft besorgen, die jedoch ohne größere Schwierigkeiten erhältlich ist. Ferner habe ich eine zusätzliche Auslandskrankenversicherung abgeschlossen, da ein Au-pair in Schweden nicht über die Gastfamilie mitversichert ist. Um sich doch noch etwas mit der Sprache vertraut zu machen und zumindest die wichtigsten Wörter und Redewendungen einzuprägen – ich konnte kein Wort Schwedisch – besorgte ich mir eine Sprachkassette und ein Lehrbuch. Tja, und dann ging es ein paar Wochen später nach Schweden.

Ich fuhr mit dem Zug nach Linköping, wobei ich einen Teil des Gepäcks vorausgeschickt hatte. Nach 23 Stunden kam ich abends dort an. Meine Gastmutter holte mich ab. Gemeinsam fuhren wir dann zu einem etwas außerhalb gelegenen Bauernhof – mein neues Zuhause. Ich wurde sehr freundlich empfangen. Die Mutter sprach Englisch, der Vater und die Oma konnten Deutsch und Englisch, so daß ich keine Verständigungsschwierigkeiten hatte. Mit den drei Kindern, zwei Jungen, vier und acht Jahre alt, und dem siebenjährigen Mädchen war das jedoch etwas schwieriger. Aber mit Händen und Füßen gestikulierend und ein paar Brocken Schwedisch gelang es mir dennoch, mich einigermaßen zu verständigen. Ich bekam ein kleines, aber feines Zimmer und im Monat 2.000 skr (ca. 400

Mark) Taschengeld. Die erste Woche konnte ich mich richtig eingewöhnen, bis ich mit meiner Arbeit begann. Diese bestand hauptsächlich darin, den Haushalt zu führen, also zu waschen, abends manchmal zu kochen, zu backen und einmal in der Woche sauberzumachen. Daneben war es eine meiner Aufgaben, die Kinder von der Schule oder vom Kindergarten abzuholen, manchmal mit ihnen Hausaufgaben zu machen und sie abends ins Bett zu bringen.

Die Mutter machte eine Ausbildung als Speditionskauffrau, und der Vater war im Stall beschäftigt, so daß ich tagsüber meist allein zu Hause war. Gelegentlich fielen solche Aufgaben wie Gartenarbeit oder Hühner- und Pferdefüttern an, oder ich kümmerte mich um ein noch sehr junges Pferd, indem ich es ausführte. Alles in allem hatte ich oft ziemlich viel zu tun. Besonders bei Festen wie Weihnachten oder an Geburtstagen mußte ich kräftig bei der Vorbereitung mithelfen, so daß ich abends recht müde war. Aber die Arbeit war sehr vielseitig und abwechslungsreich, und die Zeit verging wie im Flug.

Abends und an den Wochenenden hatte ich hauptsächlich frei. War einmal an einem Wochenende zu arbeiten, so bekam ich einen Tag unter der Woche frei.

Zum Thema Heimweh: Ich glaube, ganz ohne Heimweh geht es nicht. Besonders anfangs hatte ich oft Tage, an denen ich nur noch heimkehren wollte und lange mit zu Hause telefonierte. Das war meist dann der Fall, wenn es viel zu tun gab, die Kinder genervt haben oder das Wetter scheußlich war. Da ich im Herbst ankam, war es oft trüb und regnerisch, und es wurde früh dunkel. Im Winter dämmerte

es bereits gegen drei Uhr mittags. Je länger ich jedoch in Schweden war, desto mehr wurde mir alles vertraut und ich sehnte mich schließlich nur noch ganz selten nach zu Hause. Als der Winter dann auch vorbei war und der Sommer näherrückte, sah die Welt gleich viel besser aus.

Über Weihnachten blieb ich in Schweden. Zum einen war ich gespannt, wie man in Schweden dieses Fest feiert – ich habe es nicht bereut, es hat sich gelohnt – und zweitens wäre eine Heimreise für eine Woche kaum sinnvoll gewesen. Ich blieb also die ganzen neun Monate in Schweden, allerdings kamen mich meine Eltern auch mal besuchen, um mit mir das Land zu erkunden.

Was das Sprachproblem betrifft, so unterhielten wir uns anfangs auf englisch oder deutsch, aber bereits in der zweiten Woche begann die Mutter, mit mir nur noch Schwedisch zu sprechen. Zunächst fand ich das natürlich ziemlich schwierig. Ich mußte viel nachfragen, aber allmählich lief es immer besser und bald, so drei Monate später, begann ich sogar selbst Schwedisch zu sprechen. Diese Art, die neue Sprache zu erlernen, halte ich für sehr gut. Radio, Fernsehen und Zeitungen verstärkten den Lerneffekt noch zusätzlich, und bald wurde mir Schwedisch so vertraut, daß ich, wenn ich Deutsch redete, schwedische Brocken mit hineinmischte. Außerdem besuchte ich in Linköping noch einen Sprachkurs, in dem ich zumindest einige Grammatikregeln, die ich noch nicht kannte, beigebracht bekam. In diesem Kurs lernte ich zudem viele andere Jugendliche, Au-pairs und Austauschstudenten von überall her kennen, mit denen ich auch in meiner Freizeit einiges unternahm. Den Sprachkurs bezahlte mir

Marion Lauber und Kinder

meine Familie. Da ich das Auto der Familie benutzen durfte, konnte ich die anderen Au-pairs besuchen und bei ihnen übernachten, wenn es abends mal spät wurde. Mit einem Au-pair hatte ich mich eng angefreundet, so daß wir einen Großteil unserer Freizeit zusammen verbrachten.

Im Sommer sind auf vielen schwedischen Bauernhöfen Praktikantinnen aus Deutschland, die bei der Arbeit mithelfen. Über meine Familie und deren Bekannte lernte ich diese kennen, und schließlich waren wir eine große Clique. Wir trafen uns meist am Wochenende, feierten Mittsommer zusammen und gingen abends aus. Insgesamt habe ich wohl mehr andere ausländische Jugendliche – aus Tschechien, Island und Deutschland – kennengelernt als schwedische. Zwar habe

ich mich oft mit Schweden unterhalten, aber nähere Bekanntschaften entwickelten sich nicht daraus.

In die Familie bin ich eigentlich recht gut integriert worden. Vor allen an großen Festen wie Weihnachten und Ostern wurde ich wie ein Familienmitglied behandelt. Ich wurde beschenkt, durfte mit, wenn wir irgendwo zum Essen eingeladen waren, und konnte auch selbst Freunde einladen. Was mich allerdings etwas gestört hat, war die Selbstverständlichkeit, mit der die Kinder meine Arbeit hinnahmen. So waren sie oft recht faul und schlampig, ließen ihre Sachen überall liegen und räumten erst nach mehrmaliger Aufforderung auf. Auch die Eltern zeigten sich oft nicht gerade rücksichtsvoll, wenn es beispielsweise darum ging, ihr Geschirr in die Spülmaschine zu räumen oder ihre Sachen zusammenzulegen. Das lag wohl hauptsächlich daran, daß die Familie schon immer eine Haushälterin hatte und somit daran gewöhnt war, daß jemand diese Dinge erledigte. Erst als ich mich einmal beschwert hatte, wurde es besser.

Vor meiner Rückkehr nach Hause erkundete ich noch eine Woche das Land. Ich fuhr mit zwei Freundinnen nach Stockholm und von da aus noch nach Uppsala und Mora. Die Landschaft dort ist wirklich einmalig. Schade, daß ich keinen Elch zu Gesicht bekommen hatte.

Der Abschied von Schweden viel mir ziemlich schwer. Die Kinder waren traurig und baten mich zu bleiben, und ich mußte hundertmal versprechen, sie zu besuchen. Trotz aller Unarten, die sie hatten, hatte ich sie richtig liebgewonnen. Zum Abschied wurde ein richtiges Fest gegeben, bei dem die Mutter ein Menü für mich kochte. Ich konnte alle meine Freunde einladen und erhielt jede Menge Abschiedsgeschenke.

Meiner Meinung nach hat sich mein Au-pair-Aufenthalt in Schweden in jeder Hinsicht gelohnt. Ich habe neben der neuen Sprache viele Dinge gelernt, sei es Haushaltsführung oder der Umgang mit Kindern und Tieren. Auch glaube ich, daß ich selbständiger geworden bin. Ferner hat mich die Landschaft in Schweden tief beeindruckt, ja vieles in der schwedischen Lebensart hat mir gut gefallen. Zur Familie habe ich jetzt noch Kontakt, wenn auch eher selten. Die Sprache gefiel mir so sehr, daß ich jetzt an der Uni einen Kurs darin belegt habe, um nicht alles zu verlernen. Zu einem Auslandsaufenthalt kann ich wirklich nur jedem raten.

1. Wie bereitet man sich am besten auf einen Au-pair-Aufenthalt in Schweden vor?
Wichtig ist es, sich die Arbeits- und Aufenthaltsgenehmigung bei der schwedischen Botschaft zu besorgen. Normalerweise geht das ohne Probleme. Sie gilt sechs Monate und ist anschließend in Schweden bei der Polizei zu verlängern. Der Antrag sollte aber rechtzeitig gestellt werden, da die Bearbeitung eine Weile dauert.

Um nicht völlig ohne Sprachkenntnisse dazustehen, ist es ratsam, sich ein paar Brocken Schwedisch anzueigen. Zudem ist es wichtig, eine zusätzliche Auslandskrankenversicherung abzuschließen, da man in Schweden nicht über die Familie versichert ist.

2. Wie hat das mit der Integration in die Familie funktioniert?
Eigentlich recht gut. Ich durfte das Auto mitbenutzen, war bei allen Familienfesten dabei, durfte meine Freunde einladen, und man bot mir auch an, mit in Urlaub zu fahren.

3. Wie hast Du ein Verhältnis zu den Kindern aufgebaut?
Durch die anfänglichen Sprachprobleme dauerte die Kontaktaufnahme einige Zeit. Spiele eröffnen meiner Meinung nach eine gute Möglichkeit, um sich näher zu kommen. Ich habe zum Beispiel mit ihnen Fußball gespielt, gemalt und ihnen meine Fotos von zu Hause gezeigt. Es hat sie brennend interessiert, wie beispielsweise ein schwedisches Wort auf deutsch heißt und wie Kinder daheim leben. Alles in allem hatten wir ein recht gutes Verhältnis. Sie haben mich akzeptiert, obwohl ich manchmal ziemlich wütend auf sie war, wenn wieder alles in der Gegend herumlag.

4. Wie bist Du mit dem Erziehungsstil klargekommen? Ist der schwedische eher locker oder strikt?
Mit der schwedischen Erziehung kam ich oft nicht klar. Während meiner Meinung nach die Kinder für ihre Sachen selbst verantwortlich sein sollten und diese auch aufräumen sollten, sah die Mutter dies als meine Aufgabe an. Nur in seltenen, außergewöhnlichen Fällen forderte sie ihre Kinder zu mehr Ordnung auf. Vielleicht lag es auch daran, daß immer einer da war, der sich darum kümmerte. Was mich auch störte, war, daß z.B. der Jüngste nur laut zu schreien brauchte und sofort seinen Willen bekam. Der Vater war in solchen Dingen strenger als die Mutter. Gut fand

ich, daß die Kinder nur sehr selten fernsehen durften, und wenn, dann nur Kindersendungen. Ansonsten halte ich den schwedischen Erziehungsstil eher für zu locker.

5. Wie bist Du mit der Sprache klargekommen?

Schwedisch klingt schwerer als es eigentlich ist. Es hat ziemlich viel Ähnlichkeit mit Deutsch und Englisch, wobei die Grammatik bedeutend leichter ist, als die deutsche. Da die Mutter mit mir fast nur Schwedisch sprach, lernte ich die neue Sprache recht schnell, was durch Radio oder Fernsehen noch verstärkt wurde. Auch die Kinder brachten mir viel bei. Anfangs ist es meiner Meinung nach wichtig, möglichst viele Wörter zu lernen; die Grammatik kommt später dazu. Der Sprachkurs hat mir vor allem mit der Grammatik weitergeholfen.

6. Wie hast Du gleichaltrige schwedische Jugendliche und generell Freunde gefunden? War es schwer?

Ich habe insgesamt mehr ausländische Jugendliche kennengelernt als schwedische. Dieses lag an der Tatsache, daß wir alle in der gleichen Situation waren, also alle in einem fremden Land, mit fremder Sprache und anderer Kultur. Die schwedischen Jugendlichen waren eher reserviert und zurückhaltend. Man hat sich schon mal in der Kneipe mit schwedischen Jugendlichen unterhalten, was auch sehr nett war, aber unternommen hat man nicht viel mit ihnen.

Einige Freunde habe ich im Sprachkurs kennengelernt, andere wiederum durch meine Familie, deren Bekannten zum Teil auch Au-pairs hatten. Im Sommer ist es leichter, Freunde zu finden, da dann viele ausländische Praktikanten auf schwedischen Bauernhöfen arbeiten. Wie es sich in Großstädten wie Stockholm verhält, kann ich leider nicht sagen.

7. Welche Tips kannst Du künftigen Au-paris geben, die einen Aufenthalt in Schweden planen?

Schweden ist ein wunderschönes Land, und schon allein wegen der tollen Landschaft lohnt sich ein Aufenthalt. Ich glaube, es ist wichtig, sich zu entscheiden, ob man aufs Land oder in eine größere Stadt will. Auf dem Land kann es passieren, daß man ziemlich einsam wohnt. Wer das nicht mag, dem wird es natürlich schnell langweilig. Auch gibt es auf dem Land mehr Arbeit als in der Stadt. Sie beginnt mit einem recht großen Haus, das meist in Ordnung gehalten werden muß, und endet oftmals beim Garten und den Tieren, die gepflegt werden müssen. Es macht die Arbeit aber sehr vielfältig und abwechslungsreich.

Zudem halte ich es für sehr wichtig, sich auch zu beschweren, wenn einem etwas nicht paßt und die Aufgaben wirklich über den Arbeitsbereich eines Au-pairs hinausgehen. Meist nimmt die Familie dann auch Rücksicht. Die Schweden sind an sich sehr freundlich, vor allem in Geschäften fiel mir das auf. Als Au-pair sollte man sich darüber im klaren sein, daß auch im Haushalt geholfen werden muß — zumindest bei einem Aufenthalt in einem europäischen Land. Man sollte sich nicht vor der Arbeit scheuen.

8. Was hat Dir der Aufenthalt gebracht?
Der Aufenthalt hat mich auf alle Fälle selbständiger gemacht. Mich bringt nichts mehr so leicht aus der Fassung. Ich habe gelernt, Verantwortung zu übernehmen

und viel über Haushaltsführung (Kochen, Backen, Waschen) sowie über den Umgang mit Kindern und Tieren erfahren.

Als Au-pair in England

1. Bericht

»Auch kleine Pannen ehrlich zugeben, sonst kann kein Vertrauen aufkommen« empfiehlt Wiebke Jung.
Wiebke lebte fast zwölf Monate, von Januar bis Mitte Dezember, als Au-pair bei einer Familie in Birmingham und versorgte vier Kinder. Über ihre Erfahrungen und andere Insider-Tips berichtet sie auf den folgenden Seiten.

Nach dem Abitur herrschte erst mal die große Ratlosigkeit. Das Einzige, was ich wußte, war, daß ich nicht wieder sofort mit dem Pauken anfangen wollte und ein wenig Abstand zu meiner gewohnten Umgebung brauchte.

Zuerst dachte ich an ein Freiwilliges Soziales Jahr, aber eigentlich zog es mich ins Ausland, genauer gesagt, nach England. Die Vorliebe für England hat in meiner Familie eine gewisse Tradition. Ich bin bereits viermal dort gewesen, und Sprache und Eigenheiten des Landes waren mir zum Teil schon recht vertraut. Den Vorschlag, als Au-pair nach England zu gehen, machte mir das Arbeitsamt, von dem ich dann auch die Adresse einer Vermittlungsagentur bekam. Von meinem Auslandsaufenthalt erhoffte ich mir nicht nur eine intensivere Begegnung mit der Kultur und Lebensweise, sondern auch Anregungen für mein eigenes Leben, z.B. in Bezug auf meine Berufswahl. Rückblickend kann ich sagen, daß ich mich

durch die Erfahrungen in England nicht nur bereichert fühle, sondern daß ich in diesen Monaten auch erwachsen geworden bin. Für die Vorbereitung der Bewerbung mit Brief, Referenzen und Fotos nahm ich mir gute zwei Wochen Zeit und scheute auch keinen Aufwand. Eine sorgfältig gestaltete und persönliche Bewerbung, so dachte ich mir, spricht auch die richtigen Leute an. Und so war es. Anfang Oktober schickte ich meine Bewerbung weg, und schon nach wenigen Tagen hatte ich einen Platz und konnte meinen Flug für Anfang Januar 1994 buchen.

Mit Kindern hatte ich bis dahin relativ wenig zu tun gehabt, aber gerade diese Herausforderung reizte mich. Bei der Vorbereitung auf mein Au-pair-Dasein haben mir die Erfahrungen einer Freundin, die bereits ein halbes Jahr als Au-pair in Norwegen gearbeitet hatte, sehr geholfen.

Bis zum letzten Moment sehnte ich meinen Abreisetermin herbei und erst als ich alleine im Zug nach Düsseldorf saß, überfiel mich das Bewußtsein, daß dies ein Abschied für zehn lange Monate war! Ich lenkte mich ab, indem ich mich gespannt auf das Neue konzentrierte. Von meiner Gastfamilie wußte ich, daß der Vater Musiker war, daß sie drei Jungen – drei, fünf und acht Jahre alt – hatten und daß die Mutter, von Beruf Lehrerin, im Frühjahr ein viertes Kind erwartete. Die durchschnittliche Kinderzahl in den englischen Gastfamilien liegt bei zwei bis drei Kindern, es gab auch Au-pairs, die nur ein Baby zu betreuen hatten, ich hatte mir also eine Menge vorgenommen.

Mein Gastvater holte mich vom Flughafen in Birmingham ab, wo die Familie auch wohnte. Ich überwand meine anfängliche Scheu, aktivierte meine an sich guten Englischkenntnisse und sofort kamen wir ins Gespräch. Meine Gastmutter war ebenfalls offen und herzlich, wenn sie dies auch nicht immer zeigte. Unsere anregenden Gespräche zu Beginn meines Aufenthalts schufen eine gute Grundlage für das gegenseitige Verständnis. Man braucht übrigens nicht perfekt Englisch zu sprechen, wie ich bei anderen Au-pairs feststellen konnte.

Meine drei Schützlinge waren sehr unterschiedlich, aber allesamt sehr lebendig, impulsiv und mit viel Fantasie ausgestattet. Zu beschäftigen brauchte ich sie nur, wenn ihre Impulsivität in Destruktivität auszuarten drohte. Sie gewöhnten sich unterschiedlich schnell an mich, wobei der Jüngste am längsten brauchte (fast zwei Monate).

Meine praktischen Aufgaben sahen etwa so aus: Den Kindern helfen beim Anziehen, Waschen usw., teilweise Frühstück machen, den Jüngsten zum Kindergarten bringen und abholen, aufräumen, staubsaugen, mit den Kindern spielen, babysitten (meist ein bis zwei Abende pro Woche, ganz selten auch schon mal einen halben oder ganzen Tag). Als das Baby da war, übernahm ich auch schon mal das Kochen.

Meine erste Woche in Birmingham brachte mir Heimweh und eine saftige Erkältung. Da ich nicht zur Sprachschule ging, nahm ich telefonisch Kontakt zu einem Au-pair auf, das auch erst kürzlich angekommen war. Mit ihr lernte ich weitere Au-pairs kennen. Gemeinsam unternahmen wir viel und lernten schnell, unser Taschengeld gut einzuteilen. Birmingham hat kulturell eine Menge zu bieten. In mei-

ner Freizeit – zwischen 10.00 Uhr und 15.00 Uhr sowie in der Regel ab 20.00 Uhr und sonntags – machte ich auch Ausflüge in die Umgebung. Im Sommer belegte ich am »Arts Centre« einen Kurs für Ausdruckstanz.

Im Laufe der ersten sieben Monate besuchten mich mein Bruder, meine Mutter und eine Freundin, die von meiner Gastfamilie wie selbstverständlich aufgenommen wurden. Das ist jedoch nicht überall so. Im August, als meine Gastfamilie Urlaub machte, fuhr ich eine Woche nach Hause. Nach den sieben Tagen freute ich mich dann schon wieder auf England.

Zwei Ereignisse haben mich und meine Gastfamilie besonders nahegebracht. Es war die Geburt des vierten Kindes, eines kleinen Mädchens, die zu Hause stattfand, und eine gemeinsame Urlaubswoche an der Südküste von Cornwall im Sommer. Da ich im Laufe der Zeit praktisch ein neues Familienmitglied geworden war, blieb ich auf den Vorschlag meiner Gasteltern noch fünf Wochen länger als anfänglich geplant. So feierten wir dann auch noch gemeinsam meinen Geburtstag.

In diesem Sommer, wenn ich in England bin, werde ich meine »zweite Familie« wieder besuchen.

1. Wie bereitet man sich am besten auf einen Au-pair-Aufenthalt in England vor?
An erster Stelle sollte man Informationen und Erfahrungen von ehemaligen Au-pairs sammeln und sich mit der Kultur und den Lebensgewohnheiten des Landes beschäftigen. Auch wer glaubt, diese schon zu kennen. Kontakt mit Engländern kann nur von Vorteil sein. Leichte Lektüre zu

lesen oder britischen Rundfunk zu hören hilft ganz gut als (Wieder-)Einstieg in die Sprache. Praxisorientierte Sachen, wie der Umgang mit Kindern, Hausarbeit oder Kochen gestalten sich je nach Situation sowieso sehr unterschiedlich.

2. Wie hat das mit der Integration in die Familie funktioniert?

In meinem Fall verlief die Integration in die Gastfamilie ziemlich gut. Mit meinen Gasteltern hatte ich viele Gemeinsamkeiten. Es gab immer anregenden Gesprächsstoff.

Da ich mich nicht nur anfangs stark am Familienleben beteiligte, was meine Gastfamilie schätzte und förderte, klappte die Zusammenarbeit bald reibungslos. Die Kinder lernten mich durch die enge Bindung viel besser kennen und konnten mich schneller akzeptieren und respektieren. Schließlich war ich so etwas wie eine große Schwester für sie und für meine Gasteltern nicht nur eine Hilfe, sondern auch eine Freundin.

3. Wie hast Du ein Verhältnis zu den Kindern aufgebaut?

Die drei kleinen Jungen, die ich betreute, waren zunächst eher zurückhaltend, genau wie ich. Der Mittlere war am zugänglichsten, und durch den Kontakt mit ihm überwand ich meine Scheu, mich auch mit den anderen zu beschäftigen. Ich zeigte viel Anteilnahme an dem, was sie taten und dachten. Anfangs habe ich auch schon mal die anderen Arbeiten durch die Beschäftigung mit den Kindern zurückgestellt, denn die ersten Wochen sind die entscheidenden. Natürlich müssen die Gasteltern dafür Verständnis aufbringen können. Im übrigen spricht jedes Kind auf unterschiedliches Verhalten an. Der

Jüngste zum Beispiel hatte einen ausgeprägten Humor, dem ich es schließlich verdanke, daß wir doch so gute Freunde geworden sind.

4. Wie bist Du mit dem Erziehungsstil klargekommen? Ist der englische Stil eher locker oder strikt?

Der strenge Ruf der englischen Erziehung trifft sicher auf weite Teile der Schulerziehung zu. Die »hauseigene« Erziehung ist aber von einer Familie zur anderen sehr verschieden. Grundsätzlich gibt es mehr oder weniger festgelegte Grundregeln, besonders in Bezug auf das Verhalten z.B. am Tisch. Diese hielten sich in meinem Fall in einem vernünftigen Rahmen. Wurden die Grundregeln jedoch übertreten, hatte das Konsequenzen. Beim Spielen hingegen genossen die Kinder viel Freiheit, manchmal fand ich allerdings etwas zu viel. Im allgemeinen aber kam ich mit dem Erziehungsstil gut zurecht und konnte mich darin auch anpassen.

5. Wie bist Du mit der Sprache klargekommen?

Dank vielfältiger Beziehungen zu England ist mir die englische Sprache schon lange vertraut. Sie begleitet mich seit meinem sechsten Lebensjahr. Obgleich ich eigentlich nicht nach England fuhr, um Sprachdefizite auszubessern, habe ich während des Au-pair-Aufenthaltes durch den umgangssprachlichen Gebrauch viel dazugelernt. Zu Anfang mußte ich auch eine gewisse Hemmschwelle überwinden. Am leichtesten fiel mir die Kommunikation mit den Kindern. Die klappt auch bei Sprachanfängern schnell.

6. Wie hast Du gleichaltrige englische Jugendliche und generell Freunde gefunden. War es schwer?

Kontakt zu Gleichaltrigen bekam ich vorwiegend über den Verwandten- und Freundeskreis meiner Gastfamilie sowie durch einen Kurs im »Arts Centre«. Anderweitig Kontakt zu jungen Engländern zu finden, war schwierig.

Andere Au-pairs kennenzulernen, war degegen schon einfacher, denn über die örtliche Au-pair-Agentur erhält man ihre Telefonnummern. Schade war jedoch, daß sich häufig Au-pairs einer Nationalität zusammentaten, ohne etwas mit solchen anderer Nationalitäten zu tun haben zu wollen.

7. Welche Tips kannst Du künftigen Au-paris geben, die einen Aufenthalt in England planen?

Folgende Hinweise erscheinen mir wichtig:

Erstens: Der englische Charakter erscheint nach außen oft kühl und gelassen; darunter verbirgt sich aber fast immer Herzlichkeit und Wärme. Das Verständnis für mangelnde Sprachkenntnisse ist allgemein sehr groß. Also: Keine Angst vorm Radebrechen!

Zweitens: Bei vielen Au-pairs wird Selbständigkeit gewissermaßen vorausgesetzt, aber zu fragen hat noch nie geschadet. Auch kleine Pannen ehrlich zugeben, sonst kann kein Vertrauen aufkommen.

Drittens: Ein Regenschirm, der in jede Tasche paßt, ist keine schlechte Investition. Auch eine Wärmflasche, warme Fußbekleidung und notfalls Vitamintabletten für die kältere Jahreshälfte sind immer hilfreich.

Viertens: England ist landschaftlich vielseitig und reizvoll. Schnell, bequem und vor allem preiswerter als mit dem Zug reist man mit den landesweit verkehrenden Überlandbussen von »National Express«. Außerdem lohnt es sich, einen Schüler-/Studentenausweis oder etwas Ähnliches zu besitzen.

8. Was hat Dir der Au-pair-Aufenthalt gebracht?

Meine Au-pair-Zeit bedeutete für mich insgesamt eine große Bereicherung. Ich bin nicht nur mit der englischen Kultur und Sprache vertrauter geworden, sondern auch durch die Herausforderungen des Au-pair-Daseins gewachsen. Ich bin gelassener und selbstsicherer geworden. Auch mein Berufsziel hat sich in diesem Jahr geklärt. Ich habe viele bereichernde Begegnungen gehabt, neue Fähigkeiten erlernt und vor allem: Ich habe in meiner Gastfamilie liebe Freunde gefunden, die mir sicher lange erhalten bleiben.

2. Bericht

»Wäre ich nicht gefahren, hätte ich es garantiert bereut!«
Erfahrungsbericht mit vielen Insider-Tips von Esther Raddatz. Esther lebte zwölf Monate, von April bis April, als Au-pair bei einer Familie in Watford, rund dreißig Kilometer nördlich von London. Sie hatte drei Kinder zu versorgen.

Wie ich eigentlich auf die Idee gekommen bin, als Au-pair nach England zu gehen, weiß ich gar nicht mehr. Was ich aber noch weiß, ist, daß ich nach dem Abitur nicht gleich studieren wollte. Und als ich in der schriftlichen Englischprüfung eine vier bekam, sagte ich mir: Jetzt erst recht! Also bewarb ich mich bei einer Au-pair-

Agentur, und im März 1994 eine Familie gefunden. Ich telefonierte einige Male mit ihr und ging dann im April nach England. Mir hat es von Anfang an gefallen, und alle waren sehr nett zu mir. Die Eltern Janet und James waren beide 35, Richard vier, die Zwillinge Sarah und Rachel Zwillinge eineinhalb Jahre alt. Sie bewohnten ein Einfamilienhaus mit Garten in Watford, einer Stadt nur zwanzig Minuten mit dem Zug von London entfernt.

Anfangs hatte ich einige Probleme mit der Sprache, denn ich mußte mich erst daran gewöhnen, daß die Leute dort »richtiges« Englisch sprachen. Doch durch sehr große Unterstützung von Janet und James fiel mir das Sprechen nach einem Monat schon viel leichter. Erst dann konnte ich

eine Beziehung zu den Kindern aufbauen. Hauptsächlich hatte ich im Haushalt zu tun. Ich saugte und wischte Staub, bügelte, säuberte das Bad und die Waschbecken und wusch und trocknete das Geschirr. Zu den Mahlzeiten half ich Janet beim Füttern der Kinder, morgens und abends beim Umziehen und Baden der Kleinen. Ab und zu paßte ich tagsüber für einige Stunden auf die Zwillinge auf. Babysitten mußte ich nicht sehr oft. Über das ganze Jahr verteilt höchstens einmal im Monat. Für meine Arbeit bekam ich dreißig Pfund, womit ich gut auskam.

Ich hatte genügend Freizeit, obwohl ich meist den ganzen Tag für Janet und die Kinder da war. Wir gingen oft spazieren, einkaufen oder auf den Spielplatz.

Esther Raddatz mit »ihren« Kindern Richard, Sarah und Rachel

Zweimal wöchentlich nahm ich an einem Englischkurs im nahegelegenen College teil. Von dort erhielt ich abschließend dann auch das »First Certificate in English«.

Durch das College lernte ich auch meine ersten Freunde, vorwiegend Aupais, kennen. Da sie jedoch schon länger als ich in England waren, fuhren die meisten von ihnen leider auch viel früher als ich wieder nach Hause. Auf den Städtereisen, die von der Au-pair-Agentur veranstaltet wurden, zum Beispiel nach Brighton, Oxford und Cambridge, traf ich dann noch ein anderes nettes Au-pair, mit dem ich im Sommer Londoner Museen, Galerien, Theater und Musicals besuchte.

Im Herbst, nach den Semesterferien, traf ich dann viele Jugendliche in Watford. Meist waren es ausländische Studenten, die an einem College die International Friendship Society (IFS) gegründet hatten und freitags nationale Abende veranstalteten. Es war sehr aufschlußreich, Geschichte, Kultur und Musik anderer Länder kennenzulernen. Ich war mit Spaniern, Franzosen, Italienern, Schweden, Indern, Kroaten, Afrikanern und Australiern zusammen. Auch außerhalb der IFS hatten wir viele Partys, trafen uns im Pub oder gingen in die Disco. Zu Engländern hatte ich jedoch nur wenig Kontakt. Ich hätte meinen Aufenthalt noch gern verlängert. Aus persönlichen Gründen mußte ich nach dem einen Jahr jedoch wieder zurück nach Hause.

Der Au-pair-Aufenthalt hat mir viel gegeben und war sehr wichtig für mich. Wäre ich nicht gefahren, hätte ich es garantiert bereut.

Esther Raddatz mit Sarah und Rachel

1. Wie bereitet man sich am besten auf einen Au-pair-Aufenthalt in England vor?
Jeder, der sich für einen mehrmonatigen Au-pair-Aufenthalt entscheidet, sollte sich sicher sein, daß er weggehen will. Man muß es wirklich wollen!

2. Wie hat das mit der Integration in die Familie funktioniert?
Meine Gasteltern, Janet und James, haben mir erklärt, was ich alles machen soll. Dann ließen sie mir genug Zeit, um mich zurecht zu finden. Wie Kinder auf fremde Menschen reagieren, weiß man ja.

3. Wie hast Du ein Verhältnis zu den Kindern aufgebaut?
Als ich dann aber besseres Englisch sprach, ging alles viel lockerer. Ich verstand mich sehr gut mit allen.

4. Wie bist Du mit dem Erziehungsstil klargekommen? Ist der englische Stil eher locker oder strikt?
Meine Gasteltern haben ihre Kinder erzogen, wie ich auch von meinen Eltern er-

zogen worden bin. Daß es einen bestimmten englischen Erziehungsstil gibt, kann ich nicht sagen.

5. Wie bist Du mit der Sprache klargekommen?

Anfangs hatte ich ein paar Probleme, aber es waren eher Hemmungen, Englisch zu sprechen. Da Janet und James mir aber sehr bei Vokabeln und Aussprache geholfen haben, ging es bald ganz gut.

6. Wie hast Du gleichaltrige englische Jugendliche und generell Freunde gefunden? War es schwer?

Durchs College und die Au-pair-Agentur in London habe ich Freunde gefunden. Es war verhältnismäßig leicht, andere Aupairs zu begegnen. Bezüglich gleichaltriger englischer Jugendlicher war das schon schwieriger.

7. Welche Tips kannst Du künftigen Au-paris geben, die einen Aufenthalt in England planen?

Laßt Euch ab und zu ein Freßpaket nach England schicken! Mit dem Toastbrot dort konnte ich mich gar nicht so recht anfreunden. Ich habe ziemlich zugenommen. Aber keine Angst, das kommt alles wieder runter, wenn man zurück ist!

Als Au-pair in Frankreich

1. Bericht

»Man muß auch »nein« sagen können!«
Erfahrungsbericht von Sylwia Materlinska.
Sylwia lebte zwölf Monate, von Juli bis Juli als Au-pair bei einer Familie in St.-Germain-en-Laye, zwanzig Kilometer östlich von Paris. Nach fünf Monaten wechselte sie die Familie.

Ich weiß noch, wie ungeduldig und neugierig ich die ganze Zeit vor meiner Reise nach Frankreich war. Am liebsten wäre ich sofort gefahren. Als ich dann ein Schreiben von der Au-pair-Agentur mit den Informationen über eine französische Familie bekam, habe ich sofort zugegriffen. Ein paar Tage später erhielt ich dann Antwort aus Frankreich. Zuerst von der Partnerorganisation und dann von der Familie. Ich fand es ganz toll, daß sich die Familie in dem Brief näher bei mir vorstellte, da sich meine anfänglichen Informationen nur auf den Wohnort, Namen und Alter der Kinder und den Beruf der Gasteltern beschränkten. Durch den Brief der Gasteltern erfuhr ich dann mehr über sie. Leider mußte ich aber auch feststellen, daß die drei Jahre Französisch in der Schule viel zu wenig waren. In dem Moment habe ich angefangen mir Sorgen zu machen. Werde ich mich überhaupt richtig verständigen können? Immerhin sollte ich auf vier Kinder aufpassen! Dann kam der Tag der Wahrheit. Ich fuhr mit dem Zug nach Paris, wo mich die Familie wie vereinbart am Bahnhof abholen sollte. Im Zug hatte ich dann wieder ein mulmiges Gefühl und fragte mich die ganze Zeit, was ich machen würde, wenn die Familie nicht da wäre? Sie wohnten schließlich zwanzig Kilometer außerhalb von Paris.

Aber alle meine Zweifel und Sorgen waren wie weggeblasen, als am Bahnhof meine Gastmutter und zwei »meiner« Kinder auf mich zukamen. Die beiden Mädchen hatten mich sofort angelacht, weil sie mich wahrscheinlich von meinen Bewerbungsfotos wiedererkannt hatten. Nach der Begrüßung versuchten wir uns zu unterhalten, aber mir fehlten doch noch zu viele Vokabeln, so hörte ich fast nur zu. Sie waren aber sehr rücksichtsvoll und freundlich zu mir, haben sehr langsam gesprochen, und wenn ich was nicht verstanden habe, versuchten sie es so lange, bis ich es endlich begriffen hatte. Auf der Fahrt vom Bahnhof zu meinem neuen Zuhause bekam ich die ersten Eindrücke von Paris. Die Stadt ist wunderschön, und ich habe mich sofort in sie verliebt.

Zu Hause angekommen, lernte ich dann meinen Gastvater und die anderen beiden Kinder kennen. Auch sie haben mich freundlich empfangen. Gemeinsam zeigten sie mir das Haus, den großen Garten und natürlich mein Zimmer und Bad. Es war sehr wohnlich eingerichtet, so daß ich ganz begeistert war. Doch viel hatte ich nicht von meinem Zimmer, denn noch am selben Abend mußte ich umpacken, da es am nächsten Tag in die Schweiz gehen sollte. Zwei Wochen lang nach Montana mit den Großeltern.

Dort angekommen, begann für mich die Arbeit. Abendessen vorbereiten, Koffer der Kinder auspacken, Betten für die Kinder vorbereiten (die großen französischen, von denen ich schon nach dem ersten Tag die Nase voll hatte), die Kinder baden usw. Es war der reine Streß. Ich arbeitete von 09.00 Uhr bis nach dem Mittagessen und dann wieder von 17.30 Uhr bis die Kinder in den Betten waren. Irgendwie fand ich das nicht mehr witzig. Jeden Tag spielte ich die Putzfrau: staubsaugen und -wischen, Küche, Wohn-, Bade- und Kinderzimmer putzen und bügeln. Es wäre vielleicht auch nicht so schlimm gewesen, wenn die Großmutter sich nicht jedesmal eingemischt hätte. An allem, was ich tat, hatte sie etwas auszusetzen und rumzumäkeln.

Abends war ich meist sehr müde und bin sofort schlafen gegangen. Aber ich dachte mir: »Was soll's? Die zwei Wochen halte ich das schon aus«, zumal es auch schöne Zeiten gab. In meiner freien Zeit ging ich mit den Kindern spazieren, Schlittschuhlaufen, oder wir machten ein Picknick in den Bergen.

Dann waren wir zurück in Paris. Endlich, dachte ich. Doch schon am nächsten Tag waren wir wieder unterwegs. Diesmal ging's in die Bretagne, anschließend ans Mittelmeer. Ich dachte mir, vielleicht ändert sich ja was an meinem Tagesablauf, aber nein. Alle machten Urlaub und hatten Ferien, nur ich arbeitete wie eine Verrückte. Meine Gastmutter tat keinen Handschlag, abgesehen vom Einkauf. Der Rest des Haushalts lag auf meinen Schultern. Sie sagte nur, wie sie die Dinge gehandhabt haben wollte, und so waren sie dann genau auszuführen. Dazu kamen noch die Kinder. Es waren vier: Caroline, elf Jahre, Charlotte fünfeinhalb Jahre, Marc-Antoine sechseinhalb Jahre und Amaury achtzehn Monate alt. Sie wollten gerne mit mir spielen, das durften sie auch, aber nur wenn ich meine freie Zeit hatte. Sonst pflegte meine Gastmutter zu sagen: »Kinder, Sylwia muß jetzt arbeiten, ihr könnt später mit ihr spielen.« Was sollte ich tun? Endlich waren auch die vier Wochen vorbei und wir fuhren zurück nach St.-Germain.

Mein Stundenplan änderte sich etwas, weil ich zur Schule gehen sollte. Ich hatte aber weiterhin meine festen Zeiten und mußte sechs Tage in der Woche arbeiten. In der Schule waren noch ein paar andere Au-pairs, und wir haben sofort unsere Erfahrungen ausgetauscht. Mir wurde klar, daß ich ausgenutzt wurde. Ich versuchte dann mit meiner Gastmutter zu sprechen, aber das hat nichts geholfen. So spielte ich weiter das Putzmädchen.

Samstagabends bin ich oft mit den Mädchen von der Schule ausgegangen, um sie besser kennenzulernen, denn wegen der unterschiedlichen Arbeitszeiten blieb nach der Schule kaum Zeit dazu. Es war immer sehr witzig. Wir haben gemeinsam eingekauft, waren im Kino oder im Museum, saßen im Café oder sind in Discos gegangen. Dies waren die angenehmen Seiten der ersten Monate. In der Zeit lernte ich dann auch meinen Freund Olivier kennen.

Zusammen mit meiner Freundin Karen, die ich in Paris kennengelernt hatte, hat Olivier mich dann auch dazu überredet, nicht zurück nach Hause zu fahren, sondern die Familie zu wechseln. Denn nach fünf Monaten hatte ich die Nase gestrichen voll.

Ich habe nochmals versucht, mit meiner Gastmutter zu sprechen – ohne Erfolg. Also entschloß ich mich, zu der französischen Au-pair-Agentur zu gehen. Karen begleitete mich, weil mir doch etwas mulmig war. Mit diesem Schritt setzte ich praktisch alles auf eine Karte. In der Agentur waren sie sofort entgegenkommend, vor allem, nachdem ich alles

erzählt hatte und ihnen meinen Arbeitsplan zeigte. Die Mitarbeiterin versuchte dann mit meiner Mutter am Telefon zu reden, das fruchtete aber nichts. Dann haben sie einen Termin ausgemacht, aber meine Gastmutter hatte es nicht für nötig befunden, zu kommen. Also habe ich letztlich die Agentur gebeten, mich an eine andere Familie zu vermitteln, was dann auch innerhalb von drei Tagen geschah. Ich stellte mich bei der Familie vor und wollte diesmal auch selbst besser darauf achten, was für ein Typ meine Gastmutter war.

Die neue Familie war spitze. Vom ersten Tag an fühlte ich mich wohl. Sie waren so nett, so lustig und sympathisch, daß ich mich sehr gut mit ihnen verstanden habe. Als ich morgens ins Haus kam – ich hatte ein eigenes Appartement, das ein paar Minuten von der Familie entfernt lag – war schon das Frühstück für mich auf dem Tisch. Mein Tag sah dann folgendermaßen aus: Nach dem Frühstück brachte ich die Jüngste – meinen Schatz Faustine, viereinhalb Jahre – zum Kindergarten. Beide Gasteltern waren berufstätig, wobei meine Gastmutter jeden zweiten Monat gearbeitet hat. Die beiden anderen Kinder, François-Xavier, vierzehn Jahre, und Raphaelle, elf Jahre, waren bereits sehr selbständig. Zu Hause habe ich dann aufgeräumt, obwohl ich keinen Arbeitsplan hatte. Alles was ich tat, habe ich von mir aus erledigt. Ich konnte selbst entscheiden.

Viel Spaß hat es mir immer gemacht, mit meiner Gastmutter einkaufen zu gehen. Sie hat mich stets gefragt, ob ich etwas bräuchte oder zu essen haben wollte, was nicht auf der Einkaufsliste stand. Sie war sehr aufmerksam. Da ich als richtiges

Sylwia Materlinska **mit Gastmutter, Mutter (blond) und Kindern**

Familienmitglied aufgenommen wurde, war auch ich bereit, alles für meine Familie zu tun. Am Anfang wollte meine Gastmutter nicht, daß ich ihre Kleidung oder die ihres Mannes wasche und bügle. Ich tat es aber trotzdem, weil es mir Freude bereitete, helfen zu können.

Nachmittags spielte ich mit den Kindern oder half ihnen bei den Hausaufgaben. Wir sind auch oft ins Kino gegangen, waren zum Schwimmen, Tennisspielen oder sind einfach zu Hause geblieben und haben Fernsehen geguckt. Es war meist sehr lustig. Immer, wenn meine Gastfamilie Besuch hatte, war auch ich eingeladen. Sie hat mich sogar nach Euro-Disneyland und zu dem Tennisturnier Roland Garos eingeladen.

Am Wochenende, wenn meine Gastmutter zu Hause war, hatte ich frei und

bin meist mit meinem Freund und meinen Freundinnen in die Stadt gefahren. Ich wohnte jetzt nur noch fünf Kilometer von der Stadtmitte entfernt. Meine Gastfamilie hatte auch nichts dagegen, wenn ich Besuch zu mir nach Hause mitbrachte und lud sogar Olivier und auch meine Freundin Karen zum Essen ein. Auch mein Besuch von zu Hause war willkommen. Die Monate bei meiner zweiten Familie verliefen sehr harmonisch – insgesamt verbrachte ich eine angenehme Zeit, die viel zu schnell verging.

Heute habe ich noch Kontakt zu beiden Familien. Wir schreiben uns oder telefonieren. Beide haben mich sogar in die Ferien eingeladen. Ich glaube, daß es sogar mit meiner ersten Familie gut gegangen wäre, wenn ich mich nicht so hätte unterbuttern lassen. Ich weiß, wie schwer es am Anfang ist, »nein« zu sagen, da man ja irgendwie von der Familie abhängig ist. Ich glaube aber, daß es einfach dazu gehört, auch »nein« sagen zu können, denn dadurch kann man sich einige Probleme ersparen und läuft nicht so schnell Gefahr, ausgenutzt zu werden.

Die Ereignisse und Erlebnisse während meines Au-pair-Aufenthaltes haben mich um neue Erfahrungen bereichert. Ich habe sehr viel gelernt und bin reifer und selbständiger geworden. Die Zeit in Frankreich war eine sehr schöne Zeit für mich.

1. Wie bereitet man sich am besten auf einen Au-pair-Aufenthalt in Frankreich vor?

Ich denke, daß man nicht alles planen kann und vieles einfach auf sich zukommen lassen sollte. Ich habe mich, ehrlich gesagt, gar nicht vorbereitet.

2. Wie hat das mit der Integration in die Familie funktioniert?

Im Prinzip habe ich mich sehr gut mit beiden Familien verstanden. Die erste Gastmutter verlangte einfach viel zu viel. Alle waren nett zu mir, und daß ich mich bei meiner zweiten Familie wohler fühlte, lag sicher auch daran, daß wir alles gemeinsam besprochen und entschieden haben. Sie fragten mich immer nach meiner Meinung und integrierten mich in die Familie.

3. Wie hast Du ein Verhältnis zum Kind aufgebaut?

Bei meiner ersten Familie hatte ich mit den Kindern nicht viel zu tun, während es bei der zweiten einfach war. Zu der Zeit konnte ich auch schon gut Französisch und wir hatten fast die gleichen Hobbys. François-Xavier, fünfzehn Jahre, spielte

wie ich gerne Tennis und Basketball. Wir haben auch gemeinsam mit seiner Schwester Raphaelle im Garten oder auf der Straße gespielt. Zudem hörte er die gleiche Musik wie ich, und wenn er Probleme mit Mädchen hatte, hatte ich ein offenes Ohr für ihn.

Raphaelle, elf Jahre, spielte auch sehr gerne. Häufig sind wir auch einkaufen gegangen. Oft haben uns auch seine Freundinnen oder Freunde begleitet. Wir waren zusammen essen, sind ins Kino gegangen, haben Fernsehen geguckt, gekocht oder gebacken. Wir hatten viel Spaß zusammen.

Faustine, viereinhalb Jahre, liebte es, zu malen und zu zeichnen. Wir schauten uns auch Videofilme (Märchen) an oder ich las ihr etwas vor. In der Küche hat sie mir geholfen; bei gutem Wetter waren wir draußen spielen.

4. Wie bist Du mit dem Erziehungsstil klargekommen? Ist der französische eher locker oder strikt?

Bei der ersten Familie war die Erziehung sehr strikt. Den Kinder wurde viel verboten. Sie sollten die ganze Zeit nur lernen. Spielen durften sie an den Wochenenden oder nach den Hausaufgaben.

Auch bei der zweiten Familie stand die Schule an erster Stelle, aber insgesamt war es lockerer. Die Kinder waren ja auch schon älter und durften Freunde nach Hause bringen, was bei der ersten Familie unmöglich war.

5. Wie bis Du mit der Sprache klargekommen?

Am Anfang war es schlimm. Ich habe fast nichts verstanden. Aber mit der Zeit klappte es dann immer besser. Die Schule hat viel dazu beigetragen, aber auch die Familie und meine Freunde. Ich suchte mir immer Freunde, die gut !! französisch sprechen konnten oder Franzosen, um meine Sprachkenntnisse zu verbessern

6. Wie hast Du gleichaltrige französische Jugendliche und generell Freunde gefunden? War es schwer?

Freunde in Frankreich zu finden, war sehr einfach. Man wird überall angesprochen, ob man im Café sitzt oder irgendwo im Park. Dies war für mich das kleinste Problem. Die Franzosen sind sehr offen und kontaktfreudig. Ich habe nur gute Erfahrungen gemacht.

7. Welche Tips kannst Du künftigen Au-pairs geben, die einen Aufenthalt in Frankreich planen?

Ein Au-pair sollte Rückgrat zeigen, weil es sonst Gefahr läuft, ausgenutzt zu werden. Es schwierig am Anfang, da man von der Familie abhängig ist, aber es muß sein.

8. Was hat Dir der Au-pair-Aufenthalt gebracht?

Ich habe außergewöhnliche, fantastische Menschen kennen- und liebengelernt. Es war meine bisher schönste und aufregenste Zeit, da ich auf mich allein gestellt war. Ich bin reifer und selbständiger geworden. Die Erfahrungen haben mich nicht nur weitergebracht, sondern werden mir bestimmt auch weiterhin im Leben helfen. Selbstverständlich hat der Aufenthalt auch meine Französischkenntnisse verbessert. Ich hätte nie im Leben gedacht, daß ich mal so gut Französisch lernen würde.

2. Bericht

»Laßt Euch von den kleinen, teilweise verwöhnten Kindern nicht auf der Nase herumtanzen!«
Erfahrungsbericht von Meike Geversmann. Meike lebte ein halbes Jahr als Au-pair in Berchères-sur-Vesgre, rund sechzig Kilometer von Paris entfernt, bei einer geschiedenen Mutter. Sie hatte ein Kind zu versorgen.

Da Frankreich schon immer eine gewisse Faszination auf mich ausgeübt hat, entschloß ich mich nach dem Abitur, dem normalen Trott »Schule-Ausbildung-Beruf« zu entgehen und statt dessen für sechs Monate als Au-pair in Paris zu leben. Da ich mich nur ein halbes Jahr engagieren wollte, war es gar nicht so leicht, eine Gastfamilie zu finden. Aber dann bekam ich kurz vor meinem gewünschten Ausreisetermin doch noch einen Brief von dem Au-pair-Vermittler und noch am selben Tag dann auch einen Anruf von meiner künftigen Gastmutter. Wir lernten uns, so gut es ging, über das Telefon kennen. Als wir am Schluß beschlossen, es mal versuchen zu wollen, haben wir den Ankunftstermin abgesprochen. Bereits eine Woche später kam ich dann in Paris an, und alles hat meine kühnsten Träume übertroffen. Meine Gastfamilie besaß ein traumhaftes, riesiges Haus in einem tollen Park mit Tennisplatz und Pferdeställen. Die Begrüßung war freundlich, nur die dreijährige Tochter war etwas zurückhaltend. Ich dachte mir aber, daß sie mich ja auch erst noch kennenlernen müßte.

Doch der erste Monat mit ihr war wirklich problematisch, da ich wegen mangelnder Sprachkenntnisse und Sprachpraxis oft nichts verstand. Zudem behandelte sie mich wie einen Eindringling, da sie ihre geschiedene Mutter bisher ganz für sich alleine hatte. Ein weiteres Problem war die Abgelegenheit des Hauses. Die Kleine hatte keine Nachbarskinder zum Spielen, sondern war nur daran gewöhnt, mit dem gutmütigen Labrador zu spielen. So war es für mich nicht ganz einfach, ihr klarzumachen, daß ich nicht wie ein dressierter Hund gehorchte. Ich mußte ihr also ihre Grenzen klarmachen und dabei jedoch darauf achten, daß ich eine eventuell aufkommende Freundschaft nicht gleich am Anfang zerstörte.

In dem Gartenhaus, das zum Anwesen gehörte, wohnte der zweiundzwanzigjährige Sekretär meiner Gastmutter mit seiner gleichaltrigen Freundin. Sie haben mir in der Eingewöhnungsphase sehr geholfen und waren immer da, wenn ich jemanden zum Reden brauchte. In der ersten Zeit hatte ich schon etwas Bedenken, daß mich meine Gastmutter vielleicht rausschmeißen würde, wenn sie merkte, daß ich mit der Kleinen nicht klarkäme. Aber schon nach einem Monat ging es besser. Nach zwei Monaten klebte sie quasi nur noch an meinen Rockzipfel und hörte teilweise mehr auf mich als auf ihre Mutter.

Ich kann nur jedem Au-pair raten, sich von den kleinen, teilweise verwöhnten Kindern nicht auf der Nase herumtanzen zu lassen. Sie müssen in Euch eine Freundin, aber auch Autorität sehen, aber keinesfalls ein Dienstmädchen.

Wichtig war für mich auch der lockere Umgang mit meiner Gastmutter, einer vielseitigen Persönlichkeit. Da ich das erste Au-pair in der Familie war, mußten wir uns beide erst daran gewöhnen, und es hat mir gezeigt, wie wichtig Offenheit ist,

Meike Geversmanns Kind

um Mißverständnisse aus dem Weg zu räumen. Es ist für Gastfamilie und Au-pair gleichermaßen eine neue Situation. Daher ist es ist sehr wichtig genau zu fragen, was die Familie von einem verlangt, um sich darauf einstellen zu können. So habe ich zum Beispiel erst nach zwei Monaten erfahren, daß meine Gastmutter ein bißchen perfektionistisch war und alles gerne am richtigen Platz hatte. Nach dem ich das wußte, konnte ich mich auch darauf einstellen. Sie hat mir daraufhin öfters gesagt, daß sie hundertprozentig mit mir zufrieden sei. Das fand ich sehr nett und enorm aufbauend. So habe ich ihr in meiner

Freizeit oft im Haushalt geholfen, da die Tochter erst um 16 Uhr aus der Schule kam. Ich habe sogar freiwillig die Fenster geputzt, weil ich wußte, daß es ihr gefällt. Wenn die Kleine aus der Schule kam, habe ich ihr bei den Hausaufgaben geholfen. Anschließend wurde gespielt, gemalt oder Fernsehen geguckt. Zweimal in der Woche bin ich nach Paris zur Sprachschule gefahren, die gleich an der Champs-Elysee lag. Ich kann jedem raten, einen Kurs zu besuchen, da man dort viele andere Au-pairs kennenlernt und mit ihnen etwas unternehmen kann. Leider habe ich die Erfahrung gemacht, daß es nicht so leicht ist, Franzosen kennenzulernen. Meist trifft man nur aufdringliche Typen. So bleiben viele Au-pairs fast nur unter sich. Ich habe zwar auch Bekanntschaft zu Franzosen geknüpft, aus denen gute Freundschaften entstanden, aber das verdanke ich nur den vielen Kontakten meiner Gastmutter.

Aus Gesprächen mit anderen Au-pairs und aus meiner Erfahrung kann ich jedem Au-pair nur empfehlen, sich nicht ausnutzen zu lassen, aber auch offen in die Familie zu gehen und kompromißbereit zu sein.

1. Wie bereitet man sich am besten auf einen Au-pair-Aufenthalt in Frankreich vor?
Es ist hilfreich, sich die gängigsten Worte und Redewendungen anzueignen, um sich sofort mit der Familie und den Kindern verständigen zu können. So kommen erst gar keine Mißverständnisse auf.

2. Wie hat das mit der Integration in die Familie funktioniert?
Oftmals kommt ein Au-pair in eine Familie, die schon zuvor Au-pairs hatte. Für sie ist es etwas ganz Normales und

nichts Ungewöhnliches. Es wäre dahingehend falsch, zu hohe Erwartungen an die Familie zu stellen, besonders was die Integration und Starthilfe betrifft. Auch wenn sie schon viele Au-pairs hatten, kennen die Familien nicht unbedingt die Unsicherheiten eines jungen Menschen, der das erste mal von zu Hause weg ist und ein Jahr in einem fremden Land mit fremden Menschen lebt. Ein Au-pair muß Kompromisse eingehen können, und, wenn die Familie nicht sehr gesprächig ist, sich selbst darum bemühen, genau in Erfahrung zu bringen, welche Aufgaben wie erledigt werden sollen, so daß keine Gefahr besteht, durch Fehler Unfrieden hervorzurufen.

3. Wie hast Du ein Verhältnis zum Kind aufgebaut?
Man muß dem Kind Zeit lassen, sich an einen zu gewöhnen, um ein freundschaftliches Verhältnis aufzubauen. Indem ich der Kleinen sofort meine Regeln – es darf MICH nicht schlagen, ich mache nicht alles was sie will – verständlich gemacht hatte, hat sie mich respektiert (was sehr wichtig war) und trotzdem als Freundin akzeptiert, da ich viel mit ihr gespielt habe und einfach Zeit für sie hatte.

4. Wie bist Du mit dem Erziehungsstil klargekommen? Ist der französische eher locker oder strikt?
In meiner Familie wurde das Kind zwar etwas verwöhnt, aber sonst gab es keine Unterschiede.

5. Wie bis Du mit der Sprache klargekommen?
Am Anfang habe ich mich die meiste Zeit auf englisch verständigt, aber da man ge-

zwungenen ist, französisch zu sprechen, klappt es bald von ganz allein. Nach fünf Monaten hatte ich sogar riesige Probleme mit dem Englischen. Eine große Hilfe bei der schwierigen Grammatik ist die Sprachschule gewesen.

6. Wie hast Du gleichaltrige französische Jugendliche und generell Freunde gefunden? War es schwer?
In der Schule habe ich schnell andere Aupairs kennengelernt. Ansonsten liefen viele neue Kontakte über die Familie, deren Freunde und Verwandte, die möglicherweise Jugendliche im gleichen Alter kennen.

7. Welche Tips kannst Du künftigen Au-pairs geben, die einen Aufenthalt in Frankreich planen?
Geht offen und freundlich in die Gastfamilie und versucht, ein freundschaftliches Verhältnis aufzubauen. Dann werden kleine Fehler nicht so schnell krummgenommen, und es entsteht ein lockeres Klima. Aus Erzählungen von anderen Au-pairs kann ich jedem nur raten, wenn es trotz aller Bemühungen wirklich mit der Familie nicht klappt: scheut euch nicht, sie zu wechseln, und zwar am besten über den Vermittler und nicht privat. In den mir bekannten Fällen hat es in der zweiten Familie wunderbar geklappt hat. Quält Euch nicht!

8. Was hat Dir der Au-pair-Aufenthalt gebracht?
Der Au-pair-Aufenthalt hat mir sehr viel gebracht, da ich mir in Bezug auf meine Zukunft nun zu hundert Prozent sicher bin. Ich möchte Grundschullehrerin werden. Außerdem habe ich viele neue Freundschaften geknüpft, bin weltoffener

und selbständiger geworden und habe die Sprachfähigkeit verbessert. Außerdem ist Paris eine tolle Stadt, die ich nun wie meine Westentasche kenne. Es war eine tolle Zeit.

Als Au-pair in Norwegen

»Norweger sind sehr offene und gastfreundliche Menschen«
Ein Erfahrungsbericht von Conny Wenzel.
Conny lebte fast zwölf Monate, von August bis Juli, als Au-pair bei einer Familie auf der Insel Bömlo in Norwegen. Sie hatte unter anderem zwei Kinder zu versorgen.

Mein Entschluß, ein Jahr als Au-pair ins Ausland zu gehen, stand schon relativ früh fest. Die Entscheidung für Norwegen fällte ich jedoch erst wenige Tage vor der Bewerbung. Eigentlich wollte ich vorher immer als Au-pair in die USA. Nach einigen Erfahrungsberichten war ich mir jedoch nicht mehr so sicher, ob ich mit der amerikanischen Mentalität zurechtkommen würde, und entschloß mich spontan dazu, nach Norwegen zu fahren.

Zwischen mir und der Familie hat es schon am Telefon »gefunkt«. Meine Gastmutter Anne Synnöve war nur fünf Jahre älter als ich, und wir wurden tatsächlich auch sehr schnell gute Freundinnen. Auch mit dem Gastvater Alf Magne verstand ich mich prima. Da ich kein Norwegisch sprach, unterhielten wir uns anfangs auf englisch. Mit meinen Kindern Sanna, drei Jahre, und Martin, sieben Jahre, klappte die Verständigung ebenfalls erstaunlich gut. Am Anfang hauptsächlich mit Händen und Füßen, und dann brachten mir die beiden ziemlich schnell die wichtigsten norwegischen Wörter bei.

Conny Wenzel mit Sanna und Martin

Meine Familie wohnte in einem wunderschönen Holzhaus auf einer 10.000-Einwohner-Insel namens Bömlo zwischen Bergen und Stavanger. Auf meiner Bewerbung hatte ich zwar angekreuzt, daß ich nicht unbedingt aufs Land, sondern lieber in die Nähe einer Großstadt wollte, aber heute bin ich sehr froh darüber, daß ich dort gelandet war, denn ich denke, daß man in ländlichen Gegenden wesentlich schneller Freunde findet.

Ich mußte vier Tage in der Woche arbeiten. Meine Aufgabe war, es Martin zu wecken und für die Schule fertig zu machen, auf Sanna aufzupassen, die Wohnung in Ordnung zu halten und staubzusaugen. Putzen mußte ich nicht, da meine Gastmutter nicht wollte, daß ich Norwegen als ein Land in Erinnerung behalte, in dem ich nur putzen mußte.

Was die Erziehung der Kinder anging, so entsprachen sich unsere Vorstellungen größtenteils, und ich hatte freie Hand, die Dinge so zu regeln, wie ich sie für richtig hielt.

Bekanntschaft mit norwegischen Jugendlichen machte ich schnell. Zum einen freundete ich mich mit meiner Nachbarin und den Nichten meiner Gasteltern an, und zum andern fiel ich eben einfach auf, weil sich in Bömlo jeder kennt. Nach einer Woche lernte ich Ivar kennen. Wenig später waren wir miteinander befreundet. Dadurch war ich natürlich immer mit ihm und seinen Freunden zusammen.

Die Freizeitaktivitäten sehen dort aber etwas anders aus, da das Freizeitangebot sehr gering ist. Es gibt eine Disco auf Bömlo, und wenn die Jugendlichen nicht in die Disco gehen, fahren sie mit ihren Autos durch die Gegend oder schauen Videos. Das ist der Nachteil des Landlebens, aber man muß sich entscheiden, ob man Ramba-Zamba oder einheimische Freunde finden will. Ich habe andere Au-pairs kennengelernt, die in norwegischen Großstädten lebten und viele Freizeitangebote hatten, aber dafür keine norwegischen Freunde gefunden haben.

Ich kann Norwegen nur empfehlen. Es ist ein wunderschönes Land. Die Natur ist so vielfältig, daß man nie genug davon bekommen kann. Die Norweger sind außerdem sehr offene und gastfreundliche Menschen. Trotzdem packte mich natürlich auch manchmal das Heimweh. Meine Freunde schrieben mir zwar alle ganz fleißig, und nach und nach besuchte mich meine Familie in Norwegen, aber so gut mir auch alles gefallen hat, so sehr ich auch als Familienmitglied aufgenommen wurde, so sind meine Familie und mein Zuhause einfach unersetzlich. In der Fremde lernt man einige Dinge, die sonst so selbstverständlich sind, erst richtig zu schätzen. Aber Heimwehphasen kommen und gehen auch immer wieder, und wenn man sich nicht zu sehr hängen läßt, übersteht man diese auch ganz gut.

Ich hatte außerordentliches Glück mit meiner Familie und mit meinen Freunden. Mein Au-pair-Jahr liegt schon etwas zurück, und ich war mittlerweile schon mal wieder in Norwegen. Bald kommt meine norwegische Familie zu uns zu Besuch. Ich habe in ihnen eine zweite Familie gefunden und während meines Aufenthaltes viele Erfahrungen gesammelt. Wenn ich nochmals vor der Entscheidung stehen würde, würde ich wieder ein Jahr als Au-pair nach Norwegen gehen.

1. Wie bereitet man sich am besten auf einen Au-pair-Aufenthalt in Norwegen vor?

Sobald eine Familie gefunden ist, sind Aufenthaltsgenehmigung und Arbeitserlaubnis zu besorgen. Vorteilhaft ist es sicher auch, sich die Sprache wenigstens in Grundzügen vorher anzueignen, aber man lernt Norwegisch auch rasch vor Ort. Wer viel Post aus der »alten Heimat« bekommen will, sollte dort auf jeden Fall überall seine Adresse austeilen. Zudem ist es ratsam, etwas Geld zur Seite zu legen, wenn man während des Aufenthaltes oder nachher noch etwas von Norwegen sehen möchte.

2. Wie hat das mit der Integration in die Familie funktioniert?

Da ich selbst aus einer großen Familie stamme und mich mit meiner norwegischen Familie bestens verstand, hatten wir fast keine Probleme. Entscheidend war dabei jedoch, daß die Eltern mich als richtiges Familienmitglied behandelt haben und ich daher auch so von den Kindern angesehen wurde.

Wichtig ist es, die richtige Balance zwischen Nähe und Distanz zufinden. Ein Au-pair muß der Familie auch Zeit für sich geben, darf sie auf der anderen Seite aber auch nicht ausschließen.

Mein Glück war auch, daß ich das erste Au-pair gewesen bin und mit niemandem verglichen wurde. Es kann nämlich ziemlich deprimierend sein, wenn ständig von dem vorherigen Au-pair gesprochen wird. Aber selbst dann sollte man nicht verzweifeln, denn es ist besonders für die Kinder sehr schwer, wenn ein Au-pair nach einem Jahr plötzlich verschwunden ist und dann ein neues kommt.

3. Wie hast du ein Verhältnis zu den Kindern aufgebaut?

Obwohl ich kein Norwegisch sprach, habe ich mich mit den Kleinen von an Anfang an einwandfrei verstanden. Kinder sind in dieser Beziehung häufig viel offener. Sanna und Martin waren auch nicht scheu oder zurückhaltend und sind sofort auf mich zugekommen. Sehr wichtig ist es aber auch, wie man von den Gasteltern behandelt und respektiert wird. Besonders Sanna genoß es, daß durch mich ständig jemand für sie da war und sie plötzlich zwei Mamas hatte, wie sie manchmal sagte.

4. Wie bist du mit dem Erziehungsstil klargekommen? Ist der norwegische Stil eher locker oder strikt?

Ich hatte keine Probleme und habe keine Unterschiede zu der Kindererziehung bei uns festgestellt.

5. Wie bist du mit der Sprache klargekommen?

Am meisten lernte ich von den Kindern. Mit ihnen habe ich meine ersten »Sprechversuche« gewagt, da sie einen in der Regel nicht auslachen. Ich besuchte außerdem noch einen Sprachkurs, der allerdings für vietnamesische Flüchtlinge gehalten wurde, und da es für Vietnamesen verständlicherweise schwieriger ist, Norwegisch zu lernen, ging es mir oft zu langsam. Norwegisch ist aber, besonders, wenn man etwas Englisch spricht, relativ leicht zu lernen.

6. Wie hast du gleichaltrige norwegische Jugendliche und generell Freunde gefunden? War es einfach?

Zum einen gab es in der Nachbarschaft ein Mädchen, mit der ich mich anfreundete,

und dann kümmerten sich noch die Nichten meiner Gasteltern um mich. In ländlichen Gegenden, wo jeder jeden kennt, ist es aber prinzipiell nicht so schwer, Leute kennenzulernen. Da ich außerdem einen Freund in Norwegen hatte, traf ich auch durch ihn andere norwegische Jugendliche.

7. Welche Tips kannst du künftigen Aupairs geben, die einen Aufenthalt in Norwegen planen?

Es ist wichtig, sich vorher genau zu überlegen, in welches Land und welche Gegend man möchte. Ein Jahr kann sehr lang sein, wenn man sich nicht wohlfühlt. Wer ein Jahr ins Ausland geht, muß außerdem viel Toleranz aufbringen. In Norwegen mußte ich mich zum Beispiel an den Nationalismus und den Umgang mit Alkohol gewöhnen.

Zudem kann ich nur jedem empfehlen, etwas Geld zurückzulegen, um im Land herumreisen zu können. Es lohnt sich!

8. Was hat Dir der Au-pair-Aufenthalt in Norwegen gebracht?

Ich habe in diesem Jahr sehr viel gelernt, zum Beispiel was es heißt, Mutter zu sein. Ich habe gelernt, Verantwortung zu tragen und Entscheidungen allein zu treffen, ohne daß meine Eltern mich unterstützen konnten. Außerdem habe ich natürlich Norwegisch gelernt, viele neue Freunde und eine zweite Familie gefunden.

Als Au-pair in Spanien

»Nach und nach fühlte ich mich immer wohler!«
Erfahrungsbericht von Tania Bey. Tania lebte sechs Monate als Au-pair bei einer Familie in Barcelona, Spanien. Sie war das erste Au-pair und hatte zwei Kinder zu versorgen.

Als ich meine Kinder, Maria, fünf Jahre alt, und Carlitos, zwei Jahre alt, zum ersten Mal zu Gesicht bekam, schliefen sie und sahen so süß und brav aus wie zwei kleine Engel. Schon am nächsten Tag wurde ich jedoch eines Besseren belehrt.

Meine Gasteltern, Silvia und Carlos, hatten mich am späten Abend vom Flughafen in Barcelona abgeholt. Da Silvias Großvater Deutscher war, sie die deutsche Schule in Barcelona besucht hatte und jetzt für die spanische Niederlassung einer deutschen Firma arbeitete, waren ihre Deutschkenntnisse nahezu perfekt. Für mich war das eine große Hilfe und Erleichterung. Da machte es auch nichts, daß Carlos nur Spanisch und Englisch sprach.

Obwohl es erst halb elf bei meiner Ankunft in Barcelona war, war ich sehr müde, aber das kam auch durch die Aufregung. Bis ich nämlich zu Hause in den Flieger gestiegen war, hatte ich mir kaum ernsthafte Gedanken darüber gemacht, was mich in Spanien erwarten würde. Das hört sich vielleicht seltsam an, aber ich hatte zu Hause überhaupt keine Zeit dafür. Innerhalb von nur zwei Wochen mußte ich alles erledigen, wie zum Beispiel den Flug buchen, Versicherungsfragen klären, sämtliche Ärzte noch mal konsultieren usw. Zudem hatte mich ja auch noch von allen Freunden und Verwandten zu verabschieden. Durch den ganzen Streß blieb mir keine Minute, um über mein künftiges Leben als Au-pair in Spanien nachzudenken. Vielleicht war das aber auch ganz gut so, denn so flog ich nämlich ohne Vorurteile los.

Die ersten Tage waren, ehrlich gesagt, furchtbar, obwohl Silvia so nett war. Sie hatte sich bereits über verschiedene Sprachschulen informiert und eine herausgesucht, die meinen finanziellen Möglichkeiten entsprach. Dummerweise war an dieser Schule die Anfängerklasse schon belegt, aber in dem Fortgeschrittenenkurs gab es noch Plätze. Für mich war das zuerst völlig indiskutabel, schließlich sprach ich kein Wort Spanisch und dann sollte ich gleich in die zweite Klasse?

Silvia brachte mich dann doch so weit, zumindest den Aufnahmetest mitzumachen. Eigentlich wollte ich ihr nur einen Gefallen tun. Für diesen Test hatte sie mir sogar einen »Dolmetscher« besorgt, einen Freund der Familie namens Jorge, der etwa in meinem Alter war und Englisch sprach. Er hat mir auch noch gleich ein bißchen von der Stadt gezeigt, wofür ich ihm sehr dankbar war, denn ich hatte doch schon etwas Angst, mich zu verlaufen oder zu verfahren. Wie ich es letztlich geschafft habe, den Test zu bestehen und die billigste und beste Schule von Barcelona zu besuchen, weiß ich selbst nicht genau. Aber alle sagten mir, was für ein Riesenglück ich gehabt hätte. Und sie hatten recht. In der Escuela Oficial d'Idiomas habe ich dann auch fast alle meine neuen Freunde kennengelernt. Zur Schule zu gehen, bedeutete für mich somit gleichzeitig, Freunde zu treffen. Am Anfang verstand ich im Unterricht allerdings buchstäblich kein einziges Wort. Gott sei Dank durften wir in den ersten beiden Wochen noch Fragen auf englisch stellen; das machte es uns allen ein bißchen leichter. Die Klasse war ein buntes Gemisch aus sämtlichen Nationen dieser Erde. Unsere Lehrerin war furchtbar nett und hatte viel Geduld, die sie aber auch brauchte, da das Niveau unterschiedlicher nicht hätte sein können.

Der Besuch der Schule nahm schon bald in meinem Leben in Spanien einen so wichtigen Platz ein, wie ich es nicht für möglich gehalten hätte. In den ersten zwei, drei Wochen war ich mit der Familie und den Kindern nicht gerade besonders glücklich. Sterbensunglücklich würde da schon eher hinkommen, was größtenteils an mir lag. Silvia hatte mir, da sie den ganzen Tag arbeitete, für die ersten Tage einen Babysitter zur Seite gestellt, Ana, die mir alles zeigen sollte. Mit Ana lief auch alles ganz gut. Als ich aber am dritten Tag auf sie verzichtete, ging erst mal alles gründlich schief. Carlitos, er ist zwei Jahre alt, schrie den ganzen Tag. Mit Maria war das einfacher, sie war schon fünf Jahre alt und wollte nur, daß ich die ganze Zeit mir ihr spielte. Für mich war das eine Zerreißprobe, und meine Nerven litten nicht gerade wenig darunter.

Am selben Tag sollte ich dann auch noch zu Carmen, der Haushälterin meiner Familie, ziehen, weil die Wohnung meiner Gasteltern für fünf Personen viel zu klein war. Die ersten paar Tage hatte ich mit in Carlitos winzigem Zimmer geschlafen und war eigentlich ganz froh, in ein eigenes, größeres Zimmer umziehen zu können. Carmen war sehr nett, obwohl ich sie nicht verstand, da sie ja nur Spanisch sprach. Ich dachte aber, daß wir wohl ganz

gut miteinander auskommen würden. Als ich dann abends in ihr Haus, welches etwa zwanzig Minuten zu Fuß von meinen Gasteltern entfernt lag, übersiedelte, traf mich jedoch fast der Schlag! Von Innen war das Haus dunkel, die Möbel hatten schon bessere Tage gesehen und mein Zimmer roch höchst merkwürdig. Am liebsten hätte ich auf dem Absatz kehrt gemacht und wäre davongerannt. Aber das ging ja leider nicht. Ich versuchte, mir mein Entsetzen nicht anmerken zu lassen, was mir aber nicht ganz gelang.

Das Zimmer war auch der Anlaß zu meinem ersten und einzigen Streit mit Silvia. Das Zimmer und der heulende Carlitos. Wie oft habe ich in den ersten beiden Wochen mit ihm geheult. Und wie oft habe ich mich verflucht, ausgerechnet nach Spanien gegangen zu sein, in ein Land, in dem ich nie zuvor gewesen war und dessen Sprache ich nicht verstand. Absurderweise waren das auch genau die Gründe, warum ich unbedingt nach Spanien wollte, aber in diesen Momenten fand ich das alles andere als lustig. Im Gegenteil, ich redete mir ein, Heimweh zu haben und in Barcelona nie und nimmer glücklich zu werden. All das fiel Silvia natürlich auf, und sie warf mir vor, undankbar und ungeduldig zu sein: »Mit Kindern muß man viel Geduld haben. Carlitos ist nun einmal ein übernervöses Kind, das viel weint und schreit, aber mit der Zeit wird er sich schon an dich gewöhnen. Nicht alle Kinder sind so brav wie Maria!«.

Ich konnte ihr leider nicht mal vorwerfen, mich nicht genügend über die Kinder informiert zu haben. Im Gegenteil, sie hatte mich vor Carlitos regelrecht gewarnt. Aber in meinem Überschwang hatte ich ihre Warnungen als Übertreibungen abgetan. Es folgte dann eine ziemlich häßliche Szene, an deren Ende sie mir ein Ultimatum von zehn Tagen setzte: Sollte ich dann immer noch das Gefühl haben, mit den Kindern nicht fertig zu werden, würde sie sich eben ein anderes Au-pair suchen und ich mir eine andere Familie. Aus irgendeinem Grund machte mich das furchtbar wütend und ich dachte nur: So schnell gebe ich nicht auf!

Hinterher habe ich mir oft überlegt, daß sie das mit Absicht gesagt hatte, um meinen Stolz zu aktivieren, der es nicht zulassen würde, aufzugeben. Und tatsächlich, danach wurde es immer besser. Ich gewöhnte mich an mein staubiges, miefiges Zimmer, und Carlitos gewöhnte sich an mich genau wie ich mich an die Kinder gewöhnte. Wahrscheinlich braucht alles seine Zeit.

In dieser schwierigen Phase hat mir auch die Freundschaft mit Nina, einem anderen Au-pair, sehr geholfen. Nina betreute wie ich zwei Kinder im gleichen Alter wie Carlitos und Maria. Sie wohnte praktischerweise um die Ecke, und da unsere Gastmütter es ganz gern sahen, wenn die Kinder zusammen spielten, gingen wir oft gemeinsam in den Park.

Ninas Tagesablauf war nicht ganz so strikt geregelt wie meiner, worum ich sie oft beneidete. Zudem war ihre Gastmutter selbständig und zu Hause tätig, so daß Nina eigentlich nie richtig mit den Kindern allein war. Ihr wiederum wäre es aber eigentlich lieber gewesen, nicht ständig unter Aufsicht zu sein. Man konnte es uns beiden also einfach nicht recht machen.

Wir freundeten uns ziemlich schnell an, auch wenn wir ganz verschieden waren.

Nina hatte zum Beispiel eine Engelsgeduld, für die ich sie oft bewunderte. Merkwürdigerweise wurde ich durch sie auch viel geduldiger, was uns allen nur zugute kam. Wir hatten viel Spaß mit den Kindern, und den Kindern machte es Spaß, miteinander zu spielen, was in Spanien nicht gerade üblich ist. Viele Kinder gehen nämlich ganztags in den Kindergarten und werden von den Aupairs hingebracht und abgeholt. Andere Kinder zu sich nach Hause einzuladen, wurde meist über die Eltern abgewickelt; spontan war das selten möglich. Meine Gastmutter hatte es netterweise erlaubt, daß Nina mit ihren Kindern so oft zu uns zum Spielen kommen konnten, wie sie wollten. Silvia mochte Nina gern und war froh, daß wir uns so gut verstanden.

Nach etwa einem Monat hatte ich mich schon ganz an mein Leben in Barcelona gewöhnt. Ich ging jeden Vormittag von 10.00 Uhr bis 12.00 Uhr zur Schule, traf meine Freundinnen und lernte Spanisch. Mittags um 14.00 Uhr holte ich Maria vom Bus ab, der die Schüler und Kindergartenkinder nach Hause brachte. Zuhause wartete Carmen mit dem Essen auf uns. Sie war eine ausgezeichnete Köchin und wurde von mir und den Kindern heiß geliebt. Manchmal kamen auch Silvia und Carlos zum Essen nach Hause. Carlitos wurde morgens von Carmen beaufsichtigt und hielt nach dem Mittagessen Siesta. Meist wachte er so gegen drei Uhr mittags auf, danach machte ich mit den Kindern »Merienda«, so eine Art Imbiß, der hauptsächlich aus Kakao und Keksen oder Obst bestand. Danach marschierten wir, wenn schönes Wetter und keines der Kinder krank war, mit oder ohne Nina und ihren Kindern in den Park, oder sie besuchten uns zu Hause. Abends gegen halb sieben steckte ich Maria und Carlitos jeden Tag unter die Dusche, was bei den beiden nicht gerade Anklang fand. Das Abendessen nahmen sie danach ein, was fast immer damit endete, daß Carlitos nicht essen wollte. Er hatte es sich in den Kopf gesetzt, nur noch »Petit Suisse« (Fruchtzwerge) und »Natillas« (Vanillepudding) zu sich zu nehmen. Silvia kannte das schon und riet mir, wenn er gar nichts essen wollte, einfach zu allem einen Löffel seiner beiden Lieblingsdesserts zu geben. Am Anfang sträubte ich mich noch dagegen, aber zum Schluß ekelte ich mich nur noch bei Fruchtzwergen mit Fisch ...

Was mir ab und zu schwer zu schaffen machte, war die Eintönigkeit der Tage. Richtig schlimm war es, wenn eins der Kinder erkältet war – was bei Carlitos so etwa alle zwei Wochen vorkam – und wir dann nicht raus konnten. In Spanien werden kleinen Kindern schnell starke Medikamente gegeben und beim kleinsten Luftzug Mützen aufgesetzt und dicke Jacken angezogen. Frische Luft ist der erklärte Feind eines jeden Spaniers. Vielleicht liegt das auch daran, daß frische Luft Seltenheitswert in Barcelona hatte. Silvia kam immer ziemlich spät nach Hause, was mich oft ärgerte, weil sie ihre Zeit oft mit Einkaufen verbrachte. Aber sie spielte immer mit ihren Rackern, egal wie spät sie auch kam. Dafür wurde sie von den beiden auch heiß und innig geliebt. Zu Beginn haben mich die Kinder oft dafür verantwortlich gemacht, daß ihre Mami nicht da war und haben sich mir gegenüber auch entsprechend benommen. Ich war kein Babysitter, der am nächsten Tag wieder verschwunden war. Bevor ich

ihr Au-pair wurde, hatten Maria und Carlitos, auf die Woche verteilt, fünf verschiedene Babysitter, was einiges erklärte. Natürlich waren sie dadurch ganz schön verzogen worden, und ich kann mir kaum vorstellen, daß ihnen außer Carmen je einer Vorschriften gemacht hatte. Für mich war es da natürlich doppelt schwer, den nötigen Respekt zu gewinnen, ohne sie zu verschrecken. Aber mit viel, viel Geduld ist es mir letztlich dann doch gelungen.

Am Wochenende fuhr die Familie oft in ihre Ferienwohnung am Meer. Obwohl ich immer eingeladen wurde mitzufahren, blieb ich meist in Barcelona, weil ich dann praktisch das ganze Wochenenden für mich hatte. Für Maria und Carlitos war es bestimmt auch mal ganz schön, ihre Eltern nur für sich zu haben, ohne daß ich ständig dabei war. Dazu kam, das diese Wohnung noch kleiner war als die in der Stadt und ich mit den Kindern in einem Zimmer hätte schlafen müssen. Wenn man dreißig Stunden die Woche mit Kindern zusammen ist, ist man auch mal froh, zwei Tage lang keine zu sehen.

Bei Carmen zu wohnen, wurde zum richtigen Glücksfall, um den mich alle anderen Au-pairs beneideten. Nachdem mein Spanisch langsam verständlich wurde und ich nicht mehr für jeden Satz fünf Minuten benötigte, weil ich jedes Wort im Wörterbuch nachschlagen mußte, lernte ich Carmen, ihre Wohnung und Kochkünste erst richtig zu schätzen. Es war auch Carmens Familie, die mir, mehr als die Au-pair-Familie, ans Herz wuchs. Wie oft wurde ich sonntagmittags zum Paellaessen eingeladen, wenn ihre zwei Kinder mit ihren Familien zum Essen kamen. Sie hatten viel Geduld mit mir, der blonden Ausländerin, und gaben mir immer das Gefühl, zur Familie zu gehören. Nicht, daß das bei Silvia nicht der Fall gewesen war. Wir verstanden uns sehr gut, aber sie war meine Arbeitgeberin und Carmen meine Kollegin. Außerdem wohnte ich ja auch bei Carmen. Mit uns wohnte da übrigens auch noch Carolina, eine ehemalige Kollegin von Carmen, mit der ich auch ganz gut auskam. Wir alle nannten unsere Wohnung immer »Casa de los Locos« (Haus der Verrückten). Wir haben immer viel zusammen gelacht. Durch Carmen und Carolina machte auch mein Spanisch schnelle Fortschritte, da beide ja keine andere Sprache sprachen.

Während ich das hier schreibe, bekomme ich schon wieder ein bißchen Heimweh nach Barcelona. So geht es mir aber immer, wenn ich Post aus Spanien oder von meinen Freundinnen bekomme. Wir stehen noch alle in Kontakt miteinander. Nina hat mich schon besucht. Ich glaube fest daran, daß die Freundschaften, die ich in Spanien geschlossen habe, etwas Besonderes sind und es auch bleiben werden. Wenn man in einem fremden Land ist und dort Freunde findet, ist das etwas ganz anderes als zu Hause neue Leute kennenzulernen. Unter der Woche haben wir uns nur ganz selten gesehen, weil wir oftmals zu lange arbeiten mußten oder zu müde waren, um etwas zu unternehmen. Dafür ging es dann am Wochenende richtig rund! Freitags und/oder samstags waren wir in Discos oder zogen durch Bars und Cafés in der Stadt. Nicht selten kamen wir erst bei Morgengrauen nach Hause, und so manches Mal hatte ich einen Kater, weil mir irgendwer einen Drink zu viel spendiert hatte. Häufig trafen wir uns im »L'ovella negra« (Schwarzes

Schaf), einer Bar, die jeder in Barcelona kennt, mit einer nahezu einmaligen Mischung von Touristen, Ausländern und Spaniern. Es gibt eine Jukebox, viele Tische und Stühle – trotzdem ergattert man nur selten einen Sitzplatz – Billardtische und eine Unmenge an Leuten. Am Wochenende muß man oft an der Tür Schlange stehen, so voll ist es. Dort ist es aber am einfachsten, nette Leute kennenzulernen, und niemand steht länger als fünf Minuten alleine da. Von dort ging es dann meist zur Placa Reial mit den Discos »Karma« und »Chamboree«. So zwischen 2 Uhr und 3 Uhr nachts ist da die Hölle los. Am witzigsten war es immer, wenn wir zu dritt oder zu viert loszogen. Das ist auch am ungefährlichsten, obwohl ich nie Angst hatte, nachts alleine nach Hause zu laufen. Ich habe auch nicht gehört, daß jemand von meinen Freunden damit Probleme gehabt hätte.

In dem halben Jahr habe ich mich von Monat zu Monat besser gefühlt. Von allen Au-pairs war ich das erste, das zurück nach Hause flog, und es ist mir verdammt schwer gefallen. Klar, habe ich mich auch ein bißchen auf meine Familie gefreut, auf meine Freunde, aber eigentlich wäre ich lieber noch ein paar Wochen in Spanien geblieben. Über Weihnachten war ich zwei Wochen zu Hause und – ehrlich gesagt – heilfroh, als ich wieder bei Carmen vor der Tür stand. Jetzt, da ich wieder seit längerer Zeit zu Hause bin, hat sich aber alles mehr oder weniger wieder eingerenkt.

Man verändert sich schon, wenn man in einem fremden Land, in einer Metropole lebt. Ich bin anders, als ich es vor Barcelona war. Nina sagte einmal, daß wir stärker seien als vorher. Und damit hat sie recht.

Zum Schluß möchte ich noch mal allen Mut machen, die Angst davor haben, mir nichts dir nichts in ein anderes Land zu ziehen. Gleichgültig, wie gut oder schlecht sich der Aufenthalt entwickelt: man lernt auf jeden Fall mehr über sich selbst, seine Fähigkeiten und Bedürfnisse, und zwar besser als andernorts, so daß sich die Sache allein deshalb schon lohnt.

1. Wie bereitet man sich am besten auf einen Au-pair-Aufenthalt in Spanien vor?
Wichtig ist es, vorher mit Kindern gearbeitet zu haben. Ich war nicht besonders erfahren, bin ein Einzelkind und habe nie als Babysitter mein Geld verdient. In meiner Schwimmgruppe betreute ich zwar auch kleine Kinder, habe aber, bevor ich nach Barcelona ging, noch sechs Wochen in einem Kindergarten geholfen. Das war auch sehr gut, weil ich so zumindest ein wenig lernte, mit Kindern umzugehen.

Was Land, Leute und Kultur betrifft, habe ich Reiseführer gewälzt, mich mit Spaniern unterhalten und Leute gefragt, die schon mal in Spanien Urlaub gemacht haben.

Es ist nicht verkehrt, sich eine Sprachkassette zuzulegen, um ein paar Redewendungen zu lernen und auch ein Gefühl für die Sprache zu entwickeln. Spanier haben aber auch viel Geduld mit Ausländern, und es kam mir immer so vor, als würden sie sich darüber freuen, daß man ihre Sprache lernen will.

2. Wie hat das mit der Integration in die Familie funktioniert?
Die Frage kann ich nicht richtig beantworten, da ich ja nicht mit der Familie zusammengewohnt habe. Klar, ich gehörte prinzipiell schon dazu, hatte meine Rechte

und Pflichten, aber als große Schwester von Maria und Carlitos habe ich mich nie gefühlt. Meines Wissens war ich aber nicht die einzige, die keine geschwisterlichen Gefühle ihren Schützlingen gegenüber hegte. Trotzdem habe ich mich nie unwohl oder außen vor gefühlt.

3. Wie hast du ein Verhältnis zum Kind aufgebaut?
Bei Maria war das sehr einfach, da sie sich immer auf alles Neue stürzte, so auch auf mich. Bei Carlitos habe ich es nur geschafft, indem ich ihm Zeit gelassen habe, sich an mich zu gewöhnen; dazu gehörte unter anderem auch, ihn nicht als Baby zu behandeln. Er war nämlich sehr intelligent und gewieft, und jede Schmeichelei wäre zwecklos gewesen. Ich hab es dann auch geschafft, ihm das Videogucken abzugewöhnen, was allerdings ein harter Kampf war. Man stelle sich einen Zweijährigen vor, der sich Walt Disney Zeichentrickfilme ansieht, nur weil er das so will. Für so einen kleinen Zwerg hatte er einen verdammt eisernen Willen. Ich mußte mir immer wieder neue Tricks ausdenken, wie ich ihn dazu bringen konnte, das zu tun, was ich wollte.

4. Wie bist du mit dem Erziehungsstil klargekommen? Ist der spanische Stil eher locker oder strikt?
Mir kam die Erziehung immer etwas inkonsequent vor. Natürlich kann ich nur für meine Familie sprechen. Einerseits wurden die Kinder vor den Fernseher gesetzt, wenn die Eltern nicht mit ihnen fertig wurden, oder keine Lust hatten, sich mit ihnen zu beschäftigen. Andererseits widmeten sie sich am Wochenende fast ausschließlich den Kindern. Sie wurden auch überall hin mitgeschleppt. Mit mir

hatten die Kinder einen relativ starren Tagesablauf, dessen Routine uns oft auf die Nerven ging. Im allgemeinen lieben Spanier Kinder über alles, solange sie sie nicht ständig vor der Nase haben. Aber dafür gibt es ja auch Au-pairs.

5. Wie bist du mit der Sprache klargekommen?

Anfangs gar nicht. Ich konnte ja kein Wort Spanisch. Aber durch die Schule und das Leben mit zwei ausschließlich spanischsprechenden Frauen ging es dann ziemlich schnell. Es ist schon wahr, daß man eine Sprache in dem Land selber viel schneller lernt. Für mich war auch die Sprache der Anreiz, um Au-pair zu werden, und es ist nun mal die billigste Art, im Ausland längere Zeit zu leben.

Man darf sich auch von anfänglichen Sprachschwierigkeiten nicht ins Bockshorn jagen lassen. Wer nämlich den ganzen Tag nur Spanisch hört, versteht mit der Zeit immer mehr und kann es auch bald sprechen. Eine gute Sprachschule ist jedoch das A und O, weil wahrscheinlich kaum jemand Lust hat, die ganze Grammatik alleine für sich zu pauken.

6. Wie hast du gleichaltrige spanische Jugendliche und generell Freunde gefunden? War es einfach?

Die Schule war bei mir die reinste Kontaktbörse. Erstens lernte ich dort andere Ausländer kennen, hatte aber gleichzeitig die Möglichkeit, Spanier durch »Intercambio«, einer Art von der Schule initiiertem Austauschprogramm, kennenzulernen. Das funktionierte folgendermaßen: Über Lehrer oder das schwarze Brett erhält man die Telefonnummer einer Spanierin oder eines Spaniers, der oder die

gerade an der Schule zum Beispiel Deutsch lernte. Man verabredete sich und bei dem Treffen sprach jeder dann in der Sprache des anderen, die man ja auch lernen wollte.

Oft haben auch die Gastfamilien Freunde, Bekannte oder Verwandte, die etwa im selben Alter sind. Am leichtesten lernt man Leute allerdings in Bars und Discos kennen. Meist sind es aber Jungs, die mit einem ins Gespräch kommen wollen. Leider sind männliche, junge Spanier nur selten mit einer rein platonischen Freundschaft zufrieden, so daß es ratsam ist, sich etwas vorzusehen.

7. Welche Tips kannst du künftigen Au-pairs geben, die einen Aufenthalt in Spanien planen?

Vor allem sollte sich ein Au-pair ganz genau über die Familie informieren. Auch ist zu klären, wer die Versicherung zahlt. Man sollte keine Angst haben, Fragen zu stellen und, wenn nötig, auf eine Antwort zu pochen. Probleme sollten vor Einschalten der Agentur möglichst erst mal gemeinsam besprochen werden. Diese bietet zwar eine Sicherheit, aber es ist nicht unbedingt nötig, sie bei jeder Kleinigkeit anzurufen.

Mit der Familie sollten auch Arbeitszeiten und Freizeit genau abgesprochen werden. Ich habe oft mitbekommen, daß Freundinnen einiges an Mehrarbeit leisten mußten, ohne entsprechend mehr Geld oder mehr Freizeit zu erhalten. Ich hatte mit meiner Familie anfangs die gleichen Schwierigkeiten. Diese haben sich aber nicht dadurch gelöst, daß ich schwieg. Wenn man vernünftig argumentiert, läßt sich meist ein für beide annehmbarer Kompromiß finden.

Viel Wert wird in Spanien auf Manieren gelegt. Unhöflichkeit ist ein faux pas schlimmster Sorte. Fragen nach dem Befinden sollten nur dann wahrheitsgemäß beantwortet werden, wenn man sich bombig fühlt, ansonsten besser schweigen. Die Spanier sind stolz auf ihre Heimat, und das auch mit Recht. Natürlich ist nicht alles toll, aber welches Land hat nicht seine Macken? Spanier sind an sich sehr tolerant, nur nicht, wenn es um Spanien geht. Die Einladung, mal zu Besuch kommen zu können, sollte man nicht immer so ernst nehmen. Oft ist es nur eine Höflichkeitsfloskel und es steckt weniger dahinter, als es vielleicht scheinen mag. Es ist zwar normal, daß Jungs die Mädels einladen, aber auch da wiederum Vorsicht. Nicht immer ist das so unverbindlich gemeint. Im Laufe der Zeit wird aber jeder herausfinden, von wem man eine Einladung annehmen kann und von wem besser nicht.

Bei allen Tips und Ratschlägen wäre es jedoch falsch, mit irgendwelchen Vorurteilen nach Spanien zu fahren. Besser ist es, sich einfach überraschen zu lassen. Meist kommt es sowieso ganz anders als man denkt. Eins haben aber fast alle Spanier gemeinsam: Sie sind unpünktlich. Am besten gar nicht darüber aufregen, sondern auch zu spät kommen. Viva España!

Als Au-pair in Irland
1. Bericht

»Irland ist total schön. Es gibt dort offene Menschen und eine Menge fröhliches Chaos«.
Ein Erfahrungsbericht von Martina Haindl. Martina lebte elf Monate als Au-pair in der Nähe von Cork, im Süden der Republik Irland. Sie hatte ein Kleinkind und ein Baby zu versorgen und war das zweite Au-pair in der Familie.

Noch vor ein paar Jahren hätte ich jemanden, der mir gesagt hätte, daß ich mal fast ein Jahr als Au-pair nach Irland gehen würde, mit einem müden Lächeln einen Spinner genannt. Ich konnte mir nie vorstellen, so lange von zu Hause weg zu sein. Aber im Laufe der zwölften Klasse hat mich die Idee immer mehr fasziniert, zumal eine meiner besten Freundinnen schon lange beabsichtigte, nach dem Abi als Au-pair nach Skandinavien zu gehen. Schließlich habe auch ich es mir ernsthaft überlegt und mir Unterlagen von Au-pair-Agenturen zuschicken lassen.

Ursprünglich wollte ich nach Schottland gehen. Da aber nur Großbritannien als Ganzes angeboten wurde, habe ich mich für Irland entschieden. In ein englischsprachiges Land wollte ich auf jeden Fall, und Irland war mir sehr sympathisch.

Ich war sehr froh, als ich dann Kontakt zu meiner späteren Familie bekam, und schon Wochen vor der Abreise saß ich auf gepackten Koffern. So richtig vorbereitet habe ich mich auf meinen Aufenthalt nicht, aber ich habe natürlich ein paar Reiseführer geschenkt bekommen und diese auch verschlungen. In meiner

Familie hat es mir von Anfang an gut gefallen. Meine Au-pair Eltern waren richtig lieb und haben mich gleich als Familienmitglied behandelt. Therese, meine Gastmutter, war Krankenschwester, Donal, mein Gastvater, Farmer. Die Kinder waren noch richtig klein. Sarah Jane war sechzehn Monate und Tim drei Monate alt.

Meine Arbeitszeiten waren recht unterschiedlich, je nachdem, wie Teresas Stunden fielen. Ich hatte einen ganzen und drei halbe Tage in der Woche frei und jedes zweite Wochenende. Wenn Teresa nicht da war, lag im Grunde die volle Verantwortung für die Kinder in meinen Händen. Ferner mußte ich für Donal, die Kleinen und mich kochen. Hausarbeit hatte ich nicht zu erledigen, obwohl natürlich doch ein paar Sachen anfielen, wie zum Beispiel das Ein- und Ausräumen des Geschirrspülers (ich war froh, daß wir überhaupt einen hatten), allgemein Ordung schaffen oder die Kleidung der Kinder in den Schrank zu stecken. Aber, wie gesagt, dazu war ich nicht verpflichtet, und ich fand das sehr gut so. Kleine Kinder sind nämlich unberechenbar, und da kann es schnell mal vorkommen, daß man einfach zu überhaupt nichts kommt. Richtige Probleme hatte ich mit meiner Familie ganz, ganz selten. Natürlich unterschieden sich unsere Auffassungen von Erziehung schon manchmal, aber da muß man als Au-pair einfach zurückstehen und sich klarmachen, daß es nicht die eigenen Kinder sind.

Was mich am Anfang ziemlich genervt hat, war, daß Donal und Teresa immer erzählt haben, was meine Vorgängerin getan und nicht getan hat, und wie unheimlich beliebt sie war. Damit hatte ich nicht

gerechnet, daß ich nicht »das Au-pair«, sondern eben nur das zweite von vielen war, die auch noch nach mir kommen werden. Aber das Problem hat sich nach einigen Wochen von selbst gelöst. Ansonsten war das Verhältnis zu meiner Familie sehr gut; da wurde Rücksicht genommen und geduldig erklärt. Auch die gesamte Verwandtschaft habe ich kennengelernt, und die war riesig groß: Teresa hatte acht Geschwister, und Donal sechs. Dadurch bin ich bei Besuchen schon recht viel in Irland herumgekommen.

Mit der Sprache hatte ich nach dem anfänglichen Kulturschock kaum Probleme. Natürlich mußte ich zuerst die Leute schon recht oft bitten, zu wiederholen, was sie gesagt hatten, und zwar langsam und deutlich. Das Englisch, das in der Gegend gesprochen wurde, war doch recht anders als mein Schulenglisch. Im Laufe der Monate habe ich mich aber immer besser daran gewöhnt und zum Schluß hat es manchmal eine ganze Weile gedauert, bis die Leute merkten, daß ich Ausländerin war. Das hat mich natürlich sehr gefreut.

In meiner Freizeit habe ich mich oft mit Freundinnen getroffen. Wir sind in die Stadt ins Café, ins Kino oder spazierengegangen. Meist landeten wir im Pub. Ich hatte das Glück, in der Nähe der Großstadt Cork zu wohnen. In Irland kann es nämlich auch passieren, im Landesinneren plaziert zu werden, wo Freizeitangebote natürlich um einiges beschränkter sind. Wenn ich das Wochenende oder auch mal länger frei hatte, bin ich gelegentlich auch mal in Irland herumgefahren. Es war wundervoll. Aber ich war auch oft während meiner Freizeit zu Hause, habe gelesen, Musik gehört oder Briefe geschrieben –

neben dem Warten auf das grüne Postauto eine der beliebtesten Au-pair-Tätigkeiten. Meine Freundinnen und Freunde habe ich zum Großteil über die irische Agentur kennengelernt, die mir gleich am Anfang ein paar Namen und Telefonnummern anderer Au-pairs in der Umgebung von Cork gegeben hatte. Mit einigen habe ich auch jetzt noch guten Kontakt.

Der Abschied aus Irland ist mir furchtbar schwer gefallen: von meinen Freunden, meiner Familie und natürlich von »meinen« Kindern. Ich habe meine Entscheidung, Au-pair zu sein, nie bereut, im Gegenteil. Ich glaube, es war so ziemlich das beste, was ich nach dem Abitur hätte machen können. Während eines solchen Auslandsaufenthaltes kann man so viele Menschen und Dinge kennenlernen, hat Gelegenheit, die Heimat aus der Ferne zu betrachten und Zeit, sich über die Berufswahl klar zu werden. Ich finde, es bringt eine ganze Menge, auch wenn man vielleicht nicht soviel Glück mit der Familie hat. Aber man wird zwangsläufig selbständiger, erlernt eine Fremdsprache, sieht andere Einstellungen und Lebensweisen und findet viele neue Freunde. Zudem bleiben die Erinnerungen an ein schönes Jahr und der Kontakt zu meiner Familie.

1. Wie bereitet man sich am besten auf einen Au-pair-Aufenthalt in Irland vor?
Ein paar Bücher über Irland, auch über die geschichtlichen Hintergründe, gelesen zu haben, ist immer gut.

2. Wie hat das mit der Integration in die Familie geklappt?
Bei mir sehr gut. Ich habe einfach dazugehört, das war wirklich toll. Heimweh

hatte ich übrigens nur einmal, Anfang Dezember, als es auf Weihnachten zuging und alles so ganz anders war als zu Hause. Aber dann hab ich einfach angefangen, Plätzchen zu backen und einen Adventskranz zu binden. Dann war alles wieder in Ordnung.

3. Wie hast Du ein Verhältnis zu den Kindern aufgebaut?
Da die Kinder sehr klein waren, hatten wir keine Probleme, was die Autorität anging. Da gab es eher Muttergefühle.

4. Wie bist Du mit dem Erziehungsstil klargekommen? Ist der irische eher strikt oder locker?
Im großen und ganzen waren meine Au-pair-Eltern ganz vernünftig, was die Erziehung angeht. Generell sieht man in Irland jedoch alles etwas lockerer. Da dürfen die Kinder vieles, wo bei uns schon längst jemand »nein« gesagt hätte.

Bei mir wußten die Kinder schon bald, was sie machen durften und was nicht. Schwierig war es nur, wenn ein Elternteil im Hause war. Da zählten Mami und Papi logischerweise sehr viel mehr als ich. Aber meine Kinder waren fast noch zu klein, um richtig Ärger zu machen.

5. Wie bist Du mit der Sprache klargekommen?
Sehr gut, auch ohne Sprachkurs. Wer die ganze Zeit nur Englisch hört, wird sich früher oder später unweigerlich dabei erwischen, auch auf englisch zu denken. Zum Schluß sind mir zum Teil deutsche Wörter nicht mehr eingefallen. Zudem hat mein Englisch einen unverkennbar irischen Akzent bekommen.

6. Wie hast Du gleichaltrige irische und generell Freunde gefunden?

War es schwer?
Gleichaltrige irische Freunde habe ich nur
wenige gefunden. Bekanntschaften ja, das
war gar kein Problem, aber so richtig in
eine Clique hineinzukommen, fand ich
schwierig. Allerdings hatte ich mit meinen
von Woche zu Woche unterschiedlichen
Arbeitszeiten die Schwierigkeit, keinem
Sportverein beitreten oder sonst an einer
regelmäßigen Aktivität teilnehmen zu
können. Aber ich hatte ja meine Au-pair-
Freundinnen, was auch ganz toll war.

**7. Welche Tips kannst Du künftigen
Au-pairs geben, die einen Aufenthalt in
Irland planen.**
Für Au-pairs, die irgendwo aufs Land
kommen, weit weg von der nächsten
Stadt, könnte es problematischer werden
als bei mir, weil es schwieriger ist, Leute zu
treffen. Ein eigenes Auto wäre in diesem
Fall ein riesiger Vorteil. Ansonsten: Kartoffeln sollte man mögen ...
Ich kann Irland nur empfehlen. Es ist
wunderschön dort. Die Leute sind offen
und entgegenkommend; es herrscht eine
Menge fröhliches Chaos. Und den Regenschirm nicht vergessen, denn das mit dem
vielen Regen ist mehr als nur ein Gerücht.

8. Was hat Dir der Aufenthalt gebracht?
Ich habe sehr viele schöne Erfahrungen
gemacht, eine andere Kultur und jede
Menge neue Leute kennengelernt. Ich bin
selbständiger, selbstsicherer und durch
den ständigen Umgang mit Kindern auch
geduldiger geworden. Natürlich hat sich
auch mein Englisch verbessert. Außerdem
hatte ich viel Zeit, um mir meine Gedanken um alles Mögliche zu machen.
Unter anderem habe ich meine Berufswahl etwas geändert. Im Gegensatz zu der
Zeit vor meinem Au-pair-Aufenthalt bin

ich nicht mehr schulmüde, sondern geradezu wißbegierig nach der intellektuellen
Zwangspause als »Hausfrau«. Ich freue
mich richtig auf meinen Studienbeginn.
Ich würde es auf jeden Fall wieder
machen.

2. Bericht

*»Irland bedeutete einen Schritt zu Selbstän-
digkeit, ein erster Blick in die Welt über
den Gartenzaun, über den beschützten
Raum des bis dahin Gewohnten und Ver-
trauten, daneben die Übernahme wirkli-
cher Verantwortung, ein Wachsen an den
Aufgaben und ganz bestimmt eine Hilfe bei
meinem jetzigen Werdegang.«*
Corinna Semling war Ersatzmutter von
vier Kindern in Sligo. Sie war das zweite
Au-Pair der Familie.

Irland – dies sollte mein Ziel sein, um für
ein paar Monate Abstand zu finden von
Zukunftsplänen, Familie, Freunden sowie
vor allem, um diese Insel kennenzulernen,
von der ich wohl wie die meisten hierzulande ein ziemlich festes Bild von blöken-
den Schafen, irischer Butter, weiten grü-
nen Wiesen, Religionskrieg und irischer
Bierseligkeit vor Augen hatte.
Nach dem Abitur begann ich zu überlegen, wie ich diesen Aufenthalt bloß be-
werkstelligen könnte. Anhand von
Büchern und Zeitungsartikeln versuchte
ich mich über die vielen verlockenden
Angebote von Auslandsaufenthalten
schlau zu machen, um schließlich zu der
Erkenntnis zu gelangen, daß eine Au-pair-
stelle wohl am ehesten geeignet sei, Irland
kennenzulernen und daneben auch um
meine englischen Sprachkenntnisse kräftig
zu aufzubessern. Da ich schon seit ein paar

Corinna Semling beim Geburtstag feiern mit zwei von »Ihren« vier Kindern

Jahren in der Jugendarbeit tätig war und mir der Umgang mit Kindern schon immer sehr viel Freude bereitet hatte, schreckte mich auch nicht der Gedanke an eine typische irische Großfamilie mit zahlreichen Kindern zu geraten. Ich wußte auch, daß ich nicht vergessen durfte, wieviel Arbeit hinter solch einer Tätigkeit stecken würde, denn eine Familie zu versorgen und für diese acht oder mehr Stunden bereit zu sein, würde keine leichte Aufgabe werden. Zudem wäre richtig Verantwortung für meine Arbeit im Haushalt und meine Beschäftigung mit Kindern zu übernehmen. Würde ich das schaffen? Manchmal war ich im Zweifel. Der Gedanke daran ließ mich unsicher werden, doch die Vorstellung an ein halbes Jahr voller neuer Erfahrungen und Eindrücke war dann letztlich doch so reizvoll und lebendig, daß diese Zweifel

immer wieder schnell schwanden. Zeitweilig kam mir auch die Überlegung, daß dies ein großer Schatz an Erfahrungen sein werde, aus dem ich in meinem späteren Leben immer wieder schöpfen könne. Es war dann auch diese Überzeugung, die mir half, meine Bewerbung mit Lebenslauf bei einem Vermittler in Freiburg einzureichen. Dazu ist leider anzumerken, daß die Betreuung dort nicht meinen Erwartungen entsprach. Nach einem kurzen Gespräch mit der Beauftragten für Aupair-Angelegenheiten war der persönliche Kontakt beendet, und meine Bewerbung wanderte innerhalb der nächsten vier Monate über eine Agentur in London zu ihrem eigentlichen Zielort Dublin, von wo ich dann nach langer, ungewisser Zeit nähere Angaben über die Familie in Form eines Fragebogens erhielt. In der ganzen Zwischenzeit war es leider so gewesen, daß

Sligo

neuen Au-pair gewesem, nachdem meine Vorgängerin, eine Schweizerin, ihre Zeit beendet hatte und somit hatte ich mich schnell zu entscheiden .

Zwei Wochen später, nachdem ich alle nötigen Vorbereitungen zu treffen gehabt und alle sonstigen Dinge, die noch zu regeln waren, hinter mich gebracht hatte, befand ich mich schon auf dem Weg nach Sligo, einer Stadt mit ungefähr 15.000 Einwohnern an der Nordwestküste der Insel. Voller Spannung sah ich dann meinem neuen Zuhause für die nächsten sechs Monate entgegen, denn erst kurz vor meiner Abreise wurde mir bewußt, auf welch ein Abenteuer ich mich da eingelassen habe, so ganz alleine in ein fremdes Land, zu völlig unbekannten Menschen.

Die tatsächlich unwahrscheinlich grüne Insel zeigte sich bei meiner Ankunft in Sligo von ihrer rauhesten und vielleicht auch typischsten Seite, mit Unmengen von Regen, kräftigen Stürmen und immer wieder von Stunde zu Stunde wechselnden Wetterlagen.

Der Empfang durch die Familie war sehr herzlich, zwar von seitens der Kinder noch etwas zaghaft und schüchtern, aber wir empfanden dann doch bald sehr viel Sympathie füreinander. Ein guter Anfang für die weiteren sechs Monate.

Margot, Peter und ihre vier Kinder waren ein sehr lebendiger, quirliger Haufen, wo immer etwas los war. Nach kurzer Zeit war ich heilfroh, meine früheren Erfahrungen aus der Gruppenarbeit mit Kindern einbringen zu können, z.B. wenn es darum ging, neue Spiele zu erfinden oder den Lärmpegel zu dämpfen. Es bedurfte auch viel Geduld von beiden Seiten, unsere gemeinsamen Stunden zu nutzen und alle Aufgaben zu erledigen. Mit meinen

ich keinerlei Anhaltspunkte oder Auskünfte über den Verlauf meiner Bewerbung erhalten hatte und somit im Ungewissen schwebte, ob denn eine Zusage eintreffen werde oder nicht.

Ende Januar kam dann unerwarteterweise doch noch ein Anruf aus Irland von meiner künftigen Gastfamilie, den meine Mutter empfing, so daß ich zurückrufen mußte. So konnte ich mir noch die wichtigsten Fragen an die Familie zurechtlegen. In dem Gespräch ging dann doch alles holterdipolter, denn die Sache brannte der Familie unter den Nägeln, wie ich merkte. Lage der Stadt, Anreise und was mitzunehmen sei, dann die Anzahl der Kinder waren eigentlich die wichtigsten Punkte. Entschieden das Wagnis Au-Pair einzugehen, war ich ja eigentlich eh. Die Familie war dringend auf der Suche nach einem

Arbeitszeiten war ich in einer glücklichen Lage, denn durch die Halbtagsbeschäftigung von Margot, die im Büro vom Sozialamt tätig war, brauchte ich eigentlich nur jede zweite Woche zur vollen Verfügung zu stehen. Peter war übrigens Chef der Telecom in Sligo. Nach ein paar Wochen pendelte sich dann auch ein Arbeitsplan ein, der es mir immer wieder ermöglichte, drei bis vier Tage mit dem Bus wegzufahren. Als es dann wärmer wurde, legte ich auch größere Strecken per Anhalter zurück. In dieser Zeit sah ich einiges von dieser wunderschönen Insel und ihren doch höchst abwechslungsreichen Landschaften.

Während meiner Arbeitswoche hatte ich alle üblichen Aufgaben zu erfüllen, die normalerweise Margot oblagen. Erst da wurde mir so richtig bewußt, wie anstrengend das Hausfrauendasein bei vier zu versorgenden Kindern sein kann. Zu meinen Pflichten gehörte es, die zwei jüngsten Mädchen morgens zu versorgen, während die zwei älteren in der Schule waren, Wäsche zu waschen, Mittagessen zu kochen, das Haus in Ordnung zu halten und viele andere Kleinigkeiten. Zu Ende meiner Arbeitswoche sprach ich mich meist mit den Eltern ab, wie und wann sie mich brauchen würden, so daß sich in diesem Zeitrahmen meine kurzen Ausflüge besser planen ließen.

Überraschenderweise kam es nie zu irgendwelchen größeren Schwierigkeiten. Auch was unsere Absprachen anging, so fanden sich immer befriedigende Lösungen für alle Beteiligten. Dazu ist aber auch anzumerken, daß ich es für selbstverständlich hielt, meine Bedürfnisse zurückzustellen, wenn ich von Margot und Peter gebraucht wurde. Sie ließen es mich

immer wieder wissen, wie wichtig es ihnen sei, daß wir uns alle wohlfühlten und gut miteinander auskämen. Es kam dann auch gelegentlich vor, daß sie mir eine Übernachtungsmöglichkeit bei Verwandten vermitteln konnten, wenn ich mal wieder auf Achse war. Das nahm ich natürlich auch liebend gerne an, da mein Lohn von 35 Pfund pro Woche – ungefähr 85 Mark – nur wenig Spielraum für Extravaganzen ließ.

Gleich ein paar Tage nach meiner Ankunft begab ich mich auf die Suche nach einer Sprachschule, um meine Englischkenntnisse aufzufrischen und um vielleicht erste Kontakte zu anderen Au-pairs knüpfen zu können. Wie ich zu meinem Bedauern feststellen mußte, existierte nichts derartiges. Erst nach längerer Suche fand sich eine Lehrerin von der am Ort ansässigen Summer School. Dort belegte ich dann auch zwei Monate lang wöchentlich zwei Unterrichtsstunden, allerdings zu horrenden Gebühren.

Anfangs hatte schwer mit dem irischen Englisch zu kämpfen und fand in Margot wohl die beste Trainingspartnerin, denn sie sprach unglaublich schnell und mit starkem Akzent. Alsbald trat dann auch ein erfreulicher Nebeneffekt ein, nämlich daß es mir irgendwann einmal nicht mehr schwer fiel, die verschiedenen Spielarten des irischen Englisch zu verstehen, und davon existieren wirklich so einige.

Sligo selbst ist nicht gerade eine dieser verträumt romantischen irischen Städte, besitzt aber trotzdem seine Reize und bot mir eine abwechslungsreiche Gegend mit weiten Seen, einer herrlichen Küste und eine weite, einsame Landschaft, die ich mit dem Fahrrad erkundete. In Irland konnte ich dann auch erleben, was es heißt, wilde

Natur und ein Gefühl der Freiheit genießen zu können, für das man daheim doch sehr lange suchen müßte.

Im Juli dann war auch die Zeit gekommen, Abschied zu nehmen von der Familie Farrell, die ich schon eng in mein Herz geschlossen hatte. Vor dem Rückflug blieben mir noch drei Wochen zur Erkundung der Insel. Das Land übt auf mich immer noch eine starke Faszination aus, denn in diesen sechs Monaten bekam ich doch einen tiefen Einblick in das Leben der Iren und spürte auch oftmals den Stolz dieses Volkes auf ihr Land mit seiner alten, schon fast etwas geheimnisvollen Kultur. Für mich war es auch interessant zu sehen, welcher starker Zusammenhalt noch in den Familien besteht und wie versucht wird, den Kindern durch Unterweisung in der alten irischen Sprache, des Gälischen, in den Tänzen und der Musik ein Verständnis für ihre Herkunft zu vermitteln. In »meiner« Familie hatte ich ein sehr harmonisches Zusammenleben kennengelernt, das mir gezeigt hat, wie wichtig es ist, mit viel Zeit, Liebe und Verantwortungsbewußtsein die Erziehung von Kinder zu steuern. Die Deutschen übrigens, sehen die Iren als humor- und freudlos, ein wenig verbiestert, mit viel Geld, aber ohne »savoir vivre«, wie sich immer wieder in Gesprächen herausstellte.

Die Zeit während meines Aufenthaltes war für mich selbst auch sehr wichtig, da ich doch weit weg von meiner Heimat viele Erfahrungen gesammelt hatte, die mein Selbstvertrauen stärkten und mir auch halfen, später meinen eigenen Weg zu finden. Auch wurde mir vieles klarer, was meine Zukunft betreffen sollte.

1. Wie bereitet man sich am besten auf einen Au-pair-Aufenthalt in Irland vor?

Zu der rein organisatorischen Vorbereitung gehörte vor allem der Abschluß einer ergänzenden Auslandskrankenversicherung sowie auch genügend Ersparnisse, die ich mir durch Nebenjobs verdiente. Aus den ganzen Unterlagen war mir klar, daß ich zum Au-pair-Verdienst zusätzliches Geld benötigen würde. Gelegentliche Extraausgaben wie Ausflüge, Bücher, Kino oder Busfahrten schlagen gleich ordentlich zu Buche. Auch die allgemeinen Lebenshaltungskosten liegen höher als daheim, was man nicht vergessen darf, wenn es darum geht, einen Ausflug oder einen kleinen Urlaub zu planen.

Ein andere Art der Vorbereitung lag in der Beschäftigung mit der Geschichte und der heutigen politischen Situation Irlands bzw. Nordirlands. Ich stellte gerade zu Anfang immer wieder fest, wie nützlich es war, mit aktuellen Themen vertraut zu sein, denn dadurch fiel es mir leichter, mit Peter und Margot ins Gespräch zu kommen. Darin wiederum erfuhr ich dann viele interessante Einzelheiten und Meinungen. Das Erstaunlichste für mich war dann auch immer wieder, wie stark die Iren doch an der katholische Kirche und an ihrem Glauben festhalten und wie sich dies in der öffentlichen Meinung widerspiegelt. Man sollte sich auch bewußte sein, daß Offenheit und der Wille sich mit kulturellen, politischen, sozialen und wirtschaftlichen Irlands zu befassen, eine wichtige Grundlage bilden, um mit der Familie gut zurechtzukommen.

2. Wie hat das mit der Integration in der Familie funktioniert?

Die Iren legen hohen Wert auf Gastfreundschaft und ihr Familienleben, so daß ich auch entsprechend herzlich aufgenommen wurde. Von Margot bekam ich wertvolle Unterstützung, die mir meinen erstes Zurechtfinden und die Bekanntschaft mit den Kinder sehr erleichterte, denn natürlich erwartete man von mir, daß ich mich rasch und ohne lange Eingewöhnungszeit an die neue Situation anpassen und meinen Aufgaben gewachsen sein werde. Letztlich ein großer Vorteil, da ich mit den Kindern schneller und enger vertraut wurde.

Es ergab sich dann außerdem, daß ich mit Hilfe von Margot und Peter engeren Kontakt zu weiteren Familienmitgliedern, wie Oma, Tanten und Vettern bekam. Dadurch nahm ich auch bald einen festen Platz als das Au-pair der Familie ein und nicht als den irgendeiner Angestellten, die nur zum Putzen und zur Kinderbeschäftigung da ist.

Interessant war es für mich zu sehen, daß ganz bestimmte Rituale in der Familie herrschten, die ich zuerst noch erlernen mußte sowie den Tagesablauf. So wurde fast ständig Tee getrunken, die Mahlzeiten waren geregelt – wobei mittags nur eine kleine Mahlzeit und abends eine volle, warme auf den Tisch kam – sonntags war Kirchgang angesagt und allabendlich um 6 Uhr die Soapopera. Zudem mußte ich erstmal herauskriegen – was vor allem bei den Kindern sehr schwierig war – welche Eßgewohnheiten und Vorlieben alle hatten. Das Kochen sollte sich dann auch als Problem entpuppen, denn im Zubereiten von kindergerechten Mahlzeiten wurde wirklich allerhand Kreativität von mir gefordert. Was den Eltern meist schmeckte, wurde von den Kindern oft keines Blickes gewürdigt.

3. Wie hast du das Verhältnis zu den Kindern aufgebaut?

Zu Beginn war es durch die sprachliche Barriere doch reichlich schwierig, aber nach recht kurzer Eingewöhnung bekam das tägliche Miteinander eine gewisse Routine. Durch die Tatsache, daß die Familie überhaupt ein Au-pair hatte – gerade in den ländlichen Gegenden Irlands immer noch eine Seltenheit – nahm ich für die Kinder eine gewisse Sonderstellung ein. Ich kümmerte mich auch intensiv um sie, brachte ihnen u.a. neue Spiele aus Deutschland bei, die ihnen bis dato unbekannt gewesen waren, oder ließ sie mich bei meinen Tätigkeiten im Haushalt kräftig unterstützen, was ihnen oft Freude bereitete. Manchmal war es nicht ganz einfach, den Forderungen der Kinder gerecht zu werden, ganz besonders dann, wenn die Interessen des ältesten Jungen denen der drei Mädchen widerstrebten. Insgesamt hatten wir ein gutes Verhältnis zueinander. Nur hin und wieder mußte ich mich in acht nehmen, dieses nicht zu eng werden zu lassen, denn das hätte einen großen Verlust meiner freien Zeit bedeutet. Aus diesem Grunde fuhr ich auch wenn immer möglich für ein paar Tage weg, denn Zuhause konnten die Kinder nicht zwischen meiner Arbeits- und Freizeit unterscheiden.

4. Wie bist du mit dem Erziehungsstil klargekommen? Ist der irische Stil eher locker oder strikt?

Über den irischen Erziehungsstil im allgemeinen kann ich nur schwer etwas sagen, da ich durch den Kontakt mit anderen Au-pair-Mädchen auch andere Arten kennengelernt habe, die überhaupt nicht dem meiner Familie entsprachen.

Im Stil meiner Familie spiegelte sich der katholische Glaube wider bzw. Werte wie Ehrlichkeit, Vertrauen und Zusammengehörigkeit. Zudem gewann ich den Eindruck, daß die Eltern eine sehr genaue Vorstellung von dem besaßen, wie die Erziehung ihrer Kinder auszusehen habe. Beide Elternteile waren Ende Dreißig, weshalb die Kinder wohl auch keine eigentlich strenge, aber doch eine Erziehung mit klaren Regeln und Grenzen genossen. Allerdings war der Umgang miteinander humorvoll und locker, so daß ich natürlich auch versuchte, dies beizubehalten. Für mich war es anfangs nicht einfach, den Kindern zu zeigen, daß bei mir die gleichen Regeln gelten. Manchmal war ich einfach zu nachsichtig, so daß Margot – wenn immer sie dessen gewahr wurde – mehr Konsequenz forderte. Immer wieder betonte sie auch der Familie gegenüber, daß alle mir den gleichen Respekt entgegenzubringen hätten wie ihr auch.

Die einzigen Dauerprobleme waren Fernsehen und Süßigkeiten, denn da hatten die Eltern und ich leider zu verschiedene Ansichten. Sie betrachteten das Fernsehen häufig als gute Kinderbeschäftigung, dem ich jedoch nicht zustimmen konnte. Gerade bei diesem Thema kam es immer wieder zu Diskussionen, aber schließlich hatten doch die Worte der Eltern mehr Gewicht als meine Argumete.

5. Wie bist du mit der Sprache klargekommen?

In die Schnelligkeit und die vielen besonderen Redewendungen und Floskeln des irischen Englisch mußte ich mich wirklich zuerst einmal richtig einhören und gewöhnen. Selbstverständlich ließ sich die Umgangssprache kaum mit dem schönen korrekten Englisch aus meiner Schulzeit vergleichen. Trotz dieser Schwierigkeit hatte ich genügend Zeit mir ein gewissen Sprachgefühl anzueignen. Am Ende gelang es mir sogar, Leute mit einem südirischen Akzent von jenen aus dem Norden zu unterscheiden. Mit Hilfe der wenigen Unterrichtsstunden war es mir zwar möglich, einen leichteren Wiedereinstieg in die Sprache zu finden, jedoch merkte ich recht schnell, daß das Zeitunglesen, Fernsehen und viele, viele Gespräche dann doch sinnvoller waren und mehr zur Verbesserung meiner Fähigkeiten beitrugen.

6. Wie hast Du gleichaltrige irische Jugendliche und generell Freunde gefunden? War es schwer?

Ungefähr einen Monat nach meiner Ankunft kam für mich die freudige Nachricht, daß ein weiteres Au-pair aus Deutschland angekommen sei. Wir trafen uns bald darauf und unternahmen auch eine Menge zusammen. Leider bedurfte dies immer einer größeren Planung, da zwischen unseren Familien doch eine Entfernung von 15 Kilometern lag und wir beide nur Fahrräder zu unserer freien Verfügung hatten. Weitere Au-pair-Mädchen gab es in Sligo nicht, da die meisten Stellen in Dublin vermittelt werden. Engerer Kontakt zu irischen Jugendlichen ergab sich jedoch nicht. Zwar kamen wir öfters ins Gespräch mit jungen Leuten im Pub, oder bei anderen Gelegenheiten, woraus sich jedoch keine näheren Bekanntschaften entwickelten. Meist blieb es bei Banalitäten oder Oberflächlichkeiten. Meine einzige Verbindung kam dann erst sehr spät mit einem Studenten aus unserer Nachbarschaft zustande. Auf meinen zahlreichen Ausflügen an der Westküste entlang lernte ich dann doch häufig Reisende aus anderen Ländern kennen und verbrachte mit ihnen gemeinsame Urlaubstage .

7. Welche Tips kannst Du künftigen Au-pairs geben, die einen Aufenthalt in Irland planen?

Einer der wichtigsten Punkte, über den man sich im Klaren sein sollte, ist wohl, ob man ein ganzes oder ein halbes Jahr in der Stadt oder in einer ländlicheren Gegend verbringen will.

Irland bietet beides, doch in extremer Form, denn Dublin ist eine Stadt von einer Riesenausdehnung und fast einem Drittel der Gesamtbevölkerung, also über eine Million Einwohner. Die Gebiete an der Westküste können auf weiten Strecken sehr einsam liegen, aber genau aus diesem Grund für Naturfreunde und Leute, die Ruhe suchen, auch ungemein reizvoll sein.

Zu vergessen ist keinesfalls, daß ein Aupair eine große Belastbarkeit für viele verschiedene Tätigkeiten unter Beweis stellen sollte, die große Verantwortungsbereitschaft fordern, für Momente, in denen das Heimweh nagt oder wenn Schwierigkeiten mit der Familie auftreten. Gerade bei ernsthaften Konflikten, die für ein Aupair wegen Sprachbarrieren doppelt so schwer zu bewältigen sein können, sollte man versuchen, nach Lösungen mit der Familie zu suchen, die ein harmonisches Zusammenleben wieder ermöglichen. Aufgeben oder Davonlaufen ergeben in solchen Situationen wenig Sinn, denn Meinungsverschiedenheiten gibt es immer. Dessen sollte man sich auch vorher bewußt sein. Sehr berührt hat mich in Irland die ungeahnte Gastfreundschaft. Man sollte nie vergessen, dafür Dank und Anerkennung zu zeigen. Für Irland gilt es, eine gewisse Art von Offenheit, Neugier und Begeisterungsfähigkeit mitzubringen – zum wirklichen Kennenlernen von Land und Leuten unbedingt notwendig – denn die Iren sind schon ein sehr eigenes, liebenswertes Volk.

8. Was hat Dir der Aufenthalt gebracht?

Zum einen habe ich nachdrücklich Bekanntschaft mit einem Land und seinen Bewohnern gemacht, zum anderen war mein Aufenthalt eine Zeit voller neuer Erfahrungen und Erlebnisse, oft einer neuen Sicht der Dinge, an die ich doch sehr oft denken muß. Diese sechs Monate haben mir sehr dabei geholfen, Selbstvertrauen zu gewinnen und selbständiger zu werden, so daß es mir nach meiner Rückkehr dann sehr viel leichter fiel, flügge zu werden, meinen Studienplatz in einer fremden Stadt anzunehmen und mich hier, genau wie in Irland, in fremder Umgebung zurechtzufinden. Nicht zuletzt gereichen mir meine Sprachkenntnisse auch im Studium zum Vorteil.

Für Hinweise, die wir in der nächsten Auflage verwerten, bedanken wir uns mit einem Buch aus unserem Programm.

Rund um die Au-pair Bewerbung ins europäische Ausland

In welche Länder werden Au-pair-Aufenthalte vermittelt? Wie stehen die Vermittlungschancen?

Au-pair-Aufenthalte sind in den meisten Ländern Europas möglich. Einige Unterschiede gibt es jedoch hinsichtlich der Vermittlungschancen. In Frankreich oder England zum Beispiel, wo ausländische Au-pairs fast schon dazugehören wie der Eifelturm oder Big Ben, bestehen wesentlich höhere Erfolgsaussichten. In anderen Ländern, wie zum Beispiel Dänemark, ist der Au-pair-Gedanke weniger weit verbreitet. Entsprechend schwerer ist es, dort eine Au-pair-Familie zu finden.

Der Bekanntheitsgrad von »Au-pair« bedingt sich jedoch zum Teil auch durch die Au-pair-Interessentinnen selbst. Frankreich und England, das heißt eigentlich Paris und London, stehen auf der Beliebtheitsskala an erster Stelle. Island, Holland oder Griechenland finden dagegen nur geringere Aufmerksamkeit für einen Au-pair-Aufenthalt, obwohl meist genügend Plätze vorhanden sind.

Entscheidend hängen die Vermittlungschancen aber auch von der Bewerberin selbst und der geplanten Dauer des Aufenthaltes ab. Wer gute Erfahrung in der Kinderbetreuung mitbringt und zehn bis zwölf Monate im Ausland bleiben kann, hat die besten Chancen auf Vermittlung. Au-pair-Aufenthalte unter zehn Monaten sind oftmals schwerer vermittelbar, da sich weniger Familien finden lassen, die ein Au-pair für den kurzen Zeitraum aufnehmen möchten.

Eine »Hitliste« der beliebtesten Au-pair-Zielländer:

Sehr beliebt sind: Frankreich, Großbritannien, Spanien, Irland
Beliebt sind: Italien, Schweden
Weniger Interesse besteht an: Island, Griechenland, Dänemark, Holland, Norwegen, Belgien, der Schweiz, Finnland

Rechte, Pflichten, Leistungen

Was Rechte und Pflichten von Au-pair und Familie betrifft, so gelten konkrete, 1969 zwischen den Mitgliedsstaaten des Europarates vereinbarte Rahmenbedingungen. Auch wenn das »Europäische Abkommen über die Au-pair-Beschäftigung« bis heute nur von wenigen Staaten ratifiziert wurde, halten sich in der Regel auch die Länder, in denen das Abkommen durch die fehlende Ratifikation keinen Rechtscharakter angenommen hat, an diese Richtlinien.

Nach dem Abkommen und den Programmen der Vermittler gelten folgende Bestimmungen:

● Aufnahme »im Schoße der Familie«
● Das Au-pair erhält ein eigenes Zimmer sowie freie Verpflegung,
● Zahlung einer angemessenen Vergütung (»Taschengeld«). Das Taschengeld liegt derzeit bei circa 400,- DM pro Monat,
● Gewährung von freien Tagen und auch freien Abenden. Die meisten Au-pair-Programme bieten ein bis eineinhalb freie Tage in der Woche,
● Freistellung für den Besuch eines Sprachkurses, für die Religionsausübung,

kulturelle Veranstaltungen und Exkursionen,

● Mitwirkung insbesondere bei leichten Hausarbeiten und bei der Kinderbetreuung. Die Wochenarbeitszeit beträgt in der Regel dreißig Stunden, also fünf bis sechs Stunden täglich an fünf bis sechs Tagen in der Woche. Ein Au-pair muß sich auch an zwei bis drei Abenden pro Woche zum Babysitten bereithalten.

● ggf. private Krankenversicherung durch die Gastfamilie (bei fehlender gesetzlicher Krankenversicherung),

● je nach Dauer des Aufenthaltes und Absprache mit der Familie erhält ein Au-pair normalerweise ein bis zwei Wochen Urlaub.

Trotz aller offiziellen Regelungen kann es durchaus zu Abweichungen und individuellen Vereinbarungen zwischen Au-pair und Gastfamilie kommen, zum Beispiel, was Arbeitszeit und Höhe des Taschengeldes betrifft. Es ist in jedem Fall ratsam, Vergütung und Arbeitszeit schriftlich zu fixieren, also vertraglich zu vereinbaren.

Welche Aufgaben gehören zum Au-pair-Alltag?

Welche Aufgaben im Detail den Tagesablauf des Au-pairs bestimmen, ist von Familie zu Familie unterschiedlich und eine Sache der Absprache. Normalerweise übernimmt ein Au-pair folgende Tätigkeiten: Kinderbetreuung und -beaufsichtigung. Je nach Alter der Kinder heißt das, sie zum Kindergarten, zur Schule oder sonstigen Freizeitaktivitäten zu bringen, ihnen Essen zuzubereiten, sie anzukleiden, sie zu waschen, mit ihnen zu spielen oder sie bei den Hausaufgaben zu

betreuen. Zudem sind in der Au-pair-Tätigkeit auch Haushaltpflichten eingeschlossen. Das bedeutet, das Kinderzimmer in Ordnung zu halten, eventuell zu Waschen oder zu Bügeln. Auch Küchen- und Reinigungsarbeiten sind vielleicht zu verrichten. Wichtig ist: Keiner muß sich als billige Hausangestellte ausnutzen lassen! Wer unberechtigterweise und ohne jeglichen Ausgleich, sei es durch Geld oder Freizeit, übermäßig viel arbeitet, sollte auf jeden Fall mit der Familie oder der zuständigen Agentur sprechen. Von selbst lösen sich die Probleme nur sehr selten, und wer nichts sagt, ist es letztlich selbst Schuld, wenn sich nichts bessert.

Au-pair zu sein, heißt aber auch nicht, mehrere Monate Urlaub zu verbringen, denn es müssen Pflichten und Verantwortung übernommen werden. Aber gleichzeitig dazu bietet sich die tolle Gelegenheit, ohne großen finanziellen Aufwand die Sprache, Natur, Städte und Kultur eines fremden Landes sowie sich selbst etwas besser kennenzulernen.

Wie finde ich eine Familie?

Es gibt drei Möglichkeiten, eine Au-pair-Familie im Ausland zu finden:

1. Man ergreift die **Initiative**, kümmert sich selbst um alles und organisiert den Aufenthalt ohne Hilfe einer Au-pair-Agentur. Über private Kontakte oder Kleinanzeigen in überregionalen, gelegentlich auch lokalen Tageszeitungen kommt jeder an Adressen von Familien, die ein Au-pair suchen. Natürlich lassen sich auch selbst Kleinanzeigen in dem jeweiligen Zielland schalten.

Seinen Au-pair-Aufenthalt komplett selbst zu organisieren, erfordert jedoch eine Menge Aufwand und ist auch nur Interessentinnen zu empfehlen, die bereits über sehr gute Landes- und Sprachkenntnisse verfügen und sich zu helfen wissen. Es findet vor und während des Auslandsaufenthaltes keine Betreuung statt, so daß man sich bei Problemen oder der Suche nach einer neuen Familie ganz alleine durchboxen müßte.

2. Die zweite Möglichkeit besteht darin, sich an **Vermittlungsagenturen im Zielland** zu wenden. Auch in diesem Fall sollte die Bewerberin schon über gute Kenntnisse der Landessprache verfügen, um entsprechend korrespondieren zu können.

3. Der bequemste und bestimmt auch sicherste Weg ist es, sich über eine **Au-pair-Agentur im Heimatland** vermitteln zu lassen. Die Agenturen arbeiten mit Partnern im Zielland zusammen, welche die Suche und Auswahl der Gastfamilien übernehmen sowie die Betreuung des Aupairs während des Aufenthaltes. Interessentinnen haben dadurch nicht nur vor der Ausreise, sondern auch während ihres Auslandsaufenthaltes Ansprechpartner, die ihnen mit Rat und Tat zur Seite stehen.

Bei Agenturen im Heimatland unterscheiden sich die Voraussetzungen, die ein Au-pair mitbringen muß und die Bewerbungsabläufe nur in wenigen Punkten von denen bei uns. Anders sieht es schon bei den Leistungen aus. Hier liegen die Unterschiede nicht nur in der Intensität der Betreuung, der möglichen Dauer des Aufenthaltes und der Höhe der Vermittlungsgebühren, sondern auch in der Zahl der angebotenen Länder.

Voraussetzungen für einen Au-pair-Aufenthalt

Interessentinnen sollten:

● bei der Ausreise in das Gastland mindestens 18 Jahre alt, ledig und kinderlos sein und dürfen, je nach Zielland, maximal 28 bis 30 Jahre alt sein. Manche Agenturen bieten auch Aufenthalte für 17-jährige an, doch sind die Vermittlungschancen fast gleich Null, da die Gastfamilien volljährige junge Frauen bevorzugen,

● die Staatsbürgerschaft eines EU-Landes besitzen. Interessentinnen, die keine EU-Staatsbürgerschaft haben, müssen sich bei der Vermittlungsagentur und der Botschaft beziehungsweise dem Konsulat des Ziellandes nach den jeweiligen Einreisebestimmungen erkundigen,

● in guter physischer und psychischer Verfassung sein und dieses durch ein ärztliches Attest belegen können.

Zudem sind:

● ausreichende Sprachkenntnisse erforderlich. Für Großbritannien und Irland sind Kenntnisse des Englischen, in Frankreich des Französischen erforderlich. Je nach Agentur ist es in allen anderen Ländern nicht unbedingt notwendig, die jeweilige Landessprache zu beherrschen. Auch dort genügen in der Regel Englisch- bzw. Französischkenntnisse. Es ist jedoch vorteilhaft und sicher auch im eigenen Interesse, Grundkenntnisse der jeweiligen Landessprache zu besitzen. »Ausreichende« Sprachkenntnisse heißt, daß man sich gut in der jeweiligen Landessprache verständigen kann und zu Beginn des Aufenthaltes in der Lage ist, sich mit den Gasteltern und Kindern in einfachen Sätzen zu verständigen, um Anweisungen entgegenzunehmen oder weitergeben zu können.

● Erfahrung in der Kinderbetreuung und Haushaltsführung sind notwendig, damit die Gastfamilie sieht, in wieweit eine Bewerberin auf eine Au-pair-Tätigkeit vorbereitet ist. Zudem stellen diese Dinge für das künftige Au-pair eine gute Erfahrung dar, um eine Vorstellung davon zubekommen, was es bedeutet, mehrere Stunden am Tag Kinder zu betreuen und Haushaltspflichten zu übernehmen.

Eine optimale Vorbereitung auf den Au-pair-Alltag ist zum Beispiel durch regelmäßiges Babysitting und die Mithilfe bei der Betreuung und Erziehung jüngerer Geschwister, Kusinen oder Vettern möglich. Auch die Tätigkeit als Gruppen- oder Jugendleiterin in einem Sportverein, einer kirchlichen oder anderen gemeinnützigen Organisation sowie ein Praktikum im Kindergarten, der Schule oder Kindertagesstätte, helfen dabei, sich auf die tägliche Arbeit mit Kindern vorzubereiten. Wichtig ist, daß Kinder im Alter zwischen einem Monat und fünfzehn Jahren betreut wurden.

In die Bewerbung gehören dann Referenzen, die Auskunft über Art und Umfang der Kinderbetreuung geben. Die meisten Agenturen haben Vordrucke dafür. Die Referenzen sollten normalerweise ins Englische bzw. Französische übersetzt werden. Die Übersetzung kann aber in der Regel selbst vorgenommen werden und sollte mit der Kopie der Referenz verschickt werden.

Vorteilhaft ist es:

● den PKW-Führerschein zu besitzen, da es häufig zu den Aufgaben eines Au-pairs

gehört, die Kinder der Gastfamilie zur Schule, zum Kindergarten oder zu anderen Aktivitäten zu fahren. Zudem ist man dann auch selbst mobiler und flexibler. Auch wenn der Führerschein für eine Bewerbung nicht unbedingt erforderlich ist, sind die Vermittlungschancen von Bewerbern und Bewerberinnen mit Führerschein höher.

● Nichtraucherin zu sein, denn Raucherinnen sind schwer und manchmal auch gar nicht zu vermitteln. Wer raucht, sollte in der Bewerbung die Bereitschaft signalisieren, im Haus der Gastfamilie und im Beisein der Kinder auf das Rauchen zu verzichten und es auch wirklich so meinen.

● Da eine Au-pair-Tätigkeit, also Kinderbetreuung und Haushaltspflichten, in der Regel eher jungen Frauen zugetraut wird, haben männliche Bewerber normalerweise geringere Vermittlungschancen.

Wie sieht eine Bewerbung aus?

Die Vermittlungsagenturen haben normalerweise entsprechende Vordrucke, die ausgefüllt werden müssen. Wichtig ist es in jedem Fall, daß die Unterlagen sauber und gewissenhaft ausgefüllt werden, denn die schriftliche Bewerbung ist das erste, was eine potentielle Familie von einer Bewerberin erhält. Fettflecken oder eine gekritzelte Schrift erwecken dabei natürlich keinen guten Eindruck. Die Bewerbung ist je nach Zielland entweder auf englisch oder französisch auszufüllen. Welche konkreten Bewerbungsunterlagen notwendig sind und wie das weitere Vermittlungsverfahren verläuft, erfährt man am besten bei der jeweiligen Au-pair-Vermittlungsagentur. Unterschiede gibt es in der Regel nur in Details, wie zum

Beispiel der Anzahl der Paßfotos und Zusammenstellung der Referenzen oder bei der Kontaktaufnahme mit der künftigen Gastfamilie.

Nachfolgend ein Beispiel für einen Bewerbungs- und Vermittlungsverlauf:

Zu der Bewerbung gehören:
● der sauber ausgefüllte, vorgedruckte **Bewerbungsbogen,**
– freundliche Paßfotos. Warum gelegentlich so viele Paßbilder mitgeschickt werden müssen, hat seinen guten Grund. Normalerweise werden die Unterlagen kopiert und über die Partnerorganisation an Gastfamilien weitergeleitet. Da auf kopierten Paßfotos die Bewerberin nie gut zu erkennen is, erhalten die Familien ein Originalpaßfoto, um sich ein richtiges Bild von ihrem künftigen Au-pair machen zu können.
● Zwei **Referenzen,** mindestens eine über Kinderbetreuung (zum Beispiel über regelmäßiges Babysitting, ein Kindergartenpraktikum, Jugendleiterschein) und eine Charakterreferenz. Es empfiehlt sich jedoch, zwei Referenzen über Kinderbetreuung vorzulegen,
● ein **Einführungsbrief** an die potentielle Gastfamilie, in dem sich die Bewerberin auf ein bis zwei DIN A4 Seiten vorstellt. Dieser Brief, je nachdem auf Englisch oder Französisch verfaßt, sollte beispielsweise Näheres zu Hobbys, der eigenen Familie, Erfahrungen in der Kinderbetreuung und Haushaltsführung, aber auch zu Zukunftsplänen enthalten. Auch darf die Begründung, warum man sich gerade das gewählte Land ausgesucht hat, nicht fehlen.

Mit diesem Brief möchte die Familie ihr potentielles Au-pair kennenlernen. Daher wäre es nicht nur fair, sondern auch ratsam, den Brief trozt etwaiger Angst vor Rechtschreibfehlern selbst zu schreiben und ihn nicht schreiben zu lassen.

● Neben dem Brief an die Gastfamilie muß auf einem DIN A4 Blatt eine kleine **Fotoserie,** mit Aufnahmen, die das Au-pair zeigen, zusammengestellt werden. Dabei sind Fotos von der eigenen Familie, von den Kindern, die man betreut hat, von Freunden oder beim Sport gerne gesehen. Auch hier empfiehlt es sich, Bilder herauszusuchen, die nicht einen falschen oder eher »schludrigen« Eindruck erwecken können. Bilder, auf denen man raucht oder trinkt, sollten zum Beispiel nicht mitgeschickt werden.

● Normalerweise gehört auch ein **Gesundheitszeugnis** oder ärztliches Attest vom Hausarzt in die Bewerbung, worin bestätigt wird, daß man physisch und psychisch gesund ist. Bestehende chronische Krankheiten, Allergien oder notwendige Medikamenteneinnahmen sind anzugeben.

● Ggf. Kopie des **Führerscheins.**

Vermittlungsverfahren

Die ausgefüllen Unterlagen werden an die betreffende Agentur geschickt, die nach Prüfung normalerweise eine Bestätigung über die Teilnahme am Vermittlungsverfahren sendet. Persönliche Vorstellungsgespräche gibt es im Gegensatz zu dem Au-pair-USA-Programm in der Regel nicht. Mit der Teilnahmebestätigung wird nun die Bewerbung an die Partnerorganisation im jeweiligen Zielland weitergeleitet, die vor Ort die Suche nach einer geeigneten Familie übernimmt. Gleichzeitig dazu muß sich die Au-pair-

Bewerberin um die Versicherung sowie Aufenthalts- und Einreiseformalitäten bei der jeweiligen Botschaft oder dem Konsulat kümmern. Die Au-pair-Agentur steht dabei und natürlich auch bei anderen Fragen und Problemen gerne mit Rat und Tat zur Seite, zumal ja meist auch kein Vorbereitungsseminar angeboten wird. Hat sich dann eine Gastfamilie für ein Au-pair entschieden, ruft sie die Bewerberin an, um sie bei einem Gespräch kennenzulernen. Manchmal übernimmt dies auch die Partnerorganisation. Dieses Telefonat gibt den letzten Ausschlag dafür, ob Gastfamilie und Au-pair es einmal miteinander versuchen wollen. Ist man sich nach dem Gespräch einig, erhält die Bewerberin umgehend eine Bestätigung und zusätzliche schriftliche Angaben über die Gastfamilie. Weitere Einzelheiten, zum Beispiel über das genaue Ankunftsdatum, sind dann selbst mit der Familie zu besprechen. Es ist daher ratsam und sicher zum weiteren Kennenlernen auch ganz vorteilhaft, regelmäßig Kontakt mit der Familie zu halten. Für den Fall, daß sich die Familie nach dem Gespräch doch nicht für eine Bewerberin entscheidet, werden die Unterlagen an andere Familien weitergeleitet. Noch ein kleiner Tip: Wie erwähnt, ist es für das erste Telefonat wichtig, ohne große Umstände erreichbar zu sein. Da man jedoch deswegen verständlicherweise nicht die ganze Zeit zu Hause hocken kann, rate ich, die Eltern etwas auf den Anruf einer Gastfamilie vorzubereiten, so daß sie Auskunft erteilen können, wann man wieder zu Hause sein wird, oder gleich die Telefonnummern desjenigen parat zu haben, wo man sich gerade aufhält.

Fragen & Antworten rund um den Au-pair-Aufenthalt in Europa

Wie ist das mit Aufenthalts- und Einreisebestimmungen?

Da der Au-pair-Aufenthalt meist länger als drei oder sechs Monate dauert, muß man sich noch für viele europäische Länder Aufenthaltsgenehmigungen besorgen. Hier ein kurzer Überblick über Aufenthalts- und Einreisebestimmungen für die gängigsten Au-pair-Zielländer.

Weitere Einzelheiten und auch Angaben darüber, welche Formalitäten bei und vor der Einreise zu beachten sind, erteilen die zuständigen Botschaften und Konsulate oder Au-pair-Agenturen. Es ist auf jeden Fall sinnvoll, sich rechtzeitig vor dem Auslandsaufenthalt nochmals über den neusten Stand der Einreise- und Aufenthaltsbestimmungen zu erkundigen.

Für Bewerberinnen aus Deutschland

Frankreich: Zur Einreise reicht der gültige Personalausweis oder Reisepaß. Allerdings braucht man für einen Aufenthalt, der länger als drei Monate dauert, eine Aufenthaltsgenehmigung, die man vor Ort in Frankreich erhält. Dafür müssen viele Unterlagen von zu Hause mitgebracht werden, so zum Beispiel eine beglaubigte und ins Französische übersetzte Kopie des letzten Schul- oder Abschlußzeugnisses oder einen »Einladungsbrief« der Gastfamilie und vieles mehr. Es ist daher ratsam, sich rechtzeitig über Formalitäten und mitzubringende Unterlagen zu erkundigen und sie entsprechend zusammenzustellen.

Griechenland: Für die Einreise reicht der Reisepaß, der noch mindestens zwölf Monate gültig sein sollte. Bleibt man länger als drei Monate im Land, muß man sich in Ende des drei Monats in Griechenland eine Aufenthaltsgenehmigung besorgen.

Großbritannien: Für die Einreise reichen Personalausweis oder Reisepaß, die jedoch ein paar Monate länger gültig sein sollten, als der tatsächliche Aufenthalt dauert. Bleibt man länger als sechs Monate in Großbritannien, muß man nach Ablauf des halben Jahres vor Ort eine Aufenthaltserlaubnis beantragen.

Irland: Für die Einreise reicht der gültige Reisepaß oder Personalausweis. Wer länger als drei Monate im Land bleibt, muß sich in Irland bei der Ausländerpolizei eine Aufenthaltsgenehmigung besorgen.

Island: Für die Einreise benötigt man den gültigen Reisepaß oder Personalausweis. Wer länger als drei Monate in Island bleiben möchte, benötigt zusätzlich eine Aufenthaltsgenehmigung, die bei der Ausländerpolizei in Island beantragt werden muß.

Italien: Für die Einreise benötigt man den gültigen Reisepaß oder Personalausweis. Bei einem längeren Aufenthalt muß man sich in den ersten acht Tagen des Aufenthaltes bei der Polizeibehörde eine Aufenthaltsgenehmigung besorgen.

Schweden: Die Einreise erfolgt mit dem gültigen Reisepaß oder Personalausweis und einer Aufenthalts- und Arbeitsgenehmigung, die man sich im Heimatland besorgen muß. Man sollte sich rechtzeitig darum kümmern.

Spanien: Null Problemo. Mit einem gültigen Reisepaß oder Personalausweis, der bei der Einreise möglichst noch länger als zwölf Monate gültig sein sollte, kann man nach Spanien nicht nur problemlos einreisen, sondern auch die Au-pair-Tätigkeit aufnehmen. Man muß sich lediglich nach der Ankunft in den ersten Tagen bei der Polizei melden.

Norwegen: Hier braucht man neben dem gültigen Reisepaß oder Personalausweis auch eine Arbeits- und Aufenthaltsgenehmigung, die daheim rechtzeitig beantragt werden muß.

Bewerberinnen aus der **Schweiz** und aus **Österreich** sollten sich ebenfalls rechtzeitig bei ihrer Vermittlungsagentur und den Botschaften oder Konsulaten über die Einreiseformalitäten erkundigen.

Wie ist das mit den Versicherungen?

● Krankenversicherung

Die Kosten für die Krankenversicherung werden nach Absprache entweder von der Gastfamilie übernommen oder sind selbst zu tragen.

In Frankreich unterliegen die Gastfamilien einer Versicherungspflicht für ihr Au-pair, sofern dieses regulär angemeldet wurde. Damit übernimmt die französische Gastfamilie die Kranken-, Renten- und Unfallversicherung. In Großbritannien unterliegt ein Au-pair dagegen dem Versicherungsschutz der staatlichen Gesundheitsbehörde. Sind die Gastfamilien nicht dazu verpflichtet, die Kosten für die Krankenversicherung zu übernehmen, oder besteht kein staatlicher Versicherungsschutz, muß sich das Au-pair selbst versichern.

Gelegentlich besteht ein Versicherungsschutz bereits durch die gesetzliche Krankenkasse, bei der man in entweder über die Eltern oder selbst versichert ist. Nach den EU-Verordnungen über soziale Sicherheit haben zum Beispiel Versicherte deutscher Krankenkassen durchaus einen Anspruch auf ambulante oder stationäre ärztliche Behandlung, wenn sie während eines vorübergehenden Aufenthaltes in einem anderen EU-Land akut erkranken. Art und Umfang der Leistungen, dazu zählen ärztliche und zahnärztliche Behandlung, Krankenhausaufenthalt, Medikamente und Heilmittel, richten sich in der Regel nach den jeweiligen Rechtsvorschriften des Landes.

Um diese Leistungen im Bedarfsfall auch in Anspruch nehmen zu können, muß man sich vor der Ausreise bei der zuständigen gesetzlichen Krankenkasse einen Vordruck (meist ist es der »E 111«) besorgen. Dieser sogenannte Internationale- oder Auslandskrankenschein ist ein »Anspruchsausweis« und ist im Fall einer ärztlichen Behandlung dem behandelnden Arzt oder Krankenhaus vorzulegen. Trotz der Leistungen, die einem dadurch im Krankheitsfall gestellt werden, ist es angeraten, eine zusätzliche Auslandskrankenversicherung abzuschließen.

Zum einen ist in dem Leistungspaket der Rücktransport nicht eingeschlossen, zum anderen gibt es oftmals sehr hohe Selbstbeteiligungskosten. Zudem kann nicht garantiert werden, daß alle entstandenen Kosten, die häufig vorzustrecken sind, auch voll erstattet werden.

Eine etwaige Differenz geht zu eigenen Lasten.

Daher ist es ratsam, sich rechtzeitig vor der Ausreise bei der Au-pair-Agentur, über die man sich vermitteln läßt, zu erkundigen, wie die Krankenversicherungsfrage geregelt ist. Übernimmt die Gastfamilie die Kosten, oder müssen sie selbst getragen werden? Im letzteren Fall ist es sinnvoll, sich bei der zuständigen Krankenkasse schlau zu machen und sich gegebenenfalls nach preiswerten Zusatzversicherungen zu erkundigen.

● **Rentenversicherung**

Wer vor dem Au-pair-Aufenthalt schon gearbeitet und Renten- und Sozialversicherungsbeiträge geleistet hat, sollte sich vor dem Au-pair-Aufenthalt mal bei der zuständigen Behörde erkundigen, ob eine Weiterzahlung ratsam ist oder nicht. Es kann im Einzelfall sinnvoll sein, freiwillige Beiträge an die Sozialversicherung im Gastland oder in Heimatland zu zahlen, da diese Beiträge später in die Berechnung der Rentenansprüche eingehen können. Wer im Zielland entsprechende Beiträge entrichtet hat, läßt sich am besten vor der Rückreise in die Heimat eine Bescheinigung über die Dauer der Versicherungszeit und die gezahlten Beiträge ausstellen. Um die zuständige Behörde im jeweiligen Gastland ausfindig zu machen, fragt man am besten die Gasteltern oder die Partnerorganisation.

● **Haftpflichtversicherung**

Es gilt das schon bei den USA gesagte; siehe ebendort.

Mit welchen Kosten ist zu rechnen?

Vermittlungsgebühren: Je nach Agentur und auch Dauer des Aufenthaltes schwanken die Gebühren zwischen 100,- DM und 330,- DM. Wobei es sich durchaus lohnt, den Vermittler nicht ausschließlich nach dem Preis auszusuchen, sondern auch genau Leistungen und Service zu vergleichen.

Hin- und Rückfahrt: Normalerweise trägt das Au-pair die Hin- und Rückfahrtkosten. Manche Gastfamilien sind aber auch großzügig und bedanken sich beim Au-pair am Ende des Aufenthaltes, indem sie sich an den Reisekosten beteiligen.

Sprachschule: Die Kosten für den Sprachkurs gehen normalerweise zu Lasten des Au-pairs. Gelegentlich übernimmt aber auch die Gastfamilie die Gebühren oder beteiligt sich mit einem Zuschuß an den Kosten.

Versicherungen: Je nach Zielland und Absprache sind gegebenenfalls die Kosten für eine Kranken- und Haftpflichtversicherung zu übernehmen.

Ich möchte für nur sechs Monate in ein europäisches Land. Wie stehen meine Aussichten?

Grundsätzlich gilt: Je länger man bleiben kann, desto besser die Chancen. Die meisten Familien suchen Au-pairs, die zehn bis zwölf Monate bei ihnen bleiben. Das hat nicht nur Vorteile für die Kinder, die sich ja auch erst an ein Au-pair gewöhnen müssen, sondern auch für einen selbst. Normalerweise ist der Lerneffekt wesentlich größer, wenn man länger als sechs Monate im Ausland verbringt.

Wie steht es mit einem eigenen Zimmer?

Jedes Au-pair, das länger als drei Monate bei der Gastfamilie lebt, hat das Recht auf ein eigenes Zimmer. Etwas Privatsphäre muß schließlich sein. In der Regel handelt es sich um ein Zimmer im Haus oder in der Wohnung der Gastfamilie. Besonders in Großstädten kann es aber jedoch sein, daß die Wohnverhältnisse insgesamt etwas beengt sind. Entweder fällt das Zimmer dann entsprechend kleiner aus, oder das Au-pair wohnt außerhalb des Wohnbereiches der Familie in der Nachbarschaft. Was die Ausstattung betrifft, gibt es keine besonderen Regelungen.

Ein kleiner Tip: Nicht gleich enttäuscht oder frustriert sein, wenn das Zimmer anders aussieht, als man es sich vorgestellt hat – andere Länder, andere Wohnkulturen. Hat man sich erst einmal ein bißchen selbst eingerichtet und persönliche Sachen verteilt, lebt man sich auch sehr schnell in den neuen vier Wänden ein.

Reicht das Taschengeld?

Die Höhe des Taschengeldes liegt derzeit bei circa 400,- DM monatlich. Obwohl die laufenden Kosten wie Unterkunft und Verpflegung von der Familie übernommen werden, reicht das Taschengeld in der Regel nur, um sich ein paar zusätzliche Ausgaben während des Aufenthaltes leisten zu können. Besonders in Großstädten wie zum Beispiel Paris, London oder Madrid mit ihren vielfältigen Freizeitangeboten geht das Geld weg wie warme Semmeln. Da normalerweise auch der Sprachkurs selbst zu finanzieren ist, man im Land schließlich noch herumreisen und sich ab und zu etwas Neues leisten

möchte, sollte man zusätzlich möglichst
etwas Geld mitnehmen.

Wie sind Arbeitszeit und freie Tage geregelt?

Die Arbeitszeit beträgt normalerweise
dreißig Stunden pro Woche, das heißt
fünf bis sechs Stunden täglich, an fünf bis
sechs Arbeitstagen. Ein Au-pair muß sich
auch bereithalten, an zwei bis drei
Abenden in der Woche die Kinder zu
betreuen, damit die Eltern ausgehen können. Frei hat man an einen bis eineinhalb
Tagen in der Woche.

Es gibt aber durchaus Länder, wie zum
Beispiel Italien und Spanien, oder auch
ganz individuelle Vereinbarungen mit der
Familie, in denen das Au-pair gegen ein
höheres Taschengeld länger als dreißig
Stunden wöchentlich beschäftigt ist. Die
Arbeitszeit bzw. Anwesenheitszeit sollte
aber nicht mehr als vierzig Stunden pro
Woche betragen.

Der Tagesablauf ist natürlich von
Familie zu Familie unterschiedlich. So
kann es durchaus sein, daß ein Au-pair
von morgens bis mittags arbeitet und ein
anderes Au-pair erst mittags beginnt und
bis abends beschäftigt ist. Häufig ist die
Arbeitszeit auch über den Tag verteilt, das
heißt beispielsweise, daß die Kinder morgens zur Schule gebracht werden müssen
und das Au-pair in dieser Zeit ein paar
Stunden frei hat. Mittags holt es die
Kinder dann wieder ab und betreut sie den
ganzen Nachmittag oder kümmert sich
um den Haushalt.

Wie lange habe ich Urlaub?

Was die Urlaubsregelung betrifft, so erhält
das Au-pair normalerweise bei Aufent-

halten zwischen sechs und zwölf Monaten
je nach Dauer des Aufenthaltes und Absprache mit der Familie ein bis zwei
Wochen Ferien, wobei allerdings anzumerken ist, daß offiziell kein Rechts-
anspruch auf Urlaub besteht. Dies also
eine Sache der Absprache.

Ob man mit der Gastfamilie in den
Urlaub fährt oder nicht, wird ebenfalls
untereinander geklärt. Wer mit den
Kindern und der Gastfamilie in die Ferien
fährt, hat natürlich den Vorteil, preiswert
eine andere Stadt oder Region kennenlernen zu können. Dabei ist jedoch auch ein-
zukalkulieren, daß möglicherweise in der
Zeit auch weiterhin Au-pair-Pflichten zu
übernehmen simd und somit im eigentlichen Sinne kein »Urlaub« gegeben ist.

Kann ich eine Sprachschule besuchen?

Der Besuch einer Sprachschule ist
Bestandteil eines jeden Au-pair-Aufenthaltes. Die Freistellung muß gewährleistet
sein. In der Regel bleibt in der Woche
genügend Zeit, um einen Sprachkurs zu
besuchen. Die Unterrichtsgebühren sind
normalerweise selbst zu tragen, aber häufig
erklärt sich die Gastfamilie auch freiwillig
zu einer Übernahme oder einem Zuschuß
bereit.

Die Kosten für die Sprachkurse sind
unterschiedlich und richten sich nicht nur
nach dem Niveau der Schule und des
Unterrichts, sondern auch nach der
Anzahl der wöchentlichen Stunden, nach
der Dauer der Semester und dem Un-
terrichtsinhalt. Bei der Auswahl und
Suche einer passenden Schule sind nicht
nur die Partnerorganisation, sondern auch
die Gastfamilien gerne behilflich.

Sprachschule

Wie läuft die Betreuung vor Ort?

Wie bereits erwähnt, arbeitet ein Vermittler im Heimatland normalerweise mit einer Agentur im Zielland zusammen. Diese Partneragentur übernimmt dann auch die Betreuung des Au-pairs vor Ort. Wer in eine Familie vermittelt wurde, sollte auf jeden Fall noch vor der Ausreise Namen, Adresse und Telefonnummer der Betreuerin in Erfahrung bringen.

Die Betreuung des Au-pairs umfaßt in der Regel die Unterstützung bei der Suche nach einer passenden Sprachschule, die Kontaktherstellung zu anderen Au-pairs, die Durchführung gemeinsamer Aktivitäten und natürlich auch die Hilfe bei Problemen, zum Beispiel mit der Familie, und gegebenenfalls die Umplazierung.

Was tun, wenn ich mit der Familie nicht klarkomme?

Treten Probleme auf, sollten Au-pair und Gastfamilie zunächst einmal das gemeinsame Gespräch suchen. Viele Schwierigkeiten sind dadurch hausgemacht, daß zu wenig miteinander gesprochen wurde und viele Dinge ungeklärt blieben. So kommt es schnell vor, daß das Au-pair eine ganz andere Vorstellung, beispielsweise über die Regelung des Haushaltes hat, als die Familie. So macht das Au-pair in den Augen der Familie vielleicht etwas falsch, was es aus Unwissenheit gar nicht richtig handhaben oder ausführen konnte.

Besteht keine Möglichkeit, das Problem im Gespräch zu lösen, sollte auf jeden Fall die lokale Au-pair-Agentur eingeschaltet werden. Diese hat nicht nur ein offenes Ohr für die Probleme, sondern hilft auch dabei, sie zu lösen, den Konflikt zu schlichten und zu vermitteln. Ist das nicht möglich, hilft sie dem Au-pair dabei, eine neue Familie zu suchen. Manchmal geht der Wechsel innerhalb weniger Tage vonstatten; manchmal dauert es aber auch zwei oder drei Wochen. Wer die Familie wechseln muß, sollte aber nicht gleich in Selbstzweifel verfallen. Häufig liegt es einfach daran, daß die »Chemie« zwischen Familie und Au-pair nicht stimmte. Ehemalige Au-pairs, die die Familie wechseln mußten, haben häufig darin auch einen positiven Aspekt gesehen, da sie gerade durch diese Erfahrung sehr viel für sich gelernt und auch an Selbstbewußtsein gewonnen haben.

Warum kommen Familienwechsel vor?

Die Gründe für mögliche Familienwechsel wurden bereits bei den USA ausgeführt; siehe ebendort.

Was bedeutet »Au-pair-Plus«, »Mother's Help« und »Sommer-Au-pair«?

Au-pair-Plus: Die Aufgaben sind ähnlich wie beim »klassischen« Au-pair-Programm, jedoch ist die Arbeitszeit länger (38 bis 40 Stunden) und das Taschengeld entsprechend höher. Gearbeitet wird an fünf bis sechs Tagen in der Woche. Diese Variante gibt es häufig in Großbritannien und den südeuropäischen Ländern.

Mother's Help: Dieses Programm ähnelt schon eher einem festen Angestelltenverhältnis als Haushaltshilfe. Neben der Betreuung der Kinder steht hauptsächlich Hausarbeit auf dem Tagesplan. Bei einem höheren Verdienst beträgt die Arbeitszeit acht bis zehn Stunden pro Tag an fünf bis sechs Tagen in der Woche. Mother's Help-Programme gibt es überwiegend in Großbritannien.

Sommer-Au-pair: Für Interessentinnen, die erst einmal in das Leben als Au-pair hineinschnuppern möchten, besteht die Möglichkeit eines sogenannten »Sommer Au-pair«-Aufenthaltes, der sich normalerweise über drei Monate erstreckt. Zielländer sind in erster Linie England und Frankreich. Für das Sommer-Au-pair-Programm gelten etwas andere Bedingungen als für einen Au-pair-Aufenthalt, der sechs Monate oder länger dauert. So ist nicht gewährleistet, daß das Au-pair ein eigenes Zimmer erhält, da es häufig mit der Familie in den Urlaub fährt, um währenddessen die Kinder zu betreuen. Verpflegung ist auch bei einem Sommer Au-pair-Aufenthalt frei. Möglicherweise ist bei höherem Taschengeld auch länger als dreißig Stunden pro Woche zu arbeiten.

Welche Möglichkeiten bestehen, um im Ausland Ermäßigungen zu erhalten?

Ein Reihe von Ausweisen hilft während des Auslandsaufenthaltes ein paar Mark bei Übernachtungs-, Reisekosten und Eintrittspreisen einzusparen.

– Internationaler Schüler-/Studentenausweis (ISIC)

Das internationale Schüler-/Studentenausweis-Abkommen wird von der »International Student Travel Conference« (ISTC) getragen und sichert dem Ausweisinhaber die Anerkennung als Schüler/Student auf internationaler

Ebene. Dieser Ausweis verschafft verschiedene Vergünstigungen, z.b. verbilligte Unterkunft, reduzierte Tickets für Verkehrsmittel, freien oder verbilligten Eintritt zu Museen, Kunstausstellungen und historischen Stätten. Gültig: jeweils vom 1. Oktober bis zum 31. Dezember des folgenden Jahres. Den ISIC-Ausweis bekommt man in der Regel bei der Schülervertretung, dem ASTA oder Studentenreisebüro. Allgemeine Informationen können auch bei der Zentrale des Verbandes angefordert werden: **International Student Travel Conference**, Weinbergstr. 31, CH-8006 Zürich.

– Wer in England eine Sprachschule besucht, sollte sich unbedingt von der Schule einen ganz normalen **Schülerausweis** ausstellen lassen. Das kostet nichts, verhilft aber zu vielen vergünstigten Eintrittspreisen. Auch in den anderen Ländern sollte man sich nach dieser Möglichkeit erkundigen.

»GO 25« – International Youth Travel Card

Dieser Ausweis ermöglicht weltweit über 10.000 Ermäßigungen und Sonderpreise. Diese Ausweiskarte (auch International Youth Card genannt), die von der »Federation of International Youth Travel Organisations« (FIYTO) herausgegeben wird, verhilft Jugendlichen unter 26 Jahren zu einigen finanziellen Vergünstigungen. Bei Vorlage dieses Ausweises erhält man bei vielen Gesellschaften Rabatte, z.B. verbilligte Fahrkarten für Zug-, Bus-, Schiffs- oder Flugreisen, ermäßigte Preise für Übernachtungen oder vergünstigten Eintritt zu Museen, Kunstausstellungen, Theater- und Kinovorstellungen. Diese Ausweiskarte wird zusammen mit der aktuellsten Broschüre »Discounts for Card Holders« verschickt, die die Angaben zu allen Vergünstigungen enthält.

Erhältlich ist die »GO 25« gegen Einsendung einer Fotokopie des Personalausweises und einem Paßbild sowie von 15,- DM in Briefmarken unter anderem bei der: **GIJK – Gesellschaft für Internationale Jugendkontakte e.V., Oststr. 8-14, D-53135 Bonn,** ✆ **0228/95730-0.**

Was ich sonst noch fragen wollte …

Antworten auf weitere Fragen zum Beispiel zu »Wie finde ich Freunde?«, »Wie ist das mit dem Heimweh?« oder »Kann ich Problemen entgegenwirken?« gibt es nicht nur in den Erfahrungsberichten, sondern auch in dem Kapitel »Fragen und Antworten zum Au-pair-Aufenthalt in den USA«. Auch Interessentinnen, die einen Au-pair-Aufenthalt in Europa planen, werden in dem USA-Kapitel nützliche Angaben und brauchbare Hinweise finden.

Ferner stehen auch die im Anhang aufgeführten Stellen gerne bei Fragen rund um den Au-pair-Aufenthalt zu Verfügung.

Für Hinweise, die wir in der nächsten Auflage verwerten, bedanken wir uns mit einem Buch aus unserem Programm.

Anhang

Au-pair-Vermittler

In Deutschland

Die Au-pair-Vermittlung ist in der Bundesrepublik Deutschland fast ausschließlich Sache privater Gesellschaften oder Einzelpersonen. Unter den Gesellschaften gibt es eingetragene Vereine mit oder ohne kirchlichen Hintergrund ebenso wie kommerzielle Anbieter. Allen gemein ist jedoch, daß sie für ihre Vermittlungstätigkeit eine Erlaubnis der Bundesanstalt für Arbeit benötigen. Diese Erlaubnis wird auf Antrag vom zuständigen Landesarbeitsamt bei Erfüllung der gesetzlichen Voraussetzungen erteilt. Das heißt, der Antragsteller darf nicht vorbestraft sein, muß geeignet sein – also in der Regel einen Beruf erlernt haben und anschließend drei Jahre tätig gewesen sein – muß in geordneten Vermögensverhältnissen leben und über einen Büro (nicht Wohnraum) verfügen.

Was die Anzahl der Au-Pair-Agenturen betrifft, so gab es nach der Liberalisierung der Arbeitsvermittlung im Jahre 1994 einen starken Zuwachs. Während vor der Liberalisierung rund 85 Stellen Au-pairs vermittelten, sind es derzeit rund 335, wobei allerdings ungefähr 59% aller privaten Vermittler nicht aktiv sind.

In der Schweiz und in Österreich

Auch in der Schweiz und in Österreich benötigen Au-pair-Agenturen eine offizielle Erlaubnis für die Vermittlung von Au-pairs. In der Schweiz sollte der Vermittler eine Genehmigung vom Bundesamt für Industrie, Gewerbe und Arbeit (BIGA) in Bern haben. In Österreich wird die Erlaubnis vom Bundesministerium für Arbeit und Soziales in Wien ausgestellt.

»Wie kann ich mich vor schwarzen Schafen unter den Vermittlern schützen?«

Eine unabhängige Kontrollkommission besteht für Au-pair-Vermittler und deren Programme leider nicht. Das einzige offizielle »Gütesiegel« ist die Genehmigung zur Au-pair-Vermittlung, die in Deutschland von der Bundesanstalt für Arbeit, in der Schweiz von der BIGA und in Österreich von dem Bundesministerium für Arbeit und Soziales erteilt wird. Diese Genehmigungen sagen jedoch nicht unbedingt auch etwas über die Qualität der Au-pair-Programme aus.

So haben beispielsweise die Landesarbeitsämter in Deutschland seit der Liberalisierung der Arbeitsvermittlung keine Aufsichtspflicht mehr und daher kaum noch Einfluß auf einzelne Programmpunkte oder die Programmdurchführung. Durch das verbliebene »Kontrollrecht« können lediglich Eckdaten und Rahmenbedingungen des Vermittlers überprüft werden; zum Beispiel, ob die für Deutschland festgeschriebene maximale Vermittlungsgebühr von derzeit 330,- DM (300,- DM Vermittlungsgebühr und 30,- DM Pauschale für Auslagen des Vermittlers) eingehalten wird oder ob die datenschutzrechtlichen Bestimmungen erfüllt werden.

Wer Adressen von Au-pair-Vermittlern hat und herausfinden möchte, ob diese auch seriös sind, sollte möglichst auf folgende Punkte achten:

1. Findet die Au-pair-Vermittlung mit **Erlaubnis der Bundesanstalt für Arbeit** bzw. der BIGA bzw. dem Bundesministerium für Arbeit und Soziales statt?
2. Ist während des Auslandsaufenthaltes eine **Betreuung** gewährleistet? Sich möglichst schon nach der Plazierung und vor der Ausreise Namen und Adresse des Betreuers geben lassen.
3. Existiert eine **Liste** ehemaliger Au-pairs, die man anrufen könnte?
4. Wie ist mein erster Eindruck und wie sind die **Informationsunterlagen?** Ist die Agentur vertrauenswürdig, professionell oder vielleicht sogar überprofessionell?
5. Welches ist das **Gründungsjahr** der Agentur; wie lange vermittelt sie also schon erfolgreich?

Zur Beantwortung der ersten Frage und für weitere Details über Au-pair-Vermittler steht in Deutschland gerne das jeweilige **Landesarbeitsamt** mit Rat zur Seite. Hier eine Liste mit den aktuellen Adressen:

Hamburg/Schleswig-Holstein/Mecklenburg-Vorpommern
Projensdorfer Str. 82, D-24106 Kiel
✆ 0431/33 95-526, Herr Fischer oder –
531, Herr Gumz / F. -511

Niedersachsen/Bremen
Gosenriede 10-12, D-30159 Hannover
✆ 0511/98 85-750, Herr Teitge oder -
753, Herr Weiser / F. -759

NRW
Münsterstr. 359, D-40470 Düsseldorf
✆ 0211/43 06-277, Herr Krämer oder -
678, Herr Stiller / F. -855

Hessen
Saonestr. 2-4, D-60528 Frankfurt
✆ 069/66 70-240, Herr Nowak oder -
241, Frau Kuhn / F. -459

Rheinland-Pfalz/Saarland
Eschberger Weg 68, D-66121 Saarbrücken
✆ 0681/849-307, Herr Schiro oder -335, Herr Hauck / F. -180

Baden-Württemberg
Dillmannstr. 7, D-70193 Stuttgart
✆ 0711/941-1514, Herr Brosi oder -
1517, Herr Fett / F. -1630

Nordbayern
Regensburger Str. 100, D-90478 Nürnberg
✆ 0911/179-4072, Frau Geiger oder -
4210, Frau Ziegler / F. -4202

Südbayern
Thalkirchner Str. 34, D-80337 München
✆ 089/5445-1155, Herr Hansmann oder -1156, Herr Eichner / F. -1560

Berlin/Brandenburg
Friedrichstr. 34, D-10969 Berlin
✆ 030/2532-1655, Herr Siepert oder -
1643, Frau Albrecht / F. -598

Sachsen-Anhalt/Thüringen
Merseburger Str. 196, D-06110 Halle
✆ 0345/5004-214, Herr Meckel /
F. -555

Sachsen
Paracelsusstr. 12, D-09114 Chemnitz
✆ 0371/9118-162, Herr Reinkobe oder -
163, Herr Wolter / F. 697

Anlaufstellen in der Schweiz und in Österreich

Bundesamt für Industrie, Gewerbe und Arbeit (BIGA)
Bundesgasse 8
CH-3003 Bern
☎ 031/322 29 44

Bundesministerium für Arbeit und Soziales
Stobenring 1
A-1010 Wien
☎ 0222/711-000

Au-pair-Agenturen im Überblick

Vermittlung ins europäische Ausland und weltweit außer USA

Im Folgenden eine Liste von Au-pair-Agenturen, die mit offizieller Genehmigung vermitteln und über mehr- bzw. langjährige Erfahrung verfügen. Alle Angaben beruhen auf der Selbstauskunft der Veranstalter, so daß weder für Vollständigkeit noch für die inhaltliche Richtigkeit seitens des Verlages eine Gewähr übernommen werden kann. Die Auflistung erfolgt in alphabetischer Reihenfolge.

Die angegebenen Vermittlungsaussichten gelten natürlich nur bei Erfüllung aller Voraussetzungen. Das Mitspracherecht bezieht sich auf die Auswahl der Gastfamilie. Bei den Adressen wurde bei mehreren Niederlassungen stets der Hauptfirmensitz genannt. Geht die Geschäftsform nicht aus der Firmierung hervor, so wurde sie eigens angeführt. Alle

e.V. sind gemeinnützige eingetragene Vereine.

Die Zeile »Tätig seit« bedeutet »im Jugendaustausch tätig«. Für die gebräuchlichsten Länder wurden die üblichen postalischen Kürzel bzw. Autoplaketten gewählt. Unter »Anzahl« stehen die durchschnittlichen Vermittlungen pro Jahr. »Dauer« bedeutet die Dauer des Aufenthalts. »Anzahl PA« bedeutet die Anzahl der Partneragenturen, »Aufgaben PA« Aufgaben der Partneragenturen, »Betreuer/-innen« die Anzahl dieser in den USA, »Verteilung an«, die Anzahl der US-Familien, die die Bewerbung eines Aupairs gleichzeitig vorliegen haben, »häufigste Plazierungen«, in welche US-Staaten/Regionen die häufigsten Plazierungen erfolgen.

Hier die Bedeutung nachstehender Abkürzungen:

VC-M: Vermittlungschancen für männliche Bewerber
KG: Kontakt mit der künftigen Gastfamilie
VLS: Vermittlung aufs Land oder in die Stadt
GK: Gebühren und sonstige Kosten

Agenturen in Deutschland

Au-Pair e.V.
Staufenstr. 17, D-86899 Landsberg/Lech
☎ 0 81 91/94 13 78, F. 0 81 91/94 13 79
Kontakt: Susanne Caudera-Preil
Tätig seit: 1987
AP-Programmname: Au-pair Europa und »Care-Giver Canada«
AP-Vermittlung seit: 1987
Vermittlungen nach: GB, Irland, F, I, E, N und CH. »Care-Giver Canada« nur für

ausgebildete Erzieherinnen.

Anzahl: 250

Viel Vermittlungen nach: GB, F, E

Wenig Vermittlungen nach: IRL und Schottland, da es viele Bewerbungen, aber wenig Gastfamilien gibt. Kanada, wegen hoher Anforderungen an die Qualifikation sowie komplizierter Formalitäten.

VC-M: Schlecht

Dauer: 6-12 Monate. GB und F: ab 6 Monate, alle anderen europäischen Länder: ab 12 Monate. Kanada: 12 Monate

Gebühren: Für Europa insgesamt: DM 190,-. Vermittlungsgebühr für Kanada insgesamt: DM 290,- plus Gebühr für Arbeitsgenehmigung.

Voraussetzungen: Mindestalter: 18 Jahre; Familienstand: ledig, kinderlos, max. Alter: je nach Zielland zwischen 25 und 27 Jahren; Erfahrung in der Kinderbetreuung und Erfahrung mit einfachen Tätigkeiten im Haushalt.

Sprachkenntnisse: Grundkenntnisse der Landessprache, die zur Verständigung ausreichen müssen. Für E und N nicht unbedingt erforderlich.

Bewerbungsfristen: Europa: ca. 4 Monate vor dem gewünschten Ausreisedatum; Kanada: ca. 9 Monate vorher. Kurzfristige Vermittlungen nach GB und F möglich.

Vermittlungschancen: 95%

KG: Austausch von Bewerbungsunterlagen und per Telefon.

Mitspracherecht: Ja. Bewerberin kann ggf. ein Angebot ablehnen und erhält dann ein neues.

VLS: Je nach Wunsch.

Anzahl PA: 54

Aufgaben PA: Vermittlung und Betreuung des Au-pairs vor Ort.

Familienwechsel: ca. 5%. Gründe: Häufig zwischenmenschliche Probleme oder falsche Erwartungen.

Ratschlag: Vorher gut informieren! Wer Au-pair werden möchte, muß Freude an der Arbeit mit Kindern haben, flexibel, zuverlässig und anpassungsfähig sein und andere Lebensgewohnheiten akzeptieren können.

Au-pair International Vermittlungs-GmbH

Dürenstr. 3, D-53173 Bonn

☎ 0228/ 36 70 215, F. 0228/ 36 70 216

Kontakt: Annette Scholz/Karin Schneider

Tätig seit: Oktober 1996; zuvor Unterabteilung der Gesellschaft für Internationale Jugendkontakte (GIJK), Bonn.

AP-Programmname: Au pair International-Europa

AP-Vermittlung seit: Oktober 1996; zuvor langjährige Erfahrung als Unterabteilung GIJK.

Vermittlungen nach: B, DK, FL, F, GB, GR, IRL, Island, I, NL, N, S, CH, E

Anzahl: Als Unterabteilung der GIJK: ca. 1000-1200.

Viel Vermittlungen nach: GB, F, IRL

Wenig Vermittlungen nach: Chancen sind in allen Ländern bei vollständigen Bewerbungsunterlagen gleich gut und hoch.

VC-M: Von Land zu Land verschieden. Ca. 2% männliche Bewerber.

Dauer: 3-12 Monate für alle Länder, außer der Schweiz, dort nur ab 6-9 Monate möglich. Generell gilt jedoch: Je länger die Aufenthaltsdauer, desto schneller die Vermittlung und desto mehr Chancen.

Gebühren: Maximal 330,- DM

Voraussetzungen: Altersbegrenzung: zwischen 18 und 30 Jahre, Erfahrung in Kinderbetreuung, ledig, kinderlos, PKW-Führerschein wünschenswert, aber keine Pflicht.

Sprachkenntnisse: Grund- bis gute Sprachkenntnisse. Französisch ist erforderlich für F; in allen anderen Ländern sind gute Englischkenntnisse Voraussetzung.

Bewerbungsfristen: Ideal sind 3-4 Monate vor der geplanten Ausreise. Kurzfristige Vermittlungen auch innerhalb von 4 Wochen möglich.

Vermittlungschancen: 99%.

KG: Die Gastfamilie ruft das Au-pair an, anschließend Briefwechsel.

Mitspracherecht: Ja. Ist eine Bewerberin mit der Familie unzufrieden, weil sie sich z.B. mit der Anzahl der Kinder überfordert fühlt, kann sie die Familie ablehnen.

VLS: Je nach Wunsch. Gelegentlich beeinflußt aber auch das Vermittlungsziel diese Frage. Bei Paris zum Beispiel findet eher eine Vermittlung in die Außenbezirke statt.

Anzahl PA: 27

Aufgaben PA: Prüfen von geeigneten Familien, Zusammenbringen von Au-pair und Gastfamilie, Betreuung des Au-pairs vor Ort, Hilfe bei Problemen in der Familie.

Familienwechsel: ca. 30%. Gründe: Unstimmigkeiten zwischen Au-pair und Familie. Nach dem Wechsel gibt es in der Mehrzahl jedoch keine Probleme mehr.

Ratschlag: Darauf achten, daß die Bewerbungsunterlagen komplett eingesendet werden, um Verzögerungen im Ablauf zu vermeiden. Offen und flexibel sein für neue Eindrücke und Erfahrungen. Das Leben in den Familien ist oftmals ganz anders als es gewohnt, und vieles läuft nach dem Motto: »Eine Hand wäscht die andere«!

B.I.A.V – Berliner Internationale Au-Pair Vermittlung im In- und Ausland (Betreuungs- und Beratungsdienst)
Nassauische Str. 57, D-10717 Berlin
☎ 030/873 82 79, 873 45 25, F. 030/873 52 93

Kontakt: Johanna Hadass

Von der Bundesanstalt für Arbeit beauftragte Vermittlungsagentur, die seit ihrer Gründung 1994 in Zusammenarbeit mit internationalen Agenturen Au-Pairs europaweit plaziert (West- und Osteuropa).

Tätig seit: 1991 als Sprachschule

AP-Programme: Au-pair Ost-West und europäische Länder

AP-Vermittlung seit: 1994

Vermittlungen nach: GB, IRL, I, F, E, P

Anzahl: 100

Viel Vermittlungen : GB, F, E

Wenig Vermittlungen nach: Osteuropa

VC-M: Schlecht

Dauer: 6-12 Monate, im Sommer auch für 3 Monate

VG: insgesamt 290 DM für 12 Monate, 180 DM für 6 Monate

Voraussetzungen: Mindestalter 18-28 Jahre, Familienstand ledig, kinderlos, Grundkenntnisse des ausgewählten Landes, Erfahrung in der Kinderbetreuung und praktische Erfahrung in der Haushaltsführung.

Ratschlag: sich nur durch bewährte Agenturen vermitteln lassen

Centro Culturale »Italkontakt« e.V.
Am Brachfelde 14, D-37077 Göttingen

☎ 0551/24 718, F. 0551/25 262
Ansprechpartner: Conticelli Lucrezia
Tätig seit: 1983
AP-Programmname: Au-pair in »Bella Italia«
AP-Vermittlung seit: 1987
Vermittlungen nach: Nur Italien.
Anzahl: ca. 150
Viel Vermittlungen nach: Keine Angaben.
Wenig Vermittlungen nach: Keine Angaben.
VC-M: Keine, da männliche Au-pairs in Italien noch ein Tabu sind.
Dauer: ab 6 Monate oder als Sommer-Au-pair auch für 6 Wochen möglich.
Gebühren: 90,- DM schließt Lehrbuch »L'Italiano in minitura« mit Lösungsschlüssel ein.
Voraussetzungen: Alter: ab 18, Erfahrung im Umgang mit Kindern.
Sprachkenntnisse: Grundkenntnisse der italienischen Sprache werden nicht vorausgesetzt. Wenn doch vorhanden, um so besser. Im Rahmen des Programms werden Sprachkurse angeboten.
Bewerbungsfristen: Mindestens 3 Monate vor Beginn der Tätigkeit. Für Sommer-Au-pair gilt der 30. April des Jahres.
Vermittlungschancen: 100%
KG: Brieflich, telefonisch, persönlich vor Beginn der Tätigkeit.
Mitspracherecht: Bei der Bewerbung können Wünsche geäußert werden; wenn berechtigte Gründe vorliegen, kann eine Familie auch abgesagt werden.
VLS: Je nach Wunsch.
Anzahl PA: 3
Aufgaben PA: Betreuung, Einschaltung bei Problemen, Freizeitorganisation
Familienwechsel: maximal 5%. Gründe: menschliche Probleme, Anpassungsprobleme.
Ratschlag: Keine Vorurteile, sondern Vertrauen haben. Sprachkurs besuchen. Italienisch in Wort und Schrift lernen.

EuroPractica e.V.
Hindenburgstr. 8, D-45011 Essen
☎ 0201/82 05 20, F. 0201/8 20 52 52
Ansprechpartner: Rainer John
Tätig seit: 1989
AP-Programmname: Au Pair Europa
AP-Vermittlung seit: 1989
Vermittlungen nach: B, DK, D, FL, F, GB, GR, IRL, I, Luxemburg, NL, N, Österreich, Polen, Portugal, S, CH, E, Südafrika, Türkei
Anzahl: ca. 500
Viel Vermittlungen nach: GB, D, F, E,
Wenig Vermittlungen nach: Polen, Türkei, Südafrika, da es schwierig ist, Gastfamilien zu finden, die die deutsche Lebensweise bei den Au-pairs akzeptieren bzw. häufig lehnen Bewerberinnen Familien ab.
VC-M: Wie weibliche Bewerberinnen.
Dauer: ab 6 Monate in allen Ländern möglich. Sommer Au-pair (2 Monate) in GB, IRL, F, E, I.
Gebühren: 300,- DM für 12 Monate; bei kürzeren Aufenthalten entsprechend weniger; jeweils zzgl. 30,- DM Beitrag für den Verwaltungsaufwand.
Voraussetzungen: Altersbegrenzung: zwischen 18 und 25 Jahren; Erfahrung in Kinderbetreuung und in der Erledigung von Haushalt; Nichtraucher; PKW-Führerschein; Abitur oder vergleichbarer Abschluß oder Haupt-/Realschulabschluß mit Ausbildung.
Sprachkenntnisse: Grundkenntnisse der Landessprache erwünscht oder Englisch-

kenntnisse. Vermittlung auch ohne sprachliche Vorkenntnisse.

Bewerbungsfristen: Am besten: ca. 2 Monate vor dem gewünschten Ausreisetermin. Auch kurzfristige Vermittlungen innerhalb von 2-3 Wochen möglich.

Vermittlungschancen: 100%

KG: In der Regel: Erster Kontakt per Telefon und dann schriftliche. Übersendung der Familieninformation durch das Büro in Deutschland.

Mitspracherecht: Ja, eine Ablehnung des Familienvorschlags ist möglich.

VLS: Je nach Wunsch.

Anzahl PA: 25

Aufgaben PA: Vermittlung in die Familie, ggf. Umvermittlung, Beratung für den Sprachkurs, Treffen mit anderen Au-pairs und Betreuung des Au-pairs vor Ort.

Familienwechsel: ca. 5%. Gründe: Die »Chemie« zwischen Au-pair und Familie stimmt nicht; Au-pair möchte in andere Region des Landes.

Ratschlag: Vor der Bewerbung die Motivation prüfen und sich umfassend beraten lassen. Es gibt keine dummen Fragen! Erst entscheiden, wenn man der Meinung ist, daß alle wichtigen Aspekte geklärt sind.

IN VIA – Deutscher Verband katholischer Mädchensozialarbeit, e.V.
Ludwigstr. 36, D-79104 Freiburg i. Br.
℡ 0761/200-207, F. 0761/200-638
Kontakt: Marianne Schmidle
Tätig seit: 60er Jahre
AP-Programmname: Au-pair-Sprachaufenthalte
AP-Vermittlung seit: 60er Jahre
Vermittlungen nach: B, D, F, GB, IRL, I, CH, E

Anzahl: 870

Viel Vermittlungen nach: GB, D, F, E

Wenig Vermittlungen nach: B, CH, I, da geringes Interesse seitens der Au-pairs.

VC-M: Gering, da Familien kaum Interesse zeigen.

Dauer: 6-12 Monate. Die Familien wünschen meist einen zwölfmonatigen Aufenthalt.

Gebühren: 230,- DM.

Voraussetzungen: Alter: zwischen 18 und je nach Zielland maximal 25-30 Jahre; nicht verheiratet und kinderlos, physisch und psychisch gesund und belastbar, konkrete Erfahrung und Freude im Umgang mit Kindern, gute Erfahrung in hauswirtschaftlichen Tätigkeiten und Bereitschaft zur Mithilfe bei täglich anfallenden Hausarbeiten, Selbständigkeit, Eigenverantwortung, Flexibilität, Bereitschaft, sich in die Familie zu integrieren, Nichtraucher/-innen werden bevorzugt, Führerschein von Vorteil

Sprachkenntnisse: Gute Grundkenntnisse der Landessprache

Bewerbungsfristen: Am besten: 3-4 Monate vor Aufenthaltsbeginn; kurzfristige Vermittlungen sind möglich.

Vermittlungschancen: Sehr hoch

KG: Per Telefon und dann schriftlich. Bei Vermittlung über unsere Auslandshäuser stellen sich die Au-pairs den Gastfamilien vor.

Mitspracherecht: Ja. Besondere Wünsche sind möglich (Anzahl und Alter der Kinder, Wohnort, Religion, Ernährung usw.). Eine Familie kann ggf. auch abgelehnt werden. Es besteht weiterhin eine Vermittlungschance.

VLS: Bevorzugt Stadt und Stadtrandgebiete.

Anzahl PA: 100
Aufgaben PA: Betreuung des Au-pairs vor Ort, Veranstaltung von Au-pair-Treffs, Beratung, Organisation von Ausflügen etc.
Familienwechsel: Gering. Gründe: Zum Beispiel wenn eine Familie sich nicht an die vorgegebenen Arbeitszeiten hält (30 Std. pro Woche).
Ratschlag: Sich nur durch bewährte Agenturen vermitteln lassen.

Verein für Internationale Jugendarbeit e.V. (VIJ)
Wesselstr. 8, D-53113 Bonn
℡ 0228/69 89 52, F. 0228/69 41 66
Kontakt: Stefanie Möller
Tätig seit: 1882
AP-Programmname: Au-Pair in Europa/ Au-pair in Südafrika
AP-Vermittlung seit: 1924
Vermittlungen nach: B, DK, D, F, GB, IRL, I, NL, N, ital./frz. CH, E, Südafrika
Anzahl: 785
Viel Vermittlungen nach: F, England.
Wenig Vermittlungen nach: Vermittlungschancen sind überall gleich gut.
VC-M: Gelegentlich können auch junge Männer vermittelt werden, wenn sie die genannten Bedingungen erfüllen.
Dauer: 6 Monate (ab Januar), 9 Monate (ab Herbst für die Dauer eines Schuljahres), 12 Monate
Gebühren: 230,- DM
Voraussetzungen: Alter: 18 bis 28 Jahre (je nach Gastland); Erfahrung in Kinderbetreuung, Haushaltskenntnisse; ledig, kinderlos und möglichst Nichtraucherin; körperlich gesund und psychisch belastbar. Bei Südafrika (Alter: 18 bis 25)

wird meist zusätzlich der PKW-Führerschein verlangt.
Sprachkenntnisse: Gute Grundkenntnisse der jeweiligen Landessprache
Bewerbungsfristen: Ca. 6 Monate mindestens 3 Monate vor Antritt des geplanten Au-pair-Aufenthaltes. Kurzfristige Vermittlungen ggf. auch innerhalb eines Monat möglich.
KG: Per Telefon und Brief. Bei Paris besteht die Möglichkeit des persönlichen Vorstellungsgesprächs bei der Gastfamilie.
Mitspracherecht: Ja.
VLS: Überwiegend in Städte und Vororte, damit Sprachschulen leicht erreichbar sind.
Anzahl PA: Zahlreiche.
Aufgaben PA: Ansprechpartner bei Problemen und Fragen.
Familienwechsel: 6,25%. Gründe: Verschieden.
Ratschlag: Die Anpassung an bisher unbekannte Lebensgewohnheiten, die Kommunikation in einer fremden Sprache und das Eingewöhnen in einen neuen Aufgabenbereich stellen vor allem zu Beginn des Aufenthaltes große Anforderungen an das Au-pair. Daher ist es sinnvoll, sich vor der Bewerbung zu überlegen, ob man belastbar ist und genügend Durchhaltevermögen für diese verantwortungsvolle Tätigkeit hat.

Weitere Vermittler:

Rodata Gmbh – Au Pair Vermittlung
Giessenbachstr. 16, D-83022 Rosenheim, Germany.
℡ 08031-381 362, Fax 08031-33369
Kontakt: Annelore Sperk
Tätig seit: Mitte 1995

AP-Programmname: Au-Pair Europa und Neuseeland – Vermittlung durch Lehrkräfte
AP-Vermittlung seit: Mitte 1995
Vermittlungen nach: D, Estland, F, GB, GR, IRL, I, Neuseeland, N, Österreich, CH, E und auf Anfrage
Anzahl: 120 (im ersten Jahr), Tendenz: steigend
Viel Vermittlungen nach: GB, F, E, I, D,
Wenig Vermittlungen nach: Keine Vermittlungsprobleme bei vollständigen Bewerbungsunterlagen (etwaige Visabestimmungen sind jedoch zu beachten)
VC-M: Grundsätzlich möglich, jedoch etwas längere Vorlaufzeit
Dauer: vorzugsweise 6-12 Monate. Schweiz (11-12 Monate). Neuseeland (mind. 4 Monate – besond. Bestimmungen). Begrenzte Zahl an Sommer Au-Pairs (2-3 Monate) in GB,F,I,E
VG: DM 250,- – werden erstattet, wenn keine Vermittlung zustande kommen sollte
Voraussetzungen: Altersbegrenzung: mind. 17 Jahre (maximal 24, wenn Visum erforderlich ist); Erfahrung in Kinderbetreuung und Haushaltstätigkeiten vorteilhaft; vorzugsweise Nichtraucher und Führerscheininhaber
Sprachkenntnisse: Grundkenntnisse der Landessprache oder Englischkenntnisse; oft auch ohne sprachliche Vorkenntnisse (gilt nicht bei Vermittlungen nach Deutschland)
Bewerbungsfristen: ca. drei Monate vor geplantem Aufenthalt, manchmal kurzfristige Vermittlung innerhalb dreier Wochen möglich.
Vermittlungschancen: 99%

KG: meist per Telefon nach schriftlicher Vorstellung der Familie per Fax oder Telefon durch Rodata-Au Pair
Mitspracherecht: Ja. Bewerber/in kann gegebenenfalls einen Vorschlag ablehnen.
VLS: Je nach Wunsch.
Anzahl PA: 23
Aufgaben PA: Vermittlung in die Familie, Betreuung des Au-Pairs vor Ort, Einschaltung bei Problemen, Treffen mit anderen Au Pairs, Hilfestellung bei Sprachkursen und Versicherungsangelegenheiten
Familienwechsel: ca. 5%, unterschiedlichste Gründe, sollten aber ernst genommen werden.
Ratschlag:. Man sollte Freude im Umgang mit Kindern haben und auch Hausarbeit nicht als unter seiner Würde empfinden. Flexibilität und Offenheit für andere Lebensweisen und Kulturen sind unbedingt erforderlich. Ein Spachkurs eröffnet nicht nur eine Vertiefung der Sprachkenntnisse, sondern auch den Zugang zu einem neuen Bekannten- und Freundeskreis.

Agenturen in Österreich

Arbeitsgemeinschaft Auslands-Sozialdienst
Johannesgasse 16, A-1010 Wien
✆ 0222/51 27 941, F. 0222/51 39 60
Kontakt: Eveline Salmhofer
Geschäftsform: gemeinnützige Arbeitsgemeinschaft
Tätig seit: 1962
AP-Programmname: Keine Angabe.
AP-Vermittlung seit: 1970
Vermittlungen nach: B, F, GB, GR, IRL, I, NL, N, CH, E

Anzahl: ca. 250
Viel Vermittlungen nach: GB, F, IRL
Wenig Vermittlungen nach: Keine
Angaben.
VC-M: Gut.
Dauer: 6-12 Monate. Gilt für alle Länder
außer GR und Schweiz, dort nur 1 Jahr
möglich. Zudem: Sommer Au-pair für
8-12 Wochen.*
Voraussetzungen: Altersbegrenzung:
18-27 Jahre (F: -30 J.); hauswirtschaftliche Grundkenntnisse, Erfahrung im Umgang mit Kindern, Bereitschaft, sich auf
die Mentalität anderer Menschen und des
Gastlandes einzustellen.
Sprachkenntnisse: Durchschnittliche
Grundkenntnisse der Landessprache erforderlich.
Bewerbungsfristen: Ca. 5-10 Wochen
vor dem gewünschten Abreisetermin.
Kurzfristige Vermittlungen auch innerhalb von einer Woche möglich.
Ab Herbst für Aufenthalte zwischen 10-
12 Monaten ca. 95%.
Vorbereitungsseminar: Nein.
KG: Telefonisch, schriftlich.
Mitspracherecht: Ja. Bewerberin kann
ein Angebot ablehnen und bekommt
dann ein neues. Die Begründung wäre
allerdings wichtig.
VLS: Je nach Wunsch.
Anzahl PA: 17
Aufgaben PA: Vermittlung einer passenden Familie, Ansprechpartner der Aupairs.
Familienwechsel: Keine Angaben.
Ratschlag: Sich bei Schwierigkeiten mit
den Familien oder anderen Problemen
unbedingt an die Kontaktstelle vor Ort
oder an uns wenden.

**ÖKISTA – Österreichisches Komitee für
Internationalen Studienaustausch**
Garnisongasse 7, A-1090 Wien
℡ 0222/401 48-0, F. 0222/401 48 580
Kontakt: Michaela Loidolt
Geschäftsform: gemeinnütziger Verein
Tätig seit: 1950
AP-Programmname: Au Pair Programm
ÖKISTA
AP-Vermittlung seit: 1950
Vermittlung nach: B, F, GB, IRL, I,
CH, Schottland, E (ab Herbst 1997 evtl.
Australien); Kanada
Anzahl: ca. 500
Viel Vermittlungen nach: In allen
Ländern gleich hoch.
Wenig Vermittlungen nach: Kanada,
wegen strenger Einreisebestimmungen.
VC-M: Es bestehen Vermittlungschancen; in Europa geringer als in
USA.
Dauer: 6-12 Monate; gilt für alle Länder
außer Kanada. Zudem: Sommer Au-pair
für 1-3 Monate.
Gebühren: 1200 öS
Voraussetzungen: Altersbegrenzung: 18-
27 Jahre (bei einigen Ländern max. 30
J.); Erfahrung im Umgang mit Kindern,
PKW-Führerschein und Nichtraucher
von Vorteil (jedoch nicht Bedingung).
Sprachkenntnisse: Grundkenntnisse der
jeweiligen Landessprache müssen vorhanden sein.
Bewerbungsfristen: ca. 2-3 Monate vor
dem gewünschten Antrittsdatum.
Kurzfristige Vermittlungen sind möglich,
aber abhängig vom Zeitpunkt (Januar
und September optimal) und je nach
Verfügbarkeit der Familien.
Vermittlungschancen: 98%.
KG: Telefonisch, schriftlich.
Mitspracherecht: Ja. Bewerberin kann

ein Angebot ablehnen und erhält eine weitere Vermittlungschance.

VLS: Stadtrandgebiete; Vororte von größeren Städten; Vermittlung auch in ländliche Gebiete.

Anzahl PA: ca. 30

Aufgaben PA: Vermittlung einer passenden Familie, Anlaufstelle und Kontaktadresse bei Problemen; Hilfe bei Familienwechsel; zum Teil Durchführung von Au-pair-Treffen

Familienwechsel: ca. 25%. Gründe: Falsche Vorstellungen und Erwartungen von beiden Seiten.

Ratschlag: Bewerberinnen sollten sich im Klaren sein, daß »Au-pair« sein nicht gleichbedeutend mit »Urlaub« zu verstehen ist; Anpassungsfähigkeit, Toleranz, positive Einstellung zu allem Neuen ist wichtig.

Agenturen in der Schweiz

PRO FILIA
Beckenhofstr. 16, CH-8035 Zürich
© 01/361 53 31 o. 01/363 55 01,
F. 01/363 50 88
Kontakt: Frau Schneider
Geschäftsform: gemeinnützig
Tätig seit: 1886
AP-Programmname: »Mit Pro Filia die Welt beschnuppern und Sprachen lernen«
AP-Vermittlung seit: ca. 1886
Vermittlungen nach: B, DK, D (nur junge Frauen, die nicht deutscher Muttersprache sind), F, GB, IRL, I, NL, N, E; (CH: Tessin und Welschschweiz)
Anzahl: ca. 219
Viel Vermittlungen nach: GB, F, I
Wenig Vermittlungen nach: Keine Angaben

VC-M: Sehr gering.
Dauer: 6-9 Monate
Gebühren: 220,- sFr. und 30,- sFr Einschreibegebühr.
Voraussetzungen: Mindestalter für Inland: 17 Jahre, für Ausland: ab 18 Jahre.
Sprachkenntnisse: solide Grundkenntnisse der jeweiligen Landessprache. Eine gewisse Verständigungsmöglichkeit muß gewährleistet sein.
Bewerbungsfristen: 3-4 Monate vor Stellenantritt. Je nach Qualifikation der Bewerberin kann auch kurzfristig, innerhalb von 3-4 Wochen, vermittelt werden.
Vermittlungschancen: Äußerst gut.
KG: Telefonisch und schriftlich.
Mitspracherecht: Ja. Es können Wünsche geäußert werden betreffend Familie, Ort etc., die nach Möglichkeit berücksichtigt werden.
VLS: Mehrheitlich Vororte der großen Städte oder Provinzstädte mit guten Schulmöglichkeiten.
Anzahl PA: ca. 30
Aufgaben PA: Betreuung an Ort und Stelle, Hilfe bei Problemen und ggf. Stellenwechsel.
Familienwechsel: Sehr wenige Familienwechsel. Gründe: »Chemie stimmt nicht«, andere Vorstellungen etc.
Ratschlag: Viele Informaionen sammeln, Bücher lesen und sich orientieren über das künftige Gastland. Ziel und Zweck des Aufenthalts genau überlegen: »Kann ich die Herausforderung als Au-pair annehmen oder besuche ich lieber eine Sprachschule und wohne als zahlender Gast bei einer Familie?«

Schweizerischer Verein der Freundinnen junger Mädchen
Mainaustr. 24, CH-8008 Zürich
📞 01/383 16 87, F. 01/383 26 61
Kontakt: Frau B. Bauknecht (📞 01/ 381 22 46)
Geschäftsform: gemeinnütziger Verein
Tätig seit: 1880
AP-Programmname: Kein spezieller, einfach Au-pair
AP-Vermittlung seit: ca. 1880
Vermittlungen nach: Vermittlung aus der Deutschschweiz in die französisch- und italienischsprachige Schweiz und umgekehrt sowie Vermittlung nach D, F, GB, I, Österreich, E und Kanada.
Anzahl: 600-800
Viel Vermittlungen nach: GB, F, D.
Wenig Vermittlungen nach: Kanada.
VC-M: Sehr gering.
Dauer: 12 Monate
Gebühren: 100 sFr.
Voraussetzungen: Mindestalter für Inland: 16 Jahre, für Ausland: 18-28 Jahre.
Sprachkenntnisse: Grundkenntnisse der entsprechenden Landessprache.
Bewerbungsfristen: Von Januar bis Mai.
Vermittlungschancen: 100%
KG: Telefonisch, schriftlich. Die Gastfamilien erhalten Bewerbungen und kontaktieren das Au-pair. Dann kann das Au-pair eine Woche bei der Familie »schnuppern« gehen.
Mitspracherecht: Nach der »Schnupper-Woche« kann die Familie ggf. gewechselt werden.
VLS: Alles möglich.
Anzahl PA: Agenturen in fast allen europäischen Ländern.
Aufgaben PA: Ansprechstelle bei Problemen.

Familienwechsel: Sehr selten. Gründe: Gegenseitiges Mißverständnis.
Ratschlag: Bereitschaft für Neues und Andersartiges und zum Ausharren haben.

Vermittlung in die USA

Im Folgenden eine Auflistung von Au-pair-Agenturen, die mit offizieller Genehmigung vermitteln und über mehr- bzw. langjährige Erfahrung verfügen. Alle Angaben beruhen auf der Selbstauskunft der Veranstalter. Für die Vollständigkeit keine Gewähr seitens des Verlages. Auflistung in alphabetischer Reihenfolge.

Agenturen in Deutschland

Au pair Vermittlungsdienst (DASG – Deutsch-Amerikanische Studiengesellschaft e.V.)
Pappelweg 1, 89275 Oberelchingen
📞 07308/60 55, F. 07308/60 56
Kontakt: Frau Davis
E-Mail: dasg@ look.de
Tätig seit: 1973
AP-Programmname: AuPair Homestay USA
AP-Vermittlung seit: 1986
Anzahl: 220
Häufigste Plazierungen: Pennsylvania, Maryland, Neu-England-Staaten
VC-M: Gut, bei Erfüllung aller Voraussetzungen.
GK: 330,- DM Vermittlungsgebühr. Kaution: DM 800,- wird nach erfolgreichem Jahr zurückgezahlt.
Bewerbungsfristen: Ca. 6 Monate vor gewünschter Ausreise; die Unterlagen müssen mindestens 8 Wochen vor dem gewünschten Termin in den USA sein.
Vermittlungschancen: 99%, wenn man

flexibel im Abreisemonat ist.
Vorbereitungsseminar: Ja, in den USA
(Washington D.C.).
Verteilung an: Jeweils nur eine Familie.
Mitspracherecht: Ja. Bewerberin gibt
beim Interview Auswahlkriterien an, die
bei der Vermittlung berücksichtigt wer-
den. Erfüllt die Familie die vorgegebenen
Kriterien nicht, so kann eine Bewerberin
sie ablehnen.
KG: Vorwiegend Vorstädte bzw.
Stadtrandgebiete.
Partneragentur: World Learning,
Washington D.C.
Tätig seit: 1932
AP-Vermittlung seit: 1986
Zusammenarbeit seit: 1990
Betreuer: Keine Angabe.
Familienwechsel: 25%. Gründe: Meist
persönliche Differenzen zwischen Au-pair
und Gastfamilie.
Ratschlag: Es ist wichtig, offen für Neues
zu sein und keine feste, vorgefaßte Erwar-
tungshaltung zu haben. Man sollte sich
bewußt sein, daß 45 Stunden
Kinderbetreuung nichts mit Urlaub oder
Ferien zu tun haben. Nur in den sel-
tensten Fällen wird man eine Art
»Familienmitglied«, man ist diejenige, die
für ein Jahr die Kinder betreuen soll. Es
ist außerordentlich wichtig, für den
neuen Erziehungs- und Lebensstil offen
zu sein.

Ayusa International e.V.
Breitwiesenstr. 6, D-70565 Stuttgart
℡ 0711/780 10 70, F. 0711/780 30 30
Kontakt: Hanka Gohr
Tätig seit: 1980
AP-Programmname: AuPairCare
AP-Vermittlung seit: 1990

Anzahl: 100-200
Häufigste Plazierungen: Kalifornien,
Illinois (Chicago), New York
VC-M: Bei überdurchschnittlich guter
Erfahrung in der Kinderbetreuung be-
stehen gute Chancen.
GK: 330,- DM Vermittlungsgebühr, die
nach der Vermittlung in die Gastfamilie
zu zahlen ist; 500 US Dollar
Schulungsgebühr, die bei erfolgreicher
Abschluß des Jahres noch in den USA
erstattet wird.
Bewerbungsfristen: Ca. 4-6 Monate vor
dem geplanten Abflug; bei gut qualifizier-
ten Bewerbern ist auch eine kurzfristige
Vermittlung in ca. 2 Monaten möglich.
Vermittlungschancen: Sehr hoch
Vorbereitungsseminar: Mehrstündig in
Stuttgart, mehrtägig in New York
Verteilung an: ca. 6 Familien.
Mitspracherecht: Ja. Gut qualifizierte
Bewerberinnen bekommen oft viele
Anrufe und können sich dementspre-
chend die Familie aussuchen.
VLS: Vorrangig in die Vororte von
großen Städten und Metropolen, sehr sel-
ten in ländliche Umgebung.
Partneragentur: Ayusa International in
San Francisco, Kalifornien.
Tätig seit: 1980
AP-Vermittlung seit: 1989
Zusammenarbeit seit: 1990
Betreuer: Weit über 200
Familienwechsel: ca. 15%. Gründe: Sehr
verschieden; Verhältnis zwischen Au-pair
und Gastfamilie stimmt nicht, Au-pair ist
über- oder unterfordert.
Ratschlag: Flexibel, tolerant und anpassungsfähig sein. Sich bewußt sein, daß
dieses Jahr sicherlich sehr erlebnis- und
lehrreich, aber Kinderbetreuung manch-
mal auch sehr anstrengend sein kann.

Offen und unvoreingenommen ein unvergeßliches Jahr genießen und erleben. Ehemalige Au-pairs nach ihren Erfahrungen fragen.

EF Education Deutschland GmbH
Kaiser-Wilhelm-Str. 93,
D-20355 Hamburg
℃ 040/35 09 58 40, F. 040/34 58 04
Kontakt: Frau Kelling
E-Mail: aupair.hamburg@ ef.com
Tätig seit: 1965
AP-Programmname: EF Au Pair
AP-Vermittlung seit: 1989
Anzahl: 1800
Häufigste Plazierungen: Massachusetts, New Jersey, New York, Virginia
VC-M: Gut, wenn sie Top-Erfahrungen haben.
GK: 330,- DM Vermittlungsgebühr.
Kaution: DM 800,- wird nach erfolgreichem Jahr zurückgezahlt; 245,- DM Sommerflugzuschlag (nur Juni-September)
Bewerbungsfristen: 12-6 Monate vor gewünschter Ausreise; kurzfristige Vermittlung innerhalb von 2 1/2 Monaten möglich.
Vermittlungschancen: Sehr gut.
Vorbereitungsseminar: Ja, ein Tag in Deutschland und fünf Tage in den USA (New York).
Verteilung an: Jeweils nur eine Familie.
Mitspracherecht: Ja. Es können Wünsche in Bezug auf die Familie geäußert werden. Das Au-pair kann sich gegen die Familie entscheiden, wenn es kein gutes Gefühl hat und glaubt, mit der familienspezifischen Situation nicht klarzukommen.
VLS: Städte und Stadtrandgebiete.

Partneragentur: EF Au pair in Boston, Massachusetts.
Tätig seit: 1965
AP-Vermittlung seit: 1989
Zusammenarbeit seit: 1989
Betreuer: 450
Familienwechsel: Familienwechsel kommen vor, was ja sehr positiv ist, wenn man sich dann besser untergebracht fühlt. (Keine Zahlenangabe).
Ratschlag: Keine Angabe.

EuroPractica e.V.
Hindenburgstr. 8, D-45011 Essen
℃ 0201/82 05 20, F. 0201/8 20 52 52
Ansprechpartner: Rainer John
Tätig seit: 1989
AP-Programmname: AuPair Homestay USA
AP-Vermittlung seit: 1991
Anzahl: ca. 150
Häufigste Plazierungen: Oststaaten, Kalifornien
VC-M: Wie weibliche Bewerberinnen.
GK: 330,- DM als Vermittlungsgebühr und Verwaltungspauschale. Weiterhin muß ein nicht verzinster Kurskostenbeitrag in Höhe von DM 800,- für die viertägige Einführungsschulung (mit fünf Übernachtungen und Verpflegung) zum Thema Kindersicherheit und Kinderentwicklung hinterlegt werden. Wer das Au-pair-Jahr voll absolviert hat, erhält diesen Betrag nach der Rückkehr ins Heimatland voll erstattet.
Bewerbungsfristen: Ca. 3 Monate vor der Ausreise.
Vermittlungschancen: Keine Angabe.
Vorbereitungsseminar: Ja, in den USA.
Verteilung an: ca. 3 Familien.
Mitspracherecht: Ja. Bewerberin entscheidet sich für oder gegen eine Familie.

Ablehnung einer Familie aus persönlichen, religiösen u.a. Gründen möglich.
VLS: Eher Städte und Vororte.
Partneragentur: AuPair Homestay USA/World Learning, Washington D.C.
Tätig seit: 1932
AP-Vermittlung seit: über 20 Jahren
Zusammenarbeit seit: 4 Jahren
Betreuer: Keine Angabe.
Familienwechsel: Keine Angaben.
Ratschlag: Vor der Bewerbung die Motivation prüfen und sich umfassend beraten lassen. Es gibt keine dummen Fragen! Erst entscheiden, wenn man der Meinung ist, daß alle wichtigen Aspekte geklärt sind.

Eurovacances Youth Exchange GmbH,
Rothenbaumchaussee 26,
20148 Hamburg
✆ 040-44 70 70-0, F. 040-44 66 96
Kontakt: Sabine Meyer
Tätig seit: 1979
AP-Programmname: Eurovacances Youth Exchange GmbH
AP-Vermittlung seit: 1996
Anzahl: 50 geplant für 1997
Häufigste Plazierungen: überall in den USA
VC-M: Vermittlung nur möglich bei sehr guten Referenzen in der Kinderbetreuung
GK: 330,- DM Vermittlungsgebühr sowie Kaution von US$ 500, die nach Programmende erstattet und bei Programmabbruch einbehalten wird
Bewerbungsfristen: 3-4 Monate vor Abflug
Vermittlungschancen: bei Aufnahme in das Programm gut
Vorbereitungsseminar: mehrtägiges Vorbereitungsseminar in New York

Verteilung an: mehrere Familien
Mitspracherecht: ja
VLS: vor allem Städte und Vorstädte
Partneragentur: AuPairCare Cultural Exchange, San Francisco, Kalifornien
Tätig seit: 1980
AP-Vermittlung seit: 1982
Zusammenarbeit seit: 1997
Betreuer: ein Betreuer für 14 Au Pairs
Familienwechsel: keine Erfahrungswerte
Ratschlag: Au Pairs sollten offen sein und sich auf die andere Kultur einlassen.

Experiment e.V.
Ubierstr. 30, D-53173 Bonn
✆ 0228/95 72 20, F. 0228/35 82 82
Kontakt: Helga Stark
E-Mail: experiment@t-online. de
Tätig seit: 1932
AP-Programmname: AuPair Homestay USA
AP-Vermittlung seit: 1986
Anzahl: ca. 200
Häufigste Plazierungen: Vermitteln fast überall hin.
VC-M: Gut, wenn Voraussetzungen erfüllt werden.
GK: 330,- DM Vermittlungsgebühr und Kaution von DM 800,-, die nach Programmende zurückgezahlt und bei Programmabbruch einbehalten wird.
Bewerbungsfristen: Ca. 5 Monate vor der Abflug. Kurzfristige Vermittlungen innerhalb dreier Monate möglich.
Vermittlungschancen: 99%
Vorbereitungsseminar: Ja, eins in Deutschland und eins in den USA (Washington oder New York).
Verteilung an: Nur jeweils eine Familie hat die Unterlagen.
Mitspracherecht: Ja. Bewerberin kann

Familie ablehnen, wenn triftige Gründe vorliegen z.B., wenn sie sich nicht in der Lage fühlt, auf kleine oder behinderte Kinder aufzupassen.

VLS: In alle Gebiete.

Partneragentur: World Learning/The US Experiment in Washington D.C.

Tätig seit: 1932

AP-Vermittlung seit: 1986

Zusammenarbeit seit: 1986

Betreuer: Ca. 100

Familienwechsel: 5%. Gründe: Au-pair und Gastfamilie harmonieren nicht von der Persönlichkeit her.

Ratschlag: Wer Erfahrung in der Kinderbetreuung hat, hat sehr gute Vermittlungschancen. Au-pair ist die beste und billigste Möglichkeit, ein Jahr in die USA zu kommen. Wer übrigens mit einer Freundin an den gleichen Ort vermittelt werden möchte, kann dies über unsere neue »bring a friend«-Option tun.

G.I.J.K. – Gesellschaft für Internationale Jugendkontakte e.V. Oststr. 8-14, D-53173 Bonn

℡ 0228/95 730-0, F. 0228/95 730-30

Kontakt: Gesa Schwarz/Silvia Thiel

Tätig seit: 1983

AP-Programmname: Au pair in America

AP-Vermittlung seit: 1986

Anzahl: 1300

Häufigste Plazierungen: im Osten der USA.

VC-M: Keine, da schwer vermittelbar.

GK: 330,- DM Bearbeitungsgebühr, zahlbar nach erfolgter Plazierung. Hinterlegung einer Kaution in Höhe von DM 820,- vor der Ausreise in die USA.

Bewerbungsfristen: Ca. 4-6 Monate vor gewünschter Ausreise. Kurzfristige Ver-

mittlungen innerhalb von 2 Monaten möglich.

Vermittlungschancen: Sehr gut.

Vorbereitungsseminar: Ja, in den USA (New Jersey, Saddle Brook).

Verteilung an: Mehrere Familien.

Mitspracherecht: Ja. Bewerberin kann Familie ablehnen z.b., wenn die Familie zuviel Kinder hat, einem das Alter der Kinder nicht liegt, keine Sympathie da ist usw. Eine Ablehnung aufgrund des Ortes ist nicht möglich.

VLS: Weniger aufs Land, eher Städte und Stadtrandgebiete.

Partneragentur: American Institute for Foreign Studies (AIFS) in Greenwich, Connecticut. In Europa: London.

Tätig seit: Über 30 Jahren.

AP-Vermittlung seit: 1986

Zusammenarbeit seit: 1986

Betreuer: Ca. 180

Familienwechsel: 15-20%. Gründe: Individuell verschieden, kann nicht verallgemeinert werden.

Ratschlag: Kein Jahr Urlaub erwarten! Offen sein und ohne Vorurteile in die USA gehen. Kommunikation mit der Gastfamilie ist sehr wichtig.

GIVE – Gemeinnütziger Verein für Internationale Verständigung e.V. In der Neckarhelle 127 a, D-69080 Heidelberg

℡ 06221/80 90 85, F. 06221/80 96 87

Kontakt: Ute Andrä

Tätig seit: 1987

AP-Programmname: GIVE AuPair

AP-Vermittlung seit: 1990

Anzahl: 150-200

Häufigste Plazierungen: In alle.

VC-M: mangels Nachfrage keine.

GK: 200,- DM Auslagengebühr, 150,- DM Selbstbeteiligung am Transatlantikflug, 40,- DM Vermittlungsgebühr. Kaution: 500 US- Dollar, die nach erfolgreichem Abschluß des Aufenthaltes und nach der Rückkehr ins Heimatland im 14. Monat zurückgezahlt wird.
Bewerbungsfristen: Mindestens 2-4 Monate vor gewünschter Ausreise.
Vermittlungschancen: 99%.
Vorbereitungsseminar: 5 Tage in den USA (New York City).
Verteilung an: Mehrere Familien.
Mitspracherecht: Besteht nicht. Auch eine Ablehnung der Familie ist nicht möglich, aber die Bewerberin wird vorher gefragt, ob die Vermittlung in eine Familie mit behinderten Kindern oder mehr als vier Kindern akzeptabel wäre.
VLS: Gemischt.
Partneragentur: EURAUPAIR, Laguna Beach, Kalifornien.
Tätig seit: 37 Jahren
AP-Vermittlung seit: 1987
Zusammenarbeit seit: 1990
Betreuer: In vielen Staaten der USA vorhanden.
Familienwechsel: Keine Angaben.
Ratschlag: Nicht zu hohe Erwartungen an Land und Leute stellen. Bereitschaft zu Kompromissen und Flexibilität, Verständnis für andere Kulturkreise.

GLS Sprachenzentrum
Kolonnenstr. 26, D-10829 Berlin
℡ 030/787 41 23, F. 030/787 41 91
Kontakt: Claudia Jacobs
Geschäftsform: Privatunternehmen
Tätig seit: 1989
AP-Programmname: AuPairCare
AP-Vermittlung seit: 1989

Anzahl: 20-30
Häufigste Plazierungen: Illinois, New York, New Jersey, Kalifornien
VC-M: Bestehen, ca. 10% sind männliche Au-pairs.
GK: Vermittlung und Beratung 330,- DM; Kaution (Schulungsgebühr): 500 US Dollar bzw. 800,- DM.
Bewerbungsfristen: ca. 3 Monate vor geplanter Ausreise. Kurzfristige Bewerbungen können auch entgegengenommen werden. In Abhängigkeit von der einzelnen Bewerbung kann auch kurzfristig plaziert werden.
Vermittlungschancen: Sehr gut.
Vorbereitungsseminar: 5 Tage in New York City (evtl. künftig auch in Los Angeles)
Verteilung an: Mehrere Familien in der gleichen Region.
Mitspracherecht: Ja. Eine Bewerberin kann eine Familie auch ablehnen, wenn das persönliche Empfinden dagegen spricht; wenn die Familienverhältnisse ganz und gar nicht der Bewerbung entsprechen.
VLS: Überall, selten direkt in die Stadt.
Partneragentur: AuPairCare in San Francisco, Kalifornien
Tätig seit: 1982
AP-Vermittlung seit: 1989
Zusammenarbeit seit: Keine Angabe.
Betreuer: über 200
Familienwechsel: max. 10%. Gründe: »Chemie« stimmt nicht.
Ratschlag: Keine Angabe.

Weitere Vermittler

Au-Pair e.V.
Staufenstr. 17, D-86899 Landsberg/Lech

✆ 0 81 91/94 13 78, F. 0 81 91/94 13 79
Kontakt: Susanne Caudera-Preil
AP-Vermittlung in die USA in
Zusammenarbeit mit dem Au Pair
Vermittlungsdienst/Deutsch-
Amerikanischen Studiengesellschaft e.V.,
Oberelchingen.

Euro Vacances
Rothenbaumchaussee 26,
D-20148 Hamburg
✆ 040/44 70 70-0, F. 040/44 66 96
Kontakt: S. Meyer, Mario Stiploschek
Gemeinnützige
Jugendaustauschorganisation; AP-
Vermittlung in die USA mit
Genehmigung des Arbeitsamtes Nord.

**IN VIA – Deutscher Verband katholi-
scher Mädchensozialarbeit**
Ludwigstr. 36, D-79104 Freiburg i. Br.
✆ 0761/200-207, F. 0761/200-638
Kontakt: Marianne Schmidle
AP-Vermittlung in die USA in
Zusammenarbeit mit zwei o.g. Vermitt-
lern.

**Verein für Internationale Jugendarbeit
e.V. (VIJ)**
Wesselstr. 8, D-53113 Bonn
✆ 0228/69 89 52, F. 0228/69 41 66
Kontakt: Stefanie Möller
AP-Vermittlung in die USA in
Zusammenarbeit mit der Gesellschaft für
Internationale Jugendkontakte e.V.,
Bonn.

Agenturen in Österreich

**Gesellschaft für Studienreisen GmbH
(Foreign Study Travel Service)**
Pfeilgasse 1a, A-1080 Wien
✆ 0222/40 33 251, F. 0222/408 14 80
Ansprechpartner: Helmut Hampel
Tätig seit: 1975
AP-Programmname: Au Pair in America
AP-Vermittlung seit: 1988
Anzahl: ca. 100
Häufigste Plazierungen: Keine Angabe
VC-M: Keine.
GK: Plazierungsgebühr: 50 US-Dollar;
Kaution: 500 US-Dollar
Bewerbungsfristen: 2-4 Monate vor dem
Ausreisetermin. Kurzfristige Vermittlung
auch in 4 Wochen möglich.
Vermittlungschancen: Sehr gut!
Vorbereitungsseminar: viertägiges
Vorbereitungsseminar in den USA.
Verteilung an: 2-3
Mitspracherecht: Eine Bewerberin hat
die Möglichkeit, Wünsche zu äußern. Sie
kann eine Familie ohne Angabe Gründe
ablehnen.
VLS: Beides.
Partneragentur: American Institute for
Foreign Study, Greenwich, Connecticut
Tätig seit: 1963
AP-Vermittlung seit: 1986
Zusammenarbeit seit: 1988
Betreuer: Keine Angaben.
Familienwechsel: Keine Angaben.
Ratschlag: Keine Angaben.

**ÖKISTA – Österreichisches Komitee für
Internationalen Studienaustausch**
Garnisongasse 7, A-1090 Wien
✆ 0222/401 48-0, F. 0222/401 48 580
Kontakt: Michaela Loidolt

Geschäftsform: gemeinnütziger Verein
Tätig seit: 1950
AP-Programmname: AuPair Homestay
USA
AP-Vermittlung seit: 1990
Anzahl: ca. 150
Häufigste Plazierungen: New Jersey,
Massachusetts, Maryland.
VC-M: Durchwegs gut; es kann jedoch
eventuell zu einer längeren Wartezeit bei
der Vermittlung kommen.
GK: Anmeldegebühr: 1200,- öS;
Kaution: 6000 öS, die bei erfolgreichem
Abschluß des Au-pair-Programms
zurückgezahlt wird.
Bewerbungsfristen: Mindestens 3 Mona-
te vor dem gewünschten Ausreisedatum.
Wenn eine Bewerberin eine US-Familie
kennt und dorthin vermittelt werden
möchte, also ein sogenanntes »premat-
ching« besteht, ist auch eine kurzfristige
Vermittlung möglich.
Vermittlungschancen: 99%.
Vorbereitungsseminar: Vor dem Abflug
einige in Wien; mehrtägiges Trainings-
programm in den USA.
Verteilung an: Keine Angabe.
Mitspracherecht: Eine Bewerberin hat
die Möglichkeit, Wünsche über Alter und
Anzahl der Kinder sowie Ortswünsche zu
äußern. Sie kann eine Familie ablehnen,
wenn z.B. das Alter der Kinder nicht paßt.
VLS: Ländliche Gebiete äußerst selten,
meist Stadt oder Vorort.
Partneragentur: World Learning,
Washington D.C.
Tätig seit: 1932
AP-Vermittlung seit: 1986
Zusammenarbeit seit: 1990
Betreuer: Ca. 110
Familienwechsel: Ca. 30%. Gründe:
Falsche Vorstellungen, zu hohe

Erwartungshaltung, Eingewöhnungs-
probleme, Anpassungsschwierigkeiten.
Ratschlag: Flexibilität, Anpassungsfähigkeit, Toleranz, Weltoffenheit, Freude am
Umgang mit Kindern sind wichtige
Voraussetzungen für ein erfolgreiches Au-
pair-Jahr. Die Erwartungshaltung nicht
zu hoch ansetzen und sich keine allzu
fixen Vorstellungen machen, damit keine
Enttäuschungen vorprogrammiert werden
(es kommt doch meist anders als vorgestellt ...).

Weitere Vermittler in Österreich

EF Au Pair
Siehe EF Au Pair, Schweiz.

Experiment
Siehe Experiment e.V., Schweiz.

Agenturen in der Schweiz

EF Au pair
Limmatquai 96, CH-8001 Zürich
✆ 01/262 33 29, F. 01/262 33 71
Kontakt: Frau Flückiger
E-Mail: au pair.ch !! @ef.com
Geschäftsform: non-profit-Organisation
Tätig seit: 1965
AP-Programmname: EF Au Pair
AP-Vermittlung seit: 1989
Anzahl: Keine Angaben
Häufigste Plazierungen: New Jersey,
New York, Massachusetts
VC-M: Ca. 7% sind männliche Au-pairs.
Chancen bestehen durchaus, wenn
Bewerber gut qualifiziert ist.
GK: Einschreibegebühr: 30,- sFr;
Interview: 30,- sFr, Programmkosten:
690,- sFr; Kaution: 750,- sFr
Bewerbungsfristen: Je früher, desto bes-

ser. Mindestens 2-3 Monate vor geplantem Abflug. Kurzfristige Vermittlungen auch innerhalb von 6-8 Wochen möglich.
Vermittlungschancen: 99%.
Vorbereitungsseminar: In der Schweiz und 4 Tage Vorbereitung in den USA (New York)
Verteilung an: Keine Angabe.
Mitspracherecht: Ja. Wünsche, zum Beispiel über die Anzahl der Kinder werden berücksichtigt. Eine Familie kann auch nach dem Telefonat abgelehnt werden.
VLS: Meist Agglomeration von größeren Städten.
Partneragentur: EF Au Pair in Boston
Tätig seit: 1965
AP-Vermittlung seit: 1989
Zusammenarbeit seit: 1965
Betreuer: Keine Angabe.
Familienwechsel: Keine prozentuale Angabe. Gründe: Zwischenmenschliche Differenzen.

Ratschlag: Vermehrt Kinder betreuen, eventuell auch einen »Erste Hilfe Kurs am Kind« absolvieren. Wenn möglich, Kleinkinder (-2 Jahre) betreuen, da dann die Aussichten auf rasche Vermittelung steigen.
EF Au Pair vermittelt auch Au-pairs aus Österreich in die USA. Ansprechstelle für Fragen oder Informationen: **EF Au Pair in Wien,** ✆ 0222/512 82 87. Die Administration läuft über Zürich.

Experiment e.V.
Weinbergstr. 31, CH-8006 Zürich
✆ 01/262 2996
Kontakt: Brigitte Schwarzenbach
Das Au-pair-Programm ist vergleichbar mit dem von Experiment e.V. in Deutschland. Die Agentur in Zürich übernimmt auch die Vermittlung von Österreicherinnen in die USA.

Kleine Vokabelhilfe für Au-pairs

Deutsch-Englisch

Säugling	infant, baby
Kleinkind im Krabbelalter	toddler
Kind (sl.)	kid
beaufsichtigen, sich kümmern um	to care of
ein Kind beruhigen	to calm down a child
Beruhige Dich!	Calm down!
Umarmung/jemanden umarmen	hug/to hug somebody
trösten	to comfort
schmusen, in den Arm nehmen	to cuddle
laß uns einen Kompromiß eingehen	let's make a deal

Krankheiten/krankhafte Reaktionen des Kindes

krankes Kind	sick child
Stich, Biß (vom Insekt oder Tier)	bites (insect oranimal)
Beule	bump
Durchfall	diarrhea
keuchen	gasping
Gift	poison
ersticken, nach Luft japsen	to choke
erbrechen	to vomit, to throw up

ungezogene/streitende Kinder

Streit, Gezanke/streiten	fighting/to fight
Hört auf zu zanken!	Stop fighting!
Schlagen/schlagen	beating/to beat; hitting/to hit
Dummheiten machen, herumblödeln	to fool around
mürrisch, knurrig	grumpy
Du verrücktes Huhn!	You silly billy!
bei Kindern	temper tantrum
Auszeit	time out,
(to call for a time out, e.g. when the kids are fighting)	
schubsen	to push
ausschimpfen	to scold
Störenfried	troublemaker
einen Konflikt lösen	to solve a conflict
Du Dummkopf!	You dummy!

Vokabeln rund um das Kind

es ist Schlafenszeit	it's bedtime
Kindersitz im Auto	car-chair
Windel	diaper
Puppe	doll
Hochsitz für Babys und Kleinkinder	high-chair
ich muß mal Pippi oder (fam.)	I have to go party, I have to go for a pee
Kindergarten	kindergarden
Mittagsschlaf	nap (-time), It is time for a nap.
Kinderwagen	perambulator, pram
pacifier	Schnuller
Sportwagen für Kleinkinder	stroller
Kinderzimmer	child's or children's room
aufräumen	to clean up

Essen

Brot	bread
Essen	food
Müsli bzw. sämtliche Kellogssorten zum Frühstück	cereals
Plätzchen, Keks	cookie
Spiegelei	fried eggs
normales oder umgedrehtes Spiegelei	sunny side up or down
Saft	juice
Ernährung	nutrition
Pfannkuchen	pancake
Sandwich mit Erdnußbutter und Marmelade	PB&J (peanutter butter & jelly) sandwich
Konservierungsmittel	preservative
kleine Bratwürstchen	sausage
Rührei	scrambled eggs
kleine Mahlzeit für Zwischendurch	snack (-time)
Füttern/füttern	feeding/to feed
einem Kind die Flasche geben	to give a baby its bottle
Ich bin satt!	I've finished, I am full! (fam.)

Im Haushalt

Waschmittel	detergent
Geschirrspülmaschine	dishwasher
Teller	dishes
Trockner	drier

Wäsche	laundry
Kühlschrank	refrigerator
Toilette	restroom
Tischdecke	tablecloth
Badezimmer	bathroom
Staubsauger	vacuum cleaner, hoover
staubsaugen	to vacuum, to hoover
Frühstück/Mittag/	
Abendessen zubereiten	to prepare breakfast/
	lunch/dinner
Waschmaschine	washing-machine

Vermischtes

Mensa im College oder	
der Universität	cafeteria
informelle, lockere	
Kleidung	casual wear
spätester Zeitpunkt,	
wann man nach Hause	
kommen sollte	curfew
Gebühr, Eintrittsgeld	fee
Heimweh	homesick
Verantwortung	responsibility

Aktivitäten, das Sozialleben betreffend,
z.B. sich mit Freunden

treffen	socializing
Vororte vor Großstädten	suburbs
jemanden treffen, mit	
jemanden ausgehen	to date someone

Deutsch-Französisch

Baby	bébé
Kind	l'enfant
Säugling	le nourrisson
Kleinkind im	
Krabbelalter	un petit enfant en age de ramper
Kind (fam.)	l'enfant
beaufsichtigen,	
sich kümmern um	s'occuper de, faire attention
ein Kind beruhigen	calmer
Beruhige Dich!	Calme-toi!
Umarmung/jemanden	
umarmen	prendre un enfant dans ses bras
trösten	consoler
schmusen, in den	
Arm nehmen	caliner, faire un calin

Krankheiten/krankhafte Reaktionen des Kindes

krankes Kind	un enfant malade
Stich, Biß	une piqure, une morsure
Beule	une bosse
Durchfall	la diarrhée
keuchen	haleter, souffler
Gift	le poison
ersticken, nach Luft	
japsen	étouffer
erbrechen	vomir

ungezogene/streitende Kinder

sich prügeln	se disputer, se chamailler
Streit, Gezanke	une dispute
Dummheiten machen,	
herumblödeln	faire des bêtises
mürrisch, knurrig	grognon, grincheux
Schlagen/schlagen	des coups, frapper, cogner
laß uns einen	
Kompromiß schließen	faisons un compromis
Du verrücktes Huhn!	Petit fou!
Wutausbruch	accès de rage
Auszeit (zum Beispiel,	
wenn sich	
die Kinder zanken)	faire la paix demandeé
schubsen	bousculer
ausschimpfen	gronder, tancer
Störenfried	un trouble-fête
einen Konflikt lösen	régler un problème, une dispute,
	un conflict
Du Dummkopf!	Idiot!

Vokabeln rund um das Kind

es ist Schlafenszeit	il est l'heure d'aller au lit/
	il est l'heure de faire dodo
Kindersitz im Auto	un siège pour enfant en voiture
Windel	la couche
Puppe	la pupée
Hochsitz für Babys und	
Kleinkinder	une chaise haute pour
bébés/enfants	
(fam.) ich muß mal	
Pippi oder	j'ai envie de faire pipi
Kindergarten	la crèche
Mittagsschlaf	la sieste du midi
Kinderwagen	le landau
Schnuller	la tétine
Sportwagen für	
Kleinkinder	la poussette
Kinderzimmer	la chambre d'enfants
aufräumen	ranger

Essen

Brot	le pain
Joghurt	le yaourt
Milch	le lait
Butter	le beurre
Müsli	les céréales
Plätzchen, Keks	les gâteaux secs
Spiegelei	l'oeuf sur le plat
Saft	le jus de fruit
Ernährung	l'alimentation
Pfannkuchen	la crêpe
Konservierungsmittel	les agents conservateurs
Rührei	les oeufs brouillés
kleine Mahlzeit für	
Zwischendurch	le quatre-heures
Füttern/füttern	donner à manger, faire manger
einem Kind die Flasche geben	donner le biberon à un enfant

Im Haushalt

Waschmittel	la lessive
Geschirrspülmaschine	la lave-vaiselle
Teller	l'assiette
Trockner	le séchoir
Wäsche	le linge
Kühlschrank	le frigo, le réfrigérateur
Toilette	les toilettes, les W.C., le petit coin
Tischdecke	la nappe
Badezimmer	la salle des bain
Staubsauger	l'aspirateur, aspi
staubsaugen	passer l'aspirateur
das Frühstück/Mittag-/Abendessen zubereiten	préparer le petit déjeuner/ le déjeuner/le dîner
Waschmaschine	la machine à laver

Vermischtes

Mensa im College oder der Universität	le »resto-U« (universitaire)
informelle, lockere Kleidung	les fringues
spätester Zeitpunkt, wann man nach Hause kommen sollte	le couvre-feu
Gebühr, Eintrittsgeld	le prix d'entrée
Heimweh	avoir le mal du pays
Verantwortung	la responsabilité

Aktivitäten, das Sozialleben betreffend, z. B.

sich mit Freunden treffen	rencontrer des amis, aller voir des copains
Vororte vor Großstädten	la banlieue
jemanden treffen	avoir rendez-vous avec ...
mit jemanden ausgehen	sortir avec

Deutsch-Spanisch

Baby, Säugling	bébé
Kind	niño
Säugling	recien nicado
Kleinkind im	
Krabbelalter	bebe
Kind (fam.)	nene
beaufsichtigen, sich	
kümmern um	cuidar, cuidar a ....
ein Kind beruhigen	tranquilizar a un niño
Beruhige Dich!	Tranquilo!
Umarmung/jemanden	
umarmen	abrazar (a un niño)
trösten	consolar
schmusen, in den	
Arm nehmena	cariciar, abrazar

Krankheiten/krankhafte Reaktionen des Kindes

krankes Kind	niño enfermo
Stich, Biß	picadura
Beule	chichón
Durchfall	diarréa
keuchen	jadear
Gift	veneno
ersticken, nach Luft	
japsen	asfixiarse
erbrechen	vomitar

ungezogene/streitende Kinder

sich prügeln	pegarse
Streit, Gezanke	pelea
Dummheiten machen,	
herumblödeln	hacer tonterias
mürrisch, knurrig	de mal humor
Schlagen/schlagen	pegar
laß uns einen Kompromiß	
eingehen	dejanos cumplir un compromiso
Du verrücktes Huhn!	Estas loca! (f) Chiflada! (m)
heftiger Wutausbruch	
bei Kindern	rabietas, Pataleta

Auszeit (wenn sich die Kinder streiten)	pausa
schubsen	empujar
ausschimpfen	regañar a alguien
Störenfried	patoso
einen Konflikt lösen	solulionar !! un conflicto
Du Dummkopf!	Tonto! (m.) Tonta! (f.)

Vokabeln rund um das Kind

Es ist Schlafenszeit	ir a la cama!
Kindersitz im Auto	asiento para niños
Windel	pañales
Puppe	muneca
Hochsitz für Babys und Kleinkinder	silla para comer
ich muß mal Pippi oder .... (fam.)	tengo que hacer pis, quiero hacer pis o caca
Kindergarten	jardin de infancia, circulo infantil
Mittagsschlaf	siesta
Kinderwagen	cochecito
Schnuller	chupete
Sportwagen für Kleinkinder	cochecito deportivo
Kinderzimmer	curato de niño
aufräumen	recoger

Essen

Brot	pan
Joghurt	jogur
Milch	leche
Butter	mantequilla
Müsli	cereales, müesli
Plätzchen, Keks	dulce
Spiegelei	huevo frito
Saft	jugo, zumo
Ernährung	alimentación
Pfannkuchen	panqueques
Konservierungsmittel	conservantes
Rührei	huevos revueltos
kleine Mahlzeit für Zwischendurch	merienda, picar algo
Füttern/füttern	dar de comer
einem Kind die Flasche geben	dar el biberón

Im Haushalt

Waschmittel	detergente
Geschirrspülmaschine	lavaplatos
Teller	plato
Trockner	secador
Wäsche	ropa
Kühlschrank	nevera
Toilette	lavabos
Tischdecke	mantel
Badezimmer	cuarto de baño
Staubsauger	aspiradora
staubsaugen	pasar la aspiradora
Abendessen zubereiten	preparar el desayuno/ la comida/la cena
Waschmaschine	lavarropas, lavadora

Vermischtes

Mensa in der Schule oder der Universität	comedor
informelle, lockere Kleidung	ropa informal
Gebühr, Eintrittsgeld	entrada
Heimweh	nostalgia
Verantwortung	responsabilidad

Aktivitäten, das Sozialleben betreffend,

z.B. mit Freunden treffen	quedar, citarse
Vororte vor Großstädten	suburbios, barrios
jemanden treffen	quedarse con alguien
mit jemanden ausgehen	silar con alguien